U0030046

The World
Peace
Diet

The World Peace Diet

素食理論的聖經——

# 和平飲食

# The World Peace Diet

暢銷珍藏版

純素食Vegan主義倡導者&革命家
威爾・塔托博士｜著
（Dr. Will Tuttle）

臺灣週一無肉日聯絡平台發起人 & 臺灣週一無肉日平台國際事務負責人｜譯
蘇小歡　龍敏君

# 各界讚譽

•「激勵人心，值得推薦。」

——《圖書館期刊》（*Library Journal*）

•「《和平飲食》，一部具有深刻洞察力的重要書籍，必然也是人類意識進化的媒介及有力的工具。」

——《真理雜誌》（*Satya magazine*）

•「若你這輩子只能讀一本書，就讀《和平飲食》。」

——詹姆士·梅西（James Macy）醫師

•「這是我讀過的最富激勵性的一部書。作者認為我們的社會有一個『禁忌圖騰』，這個圖騰反對你去知道你吃的是什麼。本書深刻的見解，挑戰及刺激我，讓我更深地質疑這個圖騰。這本書暴露了一個不長進的文化……。」

——約翰羅賓斯（John Robbins），《新世紀飲食》（*Diet For a New America*）及《危險年代的求生飲食》（*The Food Revolution*）作者

•「視本書為標竿，作為勉勵自己和別人選擇食物的指南，力量超乎想像。」

——茱莉亞·伯特弗萊·希爾（Julia Butterfly Hill），環保運動人士

•「無論個人飲食偏好如何，《和平飲食》是一部人人必須閱讀的書。」

——哈盧德・布朗（Harold Brown），環保運動人士，前牧場及酪農場業主

•「這是一本『必讀』的書。它是轉變人類意識必要的催化劑。本書使人類的意識由控制剝削的心態演進到共享、合作與尊重所有生命的佳境。」

——茱蒂・卡門（Judy Carman），《萬物皆平安》（*Peace to All Beings*）作者

•「威爾・塔托博士帶來一個無價的觀點——他不僅讓我們看見我們所面臨的星球危機，同時也告訴我們每個人能改變它的有效方法。這本書散發著他的學養與愛心。」

——喬安娜・梅西（Joanna Macy），《恢復生機》（*Coming Back to Life*）作者

•「完整、充滿愛心、深入。你沒辦法再小看這個問題：『晚餐吃什麼？』」

——維多莉亞・莫蘭（Victoria Moran），《魅麗女人》（*Creating a Charmed Life*）作者

•「我非常感謝這本很有力量、令人信服的書。對於動物、同情心和我們的社會這三項主題，本書擴展了我的思考能力及內心感受。此書，可能是日後我個人成長的觸媒。」

——約翰・馬凱（John Mackey），全食物公司（Whole Foods, Inc.）CEO兼創辦人

威爾．塔托與妻子梅德琳在婚後放棄了房子與教職，住在一部名為「菩提達摩」的拖車上，巡迴全美，宣導植物性飲食。

拖車的內部。

# 數十年來，作者積極宣導植物性飲食主義

植物性飲食主義是我們對於生命互相關聯的覺悟和表達，它自然地展現成包容和關懷，我們永遠都把他們當成生命，而非物體。

# 目錄

## 第1章 食物的力量



## 第2章 我們文化的根



## 第3章 智慧的本質

## 第4章 承襲食物的選擇



## 第5章 人類身體的智慧



## 第6章 獵捕和畜養海中生物



## 第7章 控制女性

## 第8章 食物的隱喻



## 第9章 創造簡化的科學及宗教



## 第10章 工作的困境

## 第11章 從毀滅中獲利



## 第12章 答覆反對的意見



## 第13章 淨化或毀滅

〔專文推薦1〕

# 素食人生，和平飲食

◎閻雲

個人一直對素食非常嚮往，過去也曾有很長一段時間吃素，深切體會個中三昧。吃素可以使人清心寡慾，神清氣爽，身體常保健康。

其實，素食主義的風氣近年來在全球大為流行，頗有返璞歸真的意義。尤其，西方國家生活在富裕、高度工業化社會的民眾，過去一直是肉食的愛好者，他們無肉不歡；不過，這種肉食主義目前逐漸改變，成千上萬的人們捨棄肉類食品，改吃素食，而在英、美先進國家這種情形最為明顯。由此可見吃素已成為一種世界性的風尚。

我是一位醫學臨床與研究工作者，根據個人經驗，肉食對人體健康有害，很多醫學專家同意，以動物製品為主的飲食，會造成高膽固醇、高血壓、肥胖，並增加心血管疾病、糖尿病、中風的發生率，甚至，臨床研究顯示，許多癌症也都與肉食相關，因此我們不可掉以輕心。

目前，在台灣有很多吃素的人，究其原因，一是為宗教信仰，二是為了健康，三為了保護環境。

最近，閱讀蘇小歡先生與龍敏君小姐翻譯的作品《和平飲食》，內心深受震撼，特別是從保護自然資源、避免破壞生態環境及屠殺動物的行為等角度切入，讓社會大眾對素食有更深入的體認。

我們只有一個地球，在環保意識高漲的今天，倡導生態保育、避免破壞自然資源的觀念已逐漸在人們心中成形。本書作者威爾塔托博士的金玉良言，發人深省。如書中指出，美國種植穀物的百分之八十和一半以上的漁獲量，被用在養殖數十億的動物，以供人類食用。這些穀物中有超過百分之九十的蛋白質，會變成甲烷、阿摩尼亞、尿液、糞便等物質而汙染空氣和水。

再以珍貴的水源為例，畜牧業消耗了全美百分之八十五的新鮮水源。一位雜食者一日所需的食物產量，需要超過四千加侖的水；但純素飲食者，一天卻只需要不到三百加侖。

這些數據充分顯示，素食不再是為了宗教，也具有環境保護意識和愛護生命的意識，同時素食更體現出現代人類的文明、進步和高雅，何樂而不為！

書中所有章節，對讀者都有很大的啟示，但最重要的，是吃素的概念——吃素是一種生活態度，是身心靈的同步修養，蘇小歡特別發起台灣週一無肉日運動，提倡一週一天吃素，別讓肉食上桌，這是一個好的開始，就讓我們一起來實踐吧！

（本文作者為台北醫學大學校長）

〔專文推薦2〕

# 做一件永不後悔的事，就從「週一無肉」開始

◎胡雅美

現今全球正陷於動盪不安、禍患連連之際；維生系統亮起了警世的紅燈，這是緣自於人類肆無忌憚地濫用自然資源，破壞生態環境所導致。值此之刻，萬幸能拜讀《和平飲食》一書，誠如作者威爾塔托發自肺腑之言，勇於仗義直言，揭露全球氣候變遷危機的事實真相是：自詡為文明的現代人，在速食文化的衝擊下，沉浸在變調的飲食文化中，滿足了口腹之慾，卻帶來了無止境的病痛，蔓延至社會、文化、經濟各個層面，實為世人始料未及。

作者塔托有令人稱羡的家世與才華，但更令我欽佩的是他有崇高的理想與人生方向。在弱冠之年即履行自然簡約的減法生活，不為物所馭，三十而立之年，能捨棄五子登科今生的美夢，心中滿懷著對生命的禮讚，是靈的覺醒，可以立在制高點上看清萬物的全貌，而毅然決然摒棄世人之所好，跳脫常人侷限的眼界、胸襟，不將萬物生命簡化為物體。因此，書中詳加闡述畜牧業、屠宰業，皆是從毀滅中獲利的事實，有不為人知的殘酷、暴力、不人道的內幕。真讓我腦中不由得浮現出數年前曾觀看到的

真實紀錄片：例如「沉默的食物」、「美味代價」、「不願面對的真相」、「永續餐桌」……等，正好印證書中所言，也更激勵我要在不同機會、不同場合裡，真誠地告知親朋好友：「做一件永不後悔的事，就從『週一無肉日』改變飲食習慣態度做起」，相信如此更能體會萬物生命共同體的意義，喚醒我們人類當尊重自己在自然界中的角色，並播下富足、愛和自由的種子，而後我們對和平的禱告才有果效。

書中引述古今中外哲人、學者之言，令我極為激賞，願擇其中三則與所有有心人共勉之。

「我們必須與無意識地殘酷對待動物的精神對抗。動物和我們一樣會感覺痛苦……讓全世界知道這一點是我們的責任。」——史懷哲

「只要人屠殺動物，他們將彼此屠殺，事實上，撒下謀殺和痛苦的種子，不可能收割歡樂與愛。」——畢達哥拉斯

「地球提供了足夠的資源滿足每個人的需求，但不能滿足每個人的貪婪。」——甘地

感謝全球週一無肉日發起人暨譯者蘇小歡先生和另一譯者龍敏君小姐，傾力投注維護世界和平的飲食革命而不遺餘力，願本書能快速驚醒夢中人，扭轉世界，就從改變自己的心態開始吧！

（本文作者為前主婦聯盟董事長）

〈專文推薦3〉

# 世界和平，從你餐桌上的飲食開始

◎黃建勳

本書作者威爾．塔托教授是美國一位教育學博士，但特別的是，他是真正的教育家，他為了心中一個最珍貴的理想，放下世俗的名位與生活的享受，以拖車為家，巡迴各地演講，天下人都是他的聽眾，他也成為天下人的老師，這樣的人物，古代中國也有過，那就是孔子。

孔子教我們「修身、齊家、治國、平天下」；塔托教授更具體指出，修身由「口」開始——吃正確的食物，不要傷害無辜的生靈，然後你的身體就會健康、家庭會和樂、社會會祥和、世界也會和平。

《和平飲食》從科學、宗教、文化、社會、環保、倫理、健康和心靈等各個層面，完整剖析植物性飲食的合理性，讓人很難再找到駁斥的理由，令我對作者的博學與用心由衷感佩。其實，該做的事，一個理由就夠充分了；不想做的人，卻總能找到千百個藉口。

人生有個簡單的道理，你若不選擇走自己的路，就只有跟著別人的腳步。多數的人放不下口中一塊肉，首先是出於習慣，從小熟悉的口味不願意改變；再來是受到不當觀念的誤導，例如將「蛋白質來源有豆、魚、肉、蛋、奶五種」，曲解為豆、魚、肉、蛋、奶每樣不可少；最後一點，即使了解真相者也怕與眾不同，因而選擇安於原狀，殊不知先知先覺者少，後知後覺猶未晚也，奈何不知不覺則悔之晚矣！

昔時的願雲禪師曾說：「千百年來碗裡羹，冤深似海恨難平；欲知世上刀兵劫，但聽屠門夜半聲」。「世界和平」，不是靠聯合國在會議桌上談的協議，而是看你自己在餐桌上吃的「飲食」。

（本文作者為台大醫院雲林分院安寧病房主任）

〔專文推薦4〕

# 提起勇氣，面對內心陰暗角落

◎靳秀麗

最近不少關於動物和食品的紀錄片受到注意，如「遇見你吃的肉」（Meet your meat）、「食物帝國」（Food Inc.）、「地上生靈」（Earthlings），片中把人類常蓄意逃避的景象，帶到人類雙眼之前——動物在被屠宰時，遭到什麼待遇。「宰殺」這種天天發生的事，就算你逃避，也無法代表它不存在。臺灣也有「臺灣版的屠宰場實況」的影片在網路流傳，裡面說明一件事：所謂的人道宰殺，只是貼在屠宰場門口的一張紙而已，這一點，在本書中，作者也告訴我們全世界的真相——屠宰場是最沒有被公務員認真執行監督責任的地方。

人類吃動物，下意識其實知道不合「道義」，即所謂的ethical，這種又吃又有些罪惡感的心理矛盾強大到一個程度，大家就選擇逃避，而且，是「集體逃避」，整個目前所謂的文明社會，用「結構」的方式逃避。但仰頭視天，取人人「本性之鏡」自我返照，這種逃避，又能逃到何時？

《和平飲食》一書，把大家心裡想掩藏的事拿到桌上，徹底地檢視和討論，作者提醒大家，是人們該拿出勇氣面對這件事的時候了。證嚴法師近年說的「心素食儀」、「齋戒護生」，就是一個人類心理和心靈的清理工作。

臺灣週一無肉日聯絡平台的志工，特別把這本書譯出介紹給大家，誠如志工所言，週一無肉日是個好的開始，它是一壘安打，但每日三餐桌上的素食才是全壘打。隨著本書中文版出版，我和週一無肉日的朋友一樣，都樂觀地期待，期待看到臺灣飲食風氣的轉變！

（本文作者為大愛電視台節目部經理）

〔專文推薦5〕

# 吃素，讓你成爲日常生活中的和平使者

◎賈森・貝克（Jason Baker）

當蘇先生邀我為他所翻譯的新作《和平飲食》作序時，本人甚感榮幸。我有幸能夠多次拜訪台北，每次都發現素食餐廳如雨後春筍般冒出。多虧有了蘇先生等人發起的「週一無肉日平台」活動，一般台灣民眾越來越能接受減少吃肉的觀念。有更多的學校、政府機關、私人企業和個人都意識到少吃肉的益處良多。民眾對蛋奶素及純素飲食需求量增加，企業自然也就需要迎合大眾口味，來提供更健康的飲食選擇。週一無肉日平台致力於減少肉品消耗量，並提升人們對於肉類產品背後的倫理及環境問題意識，奠定了珍貴的基礎。蘇先生不僅於二〇〇九年創立了平台活動，現在更是百忙之中和龍小姐合譯了這本發人深省的著作。

如果想將「和平」端上餐桌，將會是怎麼樣的菜色呢？《和平飲食》的作者威爾塔托博士認為，一桌和平的飲食，將是五顏六色的——綠的、橘的、黄的、藍的、紫的——唯一缺席的就是血淋淋的鮮紅色。塔托博士在本書中探索到，我們在購買

肉品及乳製品時所支持的暴力體系，是如何牴觸到人類對於和平生活的嚮往。作者在書中給了消費主義文化一記當頭棒喝，要求讀者重新貼近自己的良心。因為我們內心其實明白，動物和我們都是一樣的，我們理當向他們伸出援手。

好消息是，我們確實可以幫助動物，而絕佳時機就是每天吃三餐的時候。保羅麥卡尼爵士有句名言經常受到引用：「如果屠宰場有透明玻璃牆，每個人都會吃素了」。如果我們必須親眼目睹豬的一生都被限制在狹小的畜欄、牛的犄角被剪掉或燒掉、雞敏感的喙部被用灼熱的刀片切掉——我們所有人當中，還有多少能夠繼續大啖排骨、青椒炒牛肉和宮保雞丁呢？許多人繼續吃肉，只是因為不用目睹豬被扔進滾燙的脫毛水池內活活燙死、仍意識清醒的牛被大卸八塊、以及雞在慘叫和掙扎逃跑的同時被劃破喉嚨。正如塔托博士所說，我們如何能夠一面倡導和平，另一方面卻又默許上述暴力的發生——甚至是花錢支持？

世上最受人尊敬的和平倡議家甘地曾於著作《四海皆兄弟》當中說道，若心靈被自私的慾望占據（例如食肉的慾望），便無法得到靈性成長。他寫道：「人若要實現上帝的真理，一定要將自身歸零，徹底的控制自己的感官——而這一切都要由控制口腹之慾做起」。

其他倡導和平的民權運動領袖及大使，也都提倡和平的素食飲食，其中包括勞工領袖凱薩查維斯（César Chávez）。他深信要過和平生活，最基本的步驟就是吃素。

他曾說過：「我在明白了動物也像我們一樣能感受到恐懼、寒冷、飢餓和悲傷後，就開始吃素了。我對素食主義和動物感受非常深刻。是我的狗Boycott讓我開始質疑，人類是否有權利吃其他具有感知能力的生命。」

無庸置疑，忽視我們碗盤裡的「食物」背後所遭受的痛苦，不僅是傷害了我們自己，也傷害了在經濟上不如我們一般幸運的數百萬飢荒人口。要製造一磅肉，需要以十六磅的穀物來餵食動物。若我們把那些穀物、玉米及黃豆，直接提供給貧困人口，而非作為動物飼料，世界飢荒問題簡直可以迎刃而解！再者，為了飼養農場動物，需栽種大量作物——土地從哪來呢？是將森林剷平得來的！位於美國華府、全球最大的史密斯森博物館研究中心估計，每分鐘都有相當於七座橄欖球場大小的土地被剷平，只為了飼養更多的動物以供人們食用。包括「看守世界研究中心」（Worldwatch Institute）、美國賽拉俱樂部（Sierra Club）、「憂思科學家聯盟」（Union of Concerned Scientists）及「活樂地球」（Live Earth）在內的世界幾大環保組織都認為，畜牧業是人類活動中對地球環境破壞最大的一環。

吃肉對健康亦有害。醫學專家同意，以動物製品為主的飲食造成高膽固醇、高血壓、肥胖，並增加了罹患心臟病、糖尿病、中風及癌症的風險。蛋奶素及純素食者平均壽命比肉食者要多了六至十年。

若我們想透過共同努力為世界人類帶來和平、正義及平等，最好的辦法就是從自己家裡做起——首先要停止的，就是將不公不義的食物放入口中。我真心期盼《和平飲食》能夠啟發並幫助各位成為日常生活中和平的使者，正如該書啟發了我一樣。

（本文作者為國際善待動物組織亞洲副總裁，該組織為世界最大的動物保護團體）

〔專文推薦6〕

# 不買、不食動物性產品，解救地球及人類

◎陳健宏

有幸認識「週一無肉日平台」發起人蘇小歡先生，已經是兩年多前的事情了。緣起於我經營「陽明春天創意蔬食料理」，經由朋友介紹而與他相識。週一無肉日運動的發起，在蘇小歡先生的推動之下，已使愈來愈多人不只在每週一無肉，更因觀念的提升而逐漸改變飲食習慣，此外，更催生台灣許多公部門、民間企業、學校……等各類團體的素食風氣。這個運動也持續向全亞洲與全世界推進，一週一天的無肉日運動，我個人認為是一種智慧昇華、妙心巧具的慈悲心，蘇小歡先生提出一種方便而容易進行的方式，每個人可以自己自動自發單獨的進行，也可以師出有名，在週一這一天帶領朋友和家人，為地球的生存與環保共盡一份心力。當然這樣的善舉也快速而直接的反饋到這些善心眾生身上，為大家的身體貫注正面而健康的能量，蘇小歡先生的理念，已經一點一滴的，為地球和人類持續的累積福報。

這次，蘇小歡先生和龍敏君小姐著手翻譯《和平飲食》這本書，又再一次完成一項非常困難但又極其重要的任務。書中十五個學理範疇迴異的章節，近四百頁的文章

內容，蘇小歡先生讓我們能以最輕鬆的方式，由我們最友善的中國文字裡，獲得作者威爾．塔托先生想傳達給世人的資訊與訊息。從最貼近人類生存需求的「食物」開始，解構「一沙一世界、一塵一宇宙」，闡述生命平等以及尊重生命的偉大。

人類因為「唯我獨尊」的本位主義對自己與其他生命體造成的殘害，以一種近乎無感的方式蔓延影響，進而讓人類產生的「我執」迷思，也同樣以近乎以無感的影響方式，開始對人類自身產生傷害。

美國好萊塢曾拍攝許多以人類集中營為題材的電影，有多部皆大為賣座，並獲得美國電影界的各類大獎，如果你也曾譴責集中營的殘酷不仁，如果你也曾為那些在集中營喪失生命的情節流淚，那麼看看人類為了口腹之慾所飼養的各類動物，她（他）們不也正是生活在那個你所譴責的集中營裡嗎？看看人類屠殺動物的行為，不也正是同一個舉動嗎？

被人類忽略的是，這種電影故事的真實版本就在每個人身邊每天出現。幸運的是，你不需要冒著被奪去生命的危險穿過地雷區、你不需要面對數百、數千發危及性命的子彈，就可以用最簡單的方式開始解救她（他）們——只要不購買、不食用任何動物性食品，你就已經開始解救所有的動物、解救你自己的身體、解救你的家人與朋友、解救我們居住的地球；獲得最大利益的，是你自己、是你的家人與朋友、是你的兒女與後代。

所以我相信，最終純素主義，將是對人類、對萬物、對地球的一個「解答」，然而解答而出的「答案」，是沒有任何語言、文字、圖像……等有形聲色可以完整說明與表達的，想知道這個「答案」，我們都必須和作者威爾·塔托先生、兩位譯者一樣，從完完全全的「實踐」和「行動」中獲得「答案」。何其有幸，陽明春天可以為未來純素主義的趨勢和潮流略盡棉薄之力，我們提供一個方式、構築一種通道、架設一個跳板，讓大家進入純素主義的趨勢與潮流，讓大家去獲得「答案」。

威爾·塔托先生用實踐做宣導、蘇小歡先生用行動做貢獻；他們的理念和行動正在影響全人類，現在就讓我們一起為這地球的「答案」開始行動吧！

（本文作者為陽明春天餐飲集團創辦人）

〔中文版序〕

# 覺醒、進化，採取植物性飲食

◎威爾・塔托

我很高興《和平飲食》正體中文版得以發行，讓此書的信息，能觸及更多渴望了解世界危機根源的人的心靈。我衷心感激貢獻出眼界、決心與慈悲心而促成這件美事的人。

《和平飲食》的核心信息之於現在，比當初二〇〇五年英文版發行時，更為迫切和重要。我們都看見了日益嚴重的環境破壞和氣候劇變，這全是生產及食用動物性飲食，過度使用及浪費大地資源所造成的結果。

今日，沒有任何事會比努力了解我們食物選擇所造成的深遠影響，更為重要和高貴。食物選擇，在世界所產生的漣漪效應是如此巨大，不只影響身體健康，也影響心理及靈性的健康，還有我們的社會和地球生態系統的健康。

本書是第一本呈現食物系統「全貌」的書。這個「全貌」其大部分是被隱藏的，很少媒體公開討論它，主因是大公司和利益團體認為，一般大眾越需要藥物、越食用不健康食品、越不去質疑環境破壞、越遠離天生的同情心、越忘記地球上所有生命的緊密關係，對他們越有利。

人類正處於日益嚴重的全球危機當中。本書揭露危機背後真正的原因，就是我們文化加諸在我們身上的「食物選擇」。海洋正在耗竭，雨林正遭到破壞，大量的物種滅絕減少了基因的多元化，氣候的劇變使得兩極冰層融化，經濟正在瓦解，身體、心理和文化的疾病到處蔓延，而我們卻沒有察覺，這所有問題都根源於某一種心態。這種心態是固定吃肉及奶製品必備的心態：將生命簡化為物體，把生命當成商品——為了自己的利益統治及剝削其他生命。

今日召喚我們的偉大探險活動，是一個探索古代智慧的「覺醒」活動，讓我們重新記得所有生命互相關聯；我們種什麼，最終就收割什麼；地球是美麗、珍貴和富足的，如果順從維繫所有生命的宇宙法則生活，我們可以創造一個和平、自由、富足及歡樂的世界。這個智慧在傳統的中國文學及哲學中有許多例子，《和平飲食》一書裡許多重要的觀念，對中文讀者而言應該原本就非常熟悉。

台灣人民以一些傑出的方式，帶領全球覺醒，呼籲大家為了倫理、智慧及生存，採取植物性飲食。深入了解這個道理，並與他人分享，是我們能給予自己、給予我們所愛的人、給予動物、給予未來子孫及祖先、給予飢餓的人和我們的世界最好的禮物。

我很感謝大家共同參與這個慈悲的進化活動，我向各位及所有努力了解書中概念

並與他人分享的人致敬。你們都是解決問題的人，不再是問題的一部分！讓我們攜手合作，共同為自由、健康的世界建立基礎。

〔譯者序〕

# 素食理論的聖經

◎蘇小歡

龍敏君小姐把此書最精準的意思鉅細靡遺譯出來，再由我調成比較適合中文慣例的譯體。若不如此，它會完全露出中西語言特性的不融洽處，特別是這本書談到抽象思考的地方很多，特別是塔托是位會用西式語法下筆繞到極細處的作家。許多地方之拿捏，我們均經再三琢磨，甚至寫信請教塔托本人；也因為這樣，相信整個譯文應該不會失去原作之本意。

但最後完稿，仍留下不少西化語句，譯者歉然。

市面上，推薦蔬食的書不少，但通常都從單一角度來分析為何應蔬食。這本《和平飲食》，分從文化、歷史、社會、環境、倫理（隱含「道義」的意思）、心理、營養、健康和靈性諸面向，分章完整地論述素食的合理性，大家可以把它看成「素食主義的百科全書」。

**中文讀者看此書，必要情況下，我們建議第一、二、三、四章先跳過，直接從第五章開始讀**。因第四章之前，抽象理論多，第五章起，就實際了。初入門的朋友，讀完第五之後各章，回頭披閱前四章，比較能快速明白作者前面在講什麼。

本書乃臺灣「全球週一無肉日聯絡平台」跨海到韓國向聯合國氣候變遷小組主席帕丘里博士遊行致敬時，同行的韓國朋友在素食餐廳隨手買一本送我們的。我個人很喜歡作者威爾．塔托（Will Tuttle）這位仁兄，「原來人間真的有英雄」，他最寶貴的品質成就在「實踐」兩字。他是一位「拖車英雄」，兩夫妻在拖車住了十七年；該車雖由一部汽車頭拖動，但本身不動時，基本配備大半由車頂的太陽能板供電。

塔托是世家子弟。美國兩次國內的所謂革命，都以他的家鄉麻州康柯爾（Concord）為根據地。第一次，就是開國的獨立運動，美國人在康柯爾鎮的老北橋開戰，發動了對英國殖民公司不公平對待的抗爭，農夫和村民奮力抵抗既定特權，終於完成政治革命，獲得國家獨立。第二次，是美國思想的大革命。獨立百年後美國的大文豪：愛默森、梭羅、簡寧、霍桑、布朗森．奧科特（Bronson Alcott）父女（其女露意莎．媚．奧科特〔Louisa May Alcott〕是著名小說《小婦人》作者）……，都住康柯爾。還有惠特曼，也常造訪此地。這些大文豪開始講超越物質的東西，這使得美國人從原來拓荒務實的農夫，一躍變成精神、文化層次的追求者，他們不再只追求溫飽，美國的文明，往上大大提升一階。

塔托的父親是美國東岸相當有份量的報團老闆兼具專業水準的音樂家，報團基地在阿克頓（Acton）。這位報團老闆非常愛國，家中懸掛國旗。每逢獨立戰爭紀念日，他化裝成當時民兵，組團從康柯爾遊行到阿克頓，全程十公里。

塔托身高近一百九十公分，常不忘自己是美國國父和勇於追求自由、真理的清教徒的後代。十二歲時，循美國菁英世家的傳統，塔托被送去某個夏令營，那個夏令營結業前的重頭戲，是要求十二歲的小孩，當面槍殺一隻大公牛。

住康柯爾的那些哲人，影響塔托一輩子。這些人大半具強烈的素食思想，特別是愛默森和梭羅和奧科特父女。梭羅流傳全世界的著作《湖濱散記》（Walden），那個湖，名叫「華登湖」（Walden Pond）。而我們的塔托，小時候學游泳、玩水的地方，正就是華登湖。塔托特別推崇梭羅。梭羅當時擁有美國最大的東方哲學圖書館，據塔托說，梭羅的書《公民抗議》（*Civil Disobedience*）目前仍然是非暴力抗爭的重要索引文件，歷久彌新，深深影響了托爾斯泰、甘地、馬丁路德等人。

梭羅的《湖濱散記》，也是影響臺灣環保運動的啟蒙者、先行者——徐仁修先生一生的最重要一本書；徐目前也是素食者。

塔托受到槍殺牛過程的影響，開始反省人類到底哪裡出了問題。二十一歲時，他和弟弟兩人，啟程在全美國流浪，邊走邊丟棄身上的東西，包括急用金、各地友人連絡電話、行李……甚至自己的重度眼鏡。他練習對這個世界不設防；他發現，你不對世界設防，其實世界就不會傷害你。

經過這趟心靈之旅，他體悟到人類正站在一個很好的端點，也是很重要的端點，是該發起一場人類最美麗的革命的時候了——飲食革命——人應仁慈對待動物。正巧，康柯爾鎮（Concord）這個英文字，就是和平、和諧的意思。塔托由衷祝福，這是一場不用戰爭、衝突的和平革命。

塔托後來在柏克萊拿到博士學位，並任教於加州一家大學。他體認到素食革命的迫切性後，終而放棄了珍貴的教授職位，放棄了學校加薪留他的邀請，放棄了舒適的房子、車子，單槍匹馬，駕著拖車，在全美甚至全世界舉辦演講、研討會、工作坊、研習營。他同時是職業水準的音樂家，每場演講，通常都先下場演奏鋼琴，奏完才開始演講。這不禁令我們想起，幾十年前讀到的臺灣詩人余光中每場演講，也是先來一段鋼琴，杜布西的「月光」（Claire de Lune）……。塔托的太太是瑞士人，目前擔任先生的助手，拖車是他倆生活場所，也是辦公總部，在此他們每天和全世界用網路連絡。塔托每年的演講行程，通常滿排一、兩百場，也就是說，要預約他演講，正常的情況，要排在一、兩百場之後。

塔托應出自基督教家庭，目前似乎不屬於任何修行團體，他先是花了五年寫成《和平飲食》，當時在亞馬遜書店銷售排名是第八千名，接著他又花了五年巡迴演講、辦活動，讓這本書，以五年時間，爬到了亞馬遜書店銷售的第一名。

談這本書的翻譯版權，初時並不順利，其後他一聽將來的譯者是臺灣週一無肉日的發起人，立刻同意簽字。我們原不相識，但因譯書關係，雖未見過面，但已是朋友。

塔托把動物視為跟人的地位一樣，所以原書一律不用it稱呼動物，完全用稱人的she或he——事實上，大半的情形是用she，因為，在把動物當食品的文化裡，男性動物除了提供生育用的精子之外，是不太有用的，故幾乎被殺光了；沒殺的，則都面臨閹割的命運，因為這樣比較不會衝動、打架。譯者尊重塔托的作法——雖然我們一點也不覺得，把動物提升到人的地位，對動物有什麼特別光彩，大家的地位一樣（大致的說法），不必強求物種同質。

**書中中文所說的「植物性飲食主義」，即指vegan。**vegan這個字是六十七年前在英國造出來的，有人譯成「維根」。那時英國有個純素協會（Association of the Vegan Society）。**這種素，比較鬆的地方是不禁蔥蒜，嚴的地方，在於舉凡奶、蛋、蜂蜜、燕窩等動物性產品也不吃，連真皮皮鞋和皮帶、皮衣等，也都不會購置。**

要補充說明的是，西方人說「吃素」或「素食者」（vegetarian），一般指的是不吃肉，但還吃奶蛋的人，比方黑猩猩之母珍古德博士，就吃這種素。珍古德也一再說她希望自己早日成為純素主義者，因為她同樣也非常反對大型而且單一的農業和畜牧養殖，她當然也不很樂意見到動物為了服務人類喝奶吃蛋，要受這麼大的折磨和痛苦。

而今後，對傳統佛教連蔥蒜也不吃的人，我們將用「全素」稱呼，以便和「純素（植物素）」區隔。

譯此書，更詳細知道動物如此受苦，但譯者不加一詞客觀推出此書上市供大家自評。「週一無肉日」是安打上一壘，《和平飲食》是全壘打，讓大家返照本來的面目吧。

本書翻譯稿費所得，我們將捐出一半，另一半備為推廣本書的管銷費用。

本譯稿大半工作由龍敏君小姐完成。她先讀完全書，再下筆譯，整本譯完又回頭潤稿一遍，始交由我作中文調整；我調整完，她全書再檢查一遍，仔細考校我是否有調整錯誤的地方。眼看她忙碌於家事之外，每天比全家人晚睡，比全家人早起，一心一意，只因替「推動素食」盡一份棉薄之力，已是她今生不退的理想。我在此特別表達我對她不眠不休的毅力，完全心服口服。

寫於「歸藏山莊」

# 第1章 食物的力量

「世界屬於那些能夠看穿它的藉口的人。你看：多麼聾，多麼盲目的習俗，多離譜的錯誤，竟被默許存在——你的默許。看透它是謊言，你就已經給了它致命的一擊。」

——愛默森（Emerson）

「世上最殘忍的武器，就是餐桌上的叉子。」

——甘地（Mahatma Gandhi）

## 食物的象徵意義

自古以來，社會改革者及靈性導師，都關切飲食習慣及飲食態度的重要性。至少可以追溯到兩千五百年前，希臘的畢達哥拉斯（Pythagoras）、地中海東部的舊約先知、印度的馬哈維拉（Mahavira）和釋迦牟尼佛（Gautama Buddha），以及稍晚的一些傑出人才：柏拉圖（Plato）、普羅提諾（Plotinus）和早期基督教的前輩，莫不如此。

但許多世紀以來，這些人的教理被主動地忽視、打折及遮掩，此現象意義重大。若能深入研究主動遮掩這些教理的人的傷口和態度，對於如何面對自己、面對文化、面對怎樣讓這個星球正面轉化，我們都將豁然開朗。

是什麼給食物這種力量呢？為什麼直到今天，這個力量一直未受到重視？回答這個問題，必須用一些新方法，必須辨識一些我們平常被教導不去辨識的關聯性。

食物不只是民生必需品，也是人類各種文化及內在生命的主要象徵。我們不難發現：食物是生命、愛、慷慨、慶祝、娛樂、安全感、獲得和使用的源頭和隱喻。但很諷刺的，因為我們經常殺生為食，因此它同時也成為控制、統治、殘酷與死亡的源頭和隱喻。每天，從出生到死亡，我們都在選擇食物，自己選或他人代勞。這些無可避免的食物選擇——不論是自選或他人代勞，主要根據我們的意識品質來決定；這種意識品質，深深影響了我們辨識關聯的能力。**我們是否有能力辨識有意義的關聯，決定了我們是、或即將是生命的保護者，抑或是生命的殘害者；**前者熱愛並保護生命，後者卻是殘酷、滅亡、不智的一種延續。

我相信，在我們生命最深的層面，我們都渴望與生命的源頭，在靈性上真正結合，直接體驗內在的本性。而就是這種想從「以分離個體為基礎」的痛苦幻境中走出、去體驗完整、真理、自由的渴望，催促我們去探索周遭的神祕事物。

觀察我們對於食物的態度、行動和信仰，是一趟探險的旅程，這旅程讓我們進入人類文化及自己的最核心。這趟旅程似乎非常令人驚訝，我們同時照見了我們從不曾感受到的，綁住我們身體、頭腦及內心的枷鎖，也照見通向轉變、實現真愛、自由與歡樂的大道。我們可能會嘲笑這麼強烈的宣言。我們的老朋友，食物，有如此偉大嗎？我們每天都有重要的計畫要做，有迫在眉睫的事要處理，吃東西只是小事，吃完就走開，沒有什麼了不起！

## 神聖的饗宴

食物是象徵親密關係的普遍隱喻。我們都了解深愛某人或某物的感覺；因太愛了，會很想與「他」成為一體，將這個顯然不是我們自己的個體，帶進我們裡面。「他（或它）」可能是我們用眼睛享用的燦爛日出，可能是一首開心動人的曲子，也可能是我們渴望合而為一的愛人。所有的藝術，都是表達人類內心深處渴望這種結合的管道；但只有食用食物，能將這種合而為一的感覺真正具體完成，這和開悟、諒解、愛一樣神奇。不是我、是其他個體，不知怎麼地，經由敞開心胸與接納，變化成我，我們。我們復原了，醒過來，了解彼此都是整體的一部分，之前分開的我和非我結合在一起，成為共同的元素。

因此，分享食物是一個綜合性的隱喻，它同時象徵復原、靈性轉變、諒解與超越的愛。食用食物，也是唯一的一種藝術，同時運用了五種感官，而且還非常倚重佛教教理所說的第六感官：心理活動，也就是把透過我們感官所感覺到的東西，放在特定的情境中。我們在食物上附加了各種不可思議的精細複雜的思想和感覺，這是吃的經驗中非常重要的一部分。我們的家庭、文化在這些思想和感情上占有重要地位，這些記憶與認同感，給予食物特別的意義。

透過吃，我們完成了自己與他人、主體與外在世界複雜地結合，所以**「吃」在東西方各種文化中，一直都被視為最神聖的活動。如此親密的舉動，我們當然應該以最清醒的意識、愛心、辨別能力，以及敬虔的態度小心處理。**我們若不這麼做，顯然是有什麼地方出了差錯。

一旦了解吃是人類親密關係及靈性轉變的主要象徵，我們便可知道，為什麼聖餐對各個宗教及社會生活這麼重要。吃是我們在靈性上與神性結合的中心隱喻。吃食物在象徵的意義上及現實生活中，都是神聖動作，這種說法受到普遍認可，因為吃這個動作，使我們直接參與了那個超越我們有限生命的無限法則。

經由吃，我們展開、接納，真正的成為無限法則的化身，成為無限法則獨一無二的作品，那就是我們。這是愛的最深刻表現。當我們吃東西，我們接收到永恆的神祕力量疼愛，這個力量，完全奉獻自己，生養萬物，它不斷地示現自己，變成我們，透過我們來體驗生命——我們也就是這個力量。這種愛，我們能夠以直覺感受，但我們理性的頭腦無從體會。

## 食物、生命與死亡

什麼事可以像吃蘋果一樣簡單？同樣，什麼事可以更深刻和神聖呢？我們吃蘋果，不只是吃一個單獨的東西，蘋果進入我們體內，在裡面分解，貢獻我們，變成我們。每一個蘋果都表現了這麼多的事情。我們在吃雨水和雲層，在吃所有幫助這棵樹出現的過去的樹，我們在吃數不清多少代的動物、植物，和人的淚水、汗水、身體及氣息，他們已經變成泥土、雨水和風，餵養這顆蘋果樹。

**注視一顆蘋果時，我們看到了整個宇宙**。行星、恆星、太陽、月亮、海洋、河流、森林、原野和生物，全都在這顆蘋果裡。蘋果樹表現了無限的生命網，為了這棵樹存在，網上的每一個組成分子都很重要。蘋果是樹和無限的宇宙送來的禮物，無限的宇宙，透過蘋果繁衍和讚美自己。蘋果裡的種子落下變成新的樹，給人類、熊或鳥吃了，分布得更廣，散播和利益這棵樹和整個系統，以最廣大、複雜和完美的方式展現自己。

吃蘋果時若注意到這些事，我們會知道我們被疼愛和滋養，我們是某樣更偉大的事物的一部分，這神祕的事物如此巨大、仁慈和令人興奮，我們接觸它只感到神聖。實際上，不論哪一種社會，我們停下來想起生命源頭，或有意識與偉大的「神祕」溝通，通常都是在葬禮上，或是在謝飯和禱告的時候。只要我們有意識地吃蘋果，蘋果便可變成神聖饗宴，但我們很少這樣做，因常被其他事務占據了心神。

人類吃蘋果，在真實意義上是蘋果吃蘋果。整個的宇宙不只在蘋果裡，也在我們每個人裡面。在吃當中，我們了解根本沒有單獨存在的東西，一切都只是過程。所有事物互相分享，不斷改變，最後都被過程和最大吞食者——「時間」，所吞滅。食物是生命之流的源頭和象徵，從生流向死，從死流向生。

吃食物的神祕靈性意義，已被納入許多文化中的基礎神話和宗教傳統。基督教中，除了要求大家提升聖餐儀式的意義，將它象徵成耶穌神聖的犧牲性命之外，還有耶穌出生的故事。耶穌生在馬槽！多麼有力量的象徵，出生在裝食物的槽裡！他天生是別人的靈糧！馬槽的象徵意義與最後晚餐之間深刻的聯結，都顯示了「食物」做為靈性之謎主要隱喻的恆久力量，它包含和超越了生與死。

當靈性逐漸進化，潛能開始覺醒，我們每天都可以成為別人的食物，與別人分享我們的愛與了解，分享我們的時間和能量，並在過程中滋養他人和自己。我們分享的，不只是我們個人的愛、能量、時間，因為像蘋果一樣，當我們奉獻自己，我們同時也奉獻了我們從家庭、老師和朋友，從太陽、月亮、星星，從地球和地球上的生物、從我們所有的經驗——所收到的禮物。最終，我們是生命本身，把自己奉獻給自己——餵養自己，探索、滿足和更新自己。假如我們生活過得很好，我們可以提供他人最有營養的食物，即仁慈與智慧的果實。最後，我們會發現，我們在旅程中不只需要食物，我們也是彼此旅程中的食物，**我們最深的需求和喜悅不僅僅是消費，而是成為他人滋養的食物**。我們都出生在象徵的馬槽裡，要成為別人的靈性食物，我們受到召喚，來此發覺自己獨特的貢獻方式。

吃，竟然在我們的文化和靈性上占了最中心的位置。若要更進一步探索，我們必須檢查我們食物的選擇，背後是什麼？

## 食物的來源：植物或動物

人類文化中，食物品項來自動物或植物。

來自植物的食物，最常見的是某些植物自由釋放出來的果實和種子。例如穀類的小麥、燕麥、米、玉米、大麥、藜麥、黑麥和小米，是植物的種子和果實；豆類如黃豆、雞豆、扁豆、碗豆、豆莢、花生，則是植物的種子。果類蔬菜如番茄、南瓜、胡椒、硬殼南瓜、秋葵、茄子、大黃瓜，又是綠葉植物的種子和果實。還有從樹和其他植物釋放出來的種子和果實，構成我們吃的食物，例如蘋果、橘子、香蕉、木瓜、酪梨、麵包果、甜瓜、葡萄、檸檬、梅子、桃子、櫻桃、杏桃、橄欖、無花果、棗子等等。黑莓、草莓、藍莓、蔓越莓、覆盆子和其他莓類；美洲胡桃、核桃、榛果、夏威夷果、腰果、杏仁、椰子和其他堅果；葵瓜子、芝麻、南瓜子、可可豆、亞麻子、松子和其他種子，都是食物。而有些食物是結著種子的花，如綠花椰菜、白花椰菜、球芽甘藍、朝鮮薊，或是帶有孢子的地底菌類的果實，如菇類，或是澱粉質的塊莖像是馬鈴薯和山藥。有一些則是根部，如胡蘿蔔和甜菜，有些是葉子，如君達菜、高麗菜、西生菜，或是莖部，如蘆筍、芹菜、甘蔗。

**從盤子裡的植物性食物背後，可以看見果園、花園、田野、森林和季節，還有培植和照顧它們的人。**如果植物是以比較保護水土和小規模的方式有機栽種的，我們還可以看到美麗豐盛的地球，它生產可口健康的食物，給配合大自然節奏、悉心照料和辛勤工作的手。

吃這些食物，製造的痛苦很少。植物不像動物要移動，必須有神經系統和痛苦接受器，以避免做出傷害自己的行為；植物沒有神經系統和痛苦接收器，因為它是靜止的，大自然不必給予進化的生理機制，使他們能夠感覺痛苦（註❶）。

食用動物性食物，不是用動物的肉和器官或排出的蛋，就是用他們的分泌物。

前一類，是我們飲食的主食。魚肉和貝類的肉，通常是以「物種分類」來稱呼，例如鮪魚、鯰魚、鮭魚、龍蝦、螃蟹和蝦子，直接稱其名。兩棲類、爬蟲類，在美國吃得比較少，但美國有養殖青蛙、烏龜和鱷魚，用以供應蛙腿、烏龜肉和鱷魚肉。禽類的肉也是根據物種來直接稱呼，例如雞、火雞、鴨、食火雞和雉，但有時也以型式和顏色來區分肉，例如胸和腿、白肉和深色肉等。相對於以上方式，其他哺乳類的肉，很少以物種稱呼，而是以特定部位稱呼，例如腰肉、上腰肉、脅肉、臀肉、肩部厚肉塊、肋骨肉、丁骨、胸肉，或是培根、肋骨、小牛肉、羊排、鹿肉、羊肉、碎牛肉、漢堡、熱狗、燻腸、香腸和火腿。我們也吃一些內臟，如鵝和鴨肥大的肝臟（鵝肝醬）；還有較不常吃的，如胃、心、舌頭、腦子和某些動物的腳。

後一類，是動物的分泌物，比方我們喝母牛、綿羊和山羊分泌的乳汁，吃這些乳汁製成的奶油、優格、鮮奶油和各種起司。起司是用凝乳酶使牛奶凝固做成的，凝乳酶是被殺的小牛的胃膜。鳥類的蛋被侵占來當作食物，還有蜂蜜，它是蜜蜂身體的分泌物和花蜜混合而成的。

植物以自然方式，生產健康營養的食物，幾乎不受痛苦；**與植物相反，人類為了取得肉、奶、蛋，動物必須固定地受到控制和攻擊，痛苦是很明顯的。**拿刀子插進狗、母牛、貓、雞、兔子和人類的皮膚，和插入番茄和葡萄柚的皮是完全不同的；啃豬的腿和啃新鮮的蘋果，是不能比較的。著名動物行為學家康拉德勞倫茲（Konrad Lorenz）曾說，若有任何人看不出砍一隻狗和砍一顆萵苣的差別，為了社會的利益，他應該自殺。今日我們都知道，所有脊椎類動物都具備帶有本體感受器的中樞神經系統，對於各種痛苦都很敏感，包括被砍、被燙傷、被碾碎、被拘禁和電擊，並且會受冷熱、臭味、瘀傷、擦傷的影響，他們和我們一樣，當身體受到拘禁、嬰兒被偷、本能的欲望遭到有系統的阻擾時，心理會感到痛苦。

## 拒絕的文化

愈刻意忽視某些事情，它就變得愈有力量。仔細觀察以現代方法生產的動物性食品，我們無可避免會看見：悲慘、殘酷和剝削。因此，對動物來源的食物，我們總是避免深入觀察。「吃」是我們最基本的活動和最重要的儀式，而我們把迴避和拒絕的方式運用在

註❶有些人認為植物也能感受痛苦，但這更是我們不應該消費動物性食品的原因，因為生產肉、奶、蛋和養殖魚類，需要非常大量的穀物；為了取得放牧場地和種植穀物，必須破壞森林、草原等野生動物的棲息地，還有海洋生態系統也遭到破壞。細節請見第十一章。

「吃」上，使得這些方式自動地進入了我們公開及私人的生活中。**在內心深處，我們都了解，我們無法仔細察看，因若是那樣做，我們必然會意識到食物的選擇所造成的巨大痛苦。**我們學會保持膚淺，寧可盲目地不去了解其間關聯，不然內疚和罪惡感可能會讓我們太痛苦以至難以承受。去承認事實，會與我們的自我形象嚴重衝突，造成認知的不一致和感情上的困擾，所以我們選擇不予理會，選擇無知和心不在焉。

我們最基本的活動「吃」，造成了隱藏的恐怖海洋；對於這件事，我們不願面對和負責，致使我們把自己變成禮貌、文明的精神分裂病患，必須與「無情的殘酷」不自在地共處；這種無情的殘酷，每當我們食用動物性食物時，都會凸顯出來。我相信這種分裂是我們現代人類所承受的最根本的、沒有被發掘的傷口。由於這個傷口，讓其他的傷口和紛爭無可避免地接踵而至。它是如此地深刻，如此地痛苦，使得公開討論這件事變成了禁忌。

我們採買、準備和吃食物時，大部分的人選擇盲目，不去看自己實際在做什麼。這樣做，不只使自己看不見我們引起的和吃下的恐怖和痛苦，也使自己看不見周遭美麗的世界。喪失這種能真正看見和欣賞地球的美的能力，使我們蹂躪森林和海洋，破壞大自然。我們每天對造成無辜動物的痛苦毫無感覺，也使我們對破壞造物者創造的美麗與光明變得毫無感覺。

數百千萬、數十億的小孩和大人的麻木不仁——**每天大規模地消費數百萬飽受折磨的動物，播下了無數暴力、戰爭、貧窮和絕望的種子。**這些結果是無法避免的，因為**我們不可能撒下傷害、奴役他人的種子，而收割歡樂、和平和自由給自己。**我們可能會談論愛、仁慈、自由和更和善的世界，但我們的行為，尤其是那些習慣性的行為，決定了我們和他人未來將承受的後果。那些在過去和今日恐嚇人類的暴力循環，都根源於我們每日飲食的暴力。雖然動物不會像其他的人類一樣採取報復行動，但我們對動物所做的暴力行為，會報復我們。

## 殘酷的傳承

隨著拘禁和宰殺動物為食，我們將暴力帶進了我的身體、頭腦，它頑強地困擾我們的生理、情緒、心理、社交和靈性層面。我們的飲食，使得我們吃得像個掠奪者，因此也把自己看成掠奪者，豢養並袒護掠奪行為及掠奪組織，這些行為與組織，完全與增進靈性成長的包容心及仁慈心背道而馳。我們從孩提時代，就不自覺地被迫成為思想分散、心不在焉的掠奪者。

沒有任何人是有意識地自動選擇吃動物，我們都從文化和教養方式沿襲了這個習慣。今天走進任何嬰兒食品部，我們立刻會看到牛肉口味嬰兒食品，雞肉、小牛肉和羊肉嬰兒食品。在我們有記憶以前，好意的父母親、祖父母、朋友和鄰居，就將動物的肉和分泌物塞進我們嘴巴。身為一個小嬰兒，我們對「小牛」、「火雞」、「蛋」或「牛肉」完全沒有概念，也不知道這些從哪裡來。我們並不知道，餵進我們正在長牙的小嘴裡的這些食物，要讓無辜動物遭受多大驚嚇。而等我們逐漸了解真相，等後來我們自己這麼做時，這些殘酷和乖張的行為，似乎就變得很自然。從沒有人告訴我們，人類不是被設計來吃這麼大量動物性食品的——儘管它已成為典型文化；也從來沒有人告訴我們，有關極端的拘禁、不上麻藥的固定閹割和節肢、殘暴宰殺等等的事。這些殘暴的事，每天從盤子裡望著我們，而我們毫無意識地咀嚼著，邊看電視、邊看書或邊聊天。

也因為如此，我們與地球、我與神祕的無限靈性意識之間，最深和最受祝福的聯結——每日的飲食——變成了分心、壓抑感覺和罪惡的儀式，而不是開心感謝、溝通、祝福和愛的儀式。我們為此付出的代價難以計算，其中包括天生的智慧和同情心變得遲鈍，還有我們因此失去了和平、自由與歡樂。

## 凋零的智慧

智慧是能辨識有意義的關聯的能力，它適用在所有生命體系上，例如人類、動物、社區和社會。每天參與這種壓制我們辨識關聯的能力的儀式，嚴重阻礙了我們的智慧，即使是在這所謂知識爆炸的時代，它仍破壞我們的能力，使我們沒辦法處理我們所造成的嚴重問題。**我們熟練地拒絕了解我們對動物造成的痛苦，我們必然也會拒絕了解我們對飢餓的人、對生態系統、對受戰爭蹂躪的社區和未來子孫所造成的痛苦。**我們強力阻擋內心回饋訊息的技巧，也使得我們容易分心，因而受到營利機構的操縱，他們利用我們無法辨識有意義的關聯的弱點，大獲其利。

同情心是倫理的智慧，它是一種辨識關聯的能力，使人產生衝動，進而採取解救他人痛苦的行動。它和認知的智慧一樣，被我們吃動物的習性壓制住了。這種每天在餐桌上練習而來的拒絕辯識關聯的工夫，我們可以看見它更令人寒心的面貌：科學家為了研究人類的生理功能，慢慢地把狗凍死；現代軍人眼睛直視著手無寸鐵的老百姓開槍；獵人為了娛樂，欺騙追逐毫無防備的動物，然後殺死他們；此外還有許許多多合法、受到文化接受的殘忍活動。

只要我們的文化繼續這種只把動物當做商品和食物的中心思想，我們幾乎沒有存活的機會。**我們每日飲食的根本，在於有計畫地忽視、壓迫和排除其他生命，這使我們與內在的智慧失去了聯繫，無法感受到自己歸屬於仁慈、神聖的宇宙。**我們無可避免地會做出集體屠殺和自殺的事情。

## 「我—你」和「我—它」的關係

一九二〇年代的哲學家馬丁布伯（Martin Buber），詳細說明了「人我關係不同」因而產生的「自我認知不同」的理論，他的理論現在愈來愈受重視。他說假如我們沒有發展單獨的「我」的感覺，而是透過與別人的關係，產生意識、感情、經驗、欲望和目的，我們發展的是一種「我—你」的自我認知；當我們把別人當成沒有自己顯著欲望、目的或意識的物體，我們發展的是一種「我—它」的自我認知；而若我們培養「我—你」的自我認

知，培養的是如何對彼此尊重，繼而清楚感受彼此的感受；但如果我們培養「我—他」的自我認知，我們很容易把他人當成工具使用。**這種「我—它」的自我認知，導致我們對大自然、動物和其他人採取一種麻木的、沒有人性的態度，使我們內心變得冷酷，**對於我們使用、消費、剝削的人或物的痛苦，毫無感覺。根據布伯的理論，「我—它」的自我認知，內在的麻木不仁是必備條件，而且這種認知本身也助長麻木不仁，它使我們的欲求不斷增加，一直希望消費更多東西。一個客觀的、分開的、焦慮的自我，為了自己的享樂和利潤，把別人當做工具，追求諷刺的、永不可能實現的快樂和滿足。消費主義、快速工業化、法人的資本主義，都是受到這種追求的驅使而產生的，我們的環境及社會，在這種心態下，必然遭受破壞。

布伯的見解非常具有前瞻性，但他似乎沒有找到這種「我—它」的自我認知的更深的動力來源：「食物的選擇」，這個我們從出生就開始學習的事，使得神祕、敏感和智慧的動物，繼續淪為僅僅是食品，被宰殺、使用和吃掉。

我們可能會覺得很奇特，布伯經四十年的打坐及研究有關「我—你」和「我—它」的心態，竟然沒有辦法辨識這個明顯的關聯。更奇特的是，過去數百年來，數千個浸淫在物理學、人類學和人道主義領域的作家和學者，竟然沒有一個人對這個主題寫過一個句子。這些偉大的才子是他們時代裡最有勇氣和創意的人，他們甘冒被批評的風險，勇敢提供給這個世界社會學、社會理論、心理學、哲學、系統學、科學、經濟學、人類學、神學、比較宗教和靈性的新觀念，但是為什麼我們把動物當做食物——這個對我們生活和思想這麼重要和明顯的事情——竟然被他們長時間地忽略和看不見？想到有如山一樣高的書、文章、講稿及文件，出自這些才智之士的手筆，或被拿來談論這些才智之士，而「食物選擇」這個題目竟然從未被提及，不禁令人毛骨悚然。

甚至更激進的當代聲音，幾乎所有在人類潛能、靈性、環保、社會正義、整體療法與和平運動等領域的傑出作家和領導者，也不願或不能嚴肅地去面對這個主題。我們並不是要批評這些美好的人，而是想強調，整個文化對於挑戰它的特徵行為的抗拒力量，是如此的強大。

這個現象，是因為我們大家都同意，不論付出多大代價，都必須忽略這個事實。榮格（Carl Jung）最著名的貢獻之一就是把陰影的原型性格說清楚：它是你自己和你裡面的特質，它也是你拒絕承認並壓抑著的那部分。陰影雖然被壓抑，但仍然能被聽見，並且總是以暗中傷人的方式投射。**我們虐待動物為食，無疑地是我們文化最巨大的陰影**。我們共同的罪惡感，不僅驅使我們隱藏它，同時還將它表現在：我們激動的生活方式、電影、書籍、遊戲和其他媒體上，以及我們彼此之間施加在對方身上的暴力行為上。

## 我們都是謎

我們以動物為食的習慣，除了嚴重違反了自然法則，帶給我們自己和動物巨大的痛苦之外，同時也使我們無法看見自己與動物的真正價值。我們若把自己看成僅僅是物質的存在，出生、活一陣子，然後死亡，那就錯了。我們像其他動物一樣，根本不是這個物質的身體，我們的本質是意識，我們都是無限的神祕創造力量的作品，這個力量生養整個展現出來的宇宙。**我們的身體和頭腦是聖潔的，其他生物也一樣。**動物和我們一樣，有感情、有渴望，他們築巢，尋找伴侶，會飢餓，是自己生命意識的主人。他們也和我們一樣，盡己所能避開痛苦和死亡，做能夠帶給自己快樂和滿足的事。

我們人類根本是一個巨大的謎。科學、宗教、教育和政府機構能做得很有限，他們始終都沒有辦法以比較有深度的方式告訴我們，我們的本質是什麼。到如今，我們對自己的了解仍然是謎，和摩西、佛陀、孔夫子和耶穌的時代沒有兩樣。有些人會說，我們知道的比較多，當然比較進化；另外一些人則表示，我們對真正重要的事知道的很少，比起以前的人思想更分散、更愚昧。然而沒有人會說，由於我們對科學和神學的研究，我們對自己的認知不再是個謎。正如同我們不確實知道男人或女人是什麼，我們也不知道，母馬或種馬是什麼，狗、大象、老鷹、海豚、小雞、箭魚、龍蝦、鱷魚、老鼠、蝴蝶、蚯蚓、蜜蜂或蒼蠅是什麼。他們對我們而言完全是謎，比我們對我們自己還陌生。

**他們真正是「另外的生命」，這種重要的了解，應該會讓我們在裡面創造謙卑、神奇和尊敬的感覺。**然而很不幸，我們對這些我們遇見的無限神祕的生命，發明了許多內心的分類，例如「黑人」、「奴隸」和「異教徒」，或是「食用動物」、「獵物」、「害蟲」和「實驗用動物」。這些分類方式，以及我們對他們使用暴力行為，基本上不會改變或減損他們神聖、謎樣的本質。這些來自我們排外和以自我利益為中心的態度的扭曲思想，只會遮蔽和奴役我們的心智。所有生命無限的靈性來源之光，閃耀在所有生物上，我們若能在其他生命上，看到並辨識這種光，我們便同時解放了他們和我們自己。這就是愛。看不見這種光，通常是因為我們沒有經歷過別人在我們身上看見這種光的緣故。

我們把其他動物視為物體加以利用，甚至做為食物，已經嚴重破壞了原本和諧的織布，並不知不覺地創造了囚禁自己的文化。人類控制人類，是人類控制動物的一種必然結果。吉姆梅生（Jim Mason）在《不自然的次序》（*An Unnatural Order*）一書中曾經說明：人類奴役其他人類和人類奴役食用動物之間，有很強烈的歷史關聯。這種控制和排外的奴役者心態，是我們靈性不安定的真正核心原因，它使我們對地球、對彼此發動戰爭。

## 愛是了解

我年輕時常疑問：為什麼我們的文化必須像這樣？現在我已發現它不必然如此。我們都可以用飲食為我們文化的轉變與世界和平做最深刻的貢獻，因為飲食，是我們與我們的文化和與自然界之間最重要的連結。

努力培養清醒的意識，讓眼界超越強大的教化影響，可以帶來了解。復原、恩典和自由都從了解而來，愛了解一切。**經由了解，我們可以欣然接受我們的責任，將我們的生命變成祝福世界的力量**。有了清醒的意識，我們的行為自然會改變，而個人行為的改變，經由關係網的漣漪效應，可以導致整個社會的轉變，帶給每個人自由、歡樂和創意的新空間。這一切改變，都要從我們與自然法則最親密、最深遠的連結，我們最主要的靈性象徵，和最根本的社會儀式——吃，開始做起。

畢達哥拉斯是西方的「素食之父」。「Vegetarian」（素食者）這個字，直到十九世紀才被造出來，在此之前，西方素食者，被稱為「畢氏信徒」。吃素的畢氏，非常強調強壯的體魄。他的觀念，淵源沛然地流傳給蘇格拉底和柏拉圖。這三位，都是身體強健並精於運動的大學問家。部分學者相信、並曾舉證蘇格拉底和柏拉圖，也是不使用動物製品的素食者。

# 第2章 我們文化的根

「耶和華說：你們所獻的許多祭物，與我何益呢？公綿羊的燔祭和肥畜的脂油，我已經夠了；公牛的血、羊羔的血、公山羊的血，我都不喜悅……你們的手充滿了殺人的血；你們要洗濯、自潔，從我眼前除掉你們的惡行，要止住作惡。」

——以賽亞書第一章11,15-16節

「對動物殘忍，宛如人不愛上帝……折磨那些從不曾傷害我們、不能保護自己、完全掌握在我們手中的生命，是非常可怕的，如惡魔一般。」

——樞機主教約翰・亨利・紐曼（Cardinal John Henry Newman）

## 畜牧文化

多數人不認為我們的文化是畜牧文化。雖然在鄉間有廣大的稻田和牛群放牧，但我們向四周張望，主要看到是車子、馬路、住宅區、城市和工廠。**我們可能不了解，大部分的**

**穀物是種來當牲畜飼料的，每天我們消費的數不清數量的禽類、哺乳類和魚，都被關在我們看不見的巨大集中營裡，也就是所謂的養殖場。**雖然今天我們的文化，沒有像幾千年前祖先的文化那麼明顯，但跟他們一樣，在本質上是畜牧文化，以擁有、買賣和食用動物來組織社會。

大約一萬年前，伊拉克東北部庫德族（Kurdish）丘陵國家的遊牧民族，開始馴養羊群，發起了一個影響巨大的革命。人類學者相信這是他們打獵習俗的副產物，他們開始依附特定的野羊群，挑選他們，然後逐漸控制他們的行動、食物和生育。最後他們學會了閹割和除掉公羊，所以羊群以母羊為主，只有少數的公羊；另外經由這些經驗，他們也學會了選擇性的繁殖，創造一些性格上比較討好的動物。山羊，顯然在綿羊之後，很快地也被馴養，接著兩千年以後，在西邊和北邊的牛群被馴養，再過兩千到四千年，馬和駱駝也被馴養。許多歷史證據顯示，強烈的財產權、男性血統和純種血統的觀念，大約在四千年前逐漸出現。

西方文化也可以看出兩個主要的根源：希臘文化和黎凡特文化（東地中海沿岸和中東地區）。閱讀這些大約三千年前尚存的文化作品，像是荷馬的伊里亞特、奧迪賽和舊約聖經有關古代國王和他們戰爭的故事，我們可以發現，這些文化都以肉食、畜牧、奴役、暴力征服、男性優勢為導向，並且以動物獻祭給大部分是男性的神祇。

古老的畜牧文化中，被拘禁的動物不只是食物，同時也是財富、保障和力量。最初的金錢和資本的型式，就是綿羊、山羊和牛，因為他們是具有有形價值的可消耗資產。事實上，資本capital這個字就是來自拉丁文的capita，它是「頭」的意思，牛的頭、羊的頭。

最初的資本家就是牧人，他們彼此爭奪土地和資本，建立了最初的王國，其後再加上奴隸、定期的戰爭和權力集中在擁有牛群的富有精英手中，王國就更加完備了。金錢這個字pecuniary，來自拉丁文的pecus，意思是牛群，而古羅馬硬幣denarius之所以被如此稱呼，是因為它值十隻驢子。牲畜在古代的畜牧文化中，被用來定義黃金和銀子的價值——可知**當時供食用的動物，是財富和權力的主要標準。這個事實可以讓我們理解，為什麼大牧場業者和乳酪業者，到今天仍然繼續擁有相當的政治力量**。

西方文化的始祖，以買賣、奴役有力量的大型動物等行為建立的基礎神話和世界觀，到今天仍然存在於我們文化的核心。理安．艾斯勒（Riane Eisler）所著的《聖盃與劍》（*The Chalice and the Blade*）和吉姆．梅生（Jim Mason）的《不自然的次序》（*An Unnatural Order*），概括摘要了歷史學家和人類學者的作品，他們對於人類開始控制大型動物做為食物後，價值觀的轉變，以及這些轉變怎樣到今天還影響我們，提出了有趣的觀點。

有一點很重要，必須注意，就是歷史的研究和詮釋，往往主觀到惡名昭彰的程度，我們自己也不例外，稍加注意，我們即知自己對過去的經驗和了解，往往隨著我們自己的改變而改變，對百萬人所共同創造的廣大複雜的集體過去也一樣。當我們更進一步想了解史前時代，那時尚沒有文字，我們會變得更主觀。正如歷史學家辛西婭．艾勒（Cynthia Eller）寫的：「史前時代至今仍是一張巨大而且大部分空白的帆布。因此各種不可思議的景象，可以依照各個思想家的偏好被畫上去。」

理安．艾斯勒（Riane Eisler）引用了許多人類學者和作家的作品，特別是馬利佳．

金布塔（Marija Gimbutas）、賈桂達・霍克（Jacquetta Hawkes）和梅林・史東（Merlin Stone），來證明人類基本上有兩種型態的社會，她稱之為合夥社會及統治社會。在合夥社會，男女基本上是平等的，一起合作工作，艾斯勒試圖說明，在以馴養動物為基礎的父權統治文化擴張以前，這種方式是人類數萬年來生活的準則。合夥社會相較於近期的五到七千年前才出現的父權統治文化，非常不同。根據艾斯勒的說法，父權統治文化主要是由於「庫德族入侵」所造成，好戰的庫德牧人從中亞來到東歐和地中海沿岸，大約在兩千年前，分三波前來，帶來了這種男人視女人為牛群的文化，此文化的特性為暴力攻擊與破壞，根本地改變了較古老、和平的合夥社會。根據艾斯勒、金布塔和其他人的說法，較古老的文化，偏向吃採集和種植的食物，崇拜生養繁殖的女神，將聚落建在豐富的谷地，使用鐵來做碗，而不是做武器，他們不從事戰爭。而入侵的獨裁文化，牧養動物，吃動物的肉和奶，崇拜兇猛的男性天神，像是恩利爾（Enlil）、宙斯（Zeus）和雅威（Yahweh）。他們住在山頂，建築堡壘，用鐵做武器，不斷地競爭和打仗。根據艾斯勒的說法，**暴力衝突、競爭、壓迫女性、階級鬥爭，並非人類的本來性格，而是我們繼承自畜牧文化統治者的價值觀。**

究竟這些入侵的父權文化，來自何方？他們為何那樣做？艾斯勒在後來的著作《神聖的喜悅》（*Sacred Pleasure*）中，引用地理學家詹姆士・德米歐（James DeMeo）的研究。德米歐把庫德族及其他遊牧民族，這些擴張主義者的遷移，歸因於嚴重的氣候變遷。這種氣候變遷，「造成了一連串複雜的事件：饑荒、社會混亂、土地荒廢、大舉移民——終而造成人類的根本改變」。艾斯勒指出，畜養牲畜「容易導致乾旱」並且「造成環境耗竭的惡性循環，增加經濟的競爭，因為放牧的土地愈來愈稀少，所以容易產生疆界上的暴力爭奪。」她還說，牧養動物的習慣，造成了統治者文化冷酷的性格特徵：

「牧羊人的生活主要依賴奴役其他生命，這些生命被剝削他們所生產的東西……最後被殺掉……這也可以幫助解釋「防禦心理」（柔軟感情的硬化）。德米歐認為這種心理是教父或統治者社會的根本特徵……另外，若是一個人習慣以奴役動物過生活（為了肉、起司、牛奶、皮等等），尤其實際上做為生計的主要來源，這種人很容易習慣性地認為，奴役其他人類也是對的。

是否確實有如艾斯勒和其他人所說的那種比較和平、合作、平等的早期文化，或人類的社會經濟文化結構一直以暴力衝突、男性優勢和競爭為主，這仍然是學界熱烈討論的話題。但似乎不可否認，買賣或奴役大型動物做為食物，確實對人類的意識造成了影響。吉姆‧梅生將艾斯勒的作品在這方面的研究，做進一步的延伸，探討人類控制動物和控制其他人類在歷史上和心理上的關聯。他指出，農業革命改變了過去採食維生的文化，將人類與自然的關係，從倘佯其中轉變為與它分離和企圖控制它的關係。由於這種分離關係，產生了兩種農業型態：植物和動物，這兩者之間有非常大的區別。種植植物和園藝，是比較女性的工作，植物受到照顧和滋養，當我們配合自然的循環工作，我們參與了生養繁殖生命的過程。它是肯定生命、謙卑的工作（謙卑humble這個字，來自humus，地球），維持了我們在生命網上的地位。而另一方面，大型動物的農牧或飼養，則一直是男性的工

作，從頭就需要使用暴力，才能制伏強而有力的動物，控制他們、看守他們、閹割他們，最後殺了他們。

梅生也強調動物對人類心理發展和健康似乎有重大的影響力，也強調全球飼養動物的文化內，都有暴力性格的特徵。他引用保羅・雪伯（Paul Shepard）和安東尼・李茲（Anthony Leeds）的作品，其中雪伯說：

> ……全世界畜牧文化的主要支柱：「仇視外人、武裝自己的家庭、以男性為中心的階級組織、長期鬥爭和襲擊、以戰爭替代狩獵、祭祀禮儀繁複、偏執狂般地驕傲與疑心。」

梅生指出中東的沙漠族群、東西伯利亞的楚克其獵鹿族和美國牛仔文化，在這些方面類似。東西伯利亞的處克其獵鹿族，喜歡誇示「力度、勇敢的動作、暴力性的英雄行為、極端的耐力和無盡的精力」。

以艾斯勒、梅生和其他人的作品做基礎，我們可以了解，今日我們生活在其間的文化，其實就是畜牧文化的現代版。畜牧文化興起於中東和東地中海沿岸，這種文化，中心的信仰特徵是一樣的，動物是可以被擁有、利用和吃的商品。而進一步推演，大自然、土地、資源和人，也是商品，可以被擁有、使用和剝削。雖然對於我們這些身處於畜養、消費動物文化、資本主義文化中的人，這些事似乎很合理，但這種觀念，其實也對我們產生了巨大的影響。買賣動物可以算是我們文化上真正的最後一個革命，因著這個革命，人們完全重新定義了人與動物、自然、上帝和彼此之間的關係。

**古老的畜牧文化中，動物逐漸由和我們分享世界的神祕、迷人的共同居住者的角色，轉變成為被使用、銷售、交易、拘禁和屠殺的財產物件。他們不再無拘無束，他們愈來愈不受尊重，最後在新興文化的牧人眼中，被看成令人輕視的次級品。**野生動物被視為是家畜財產的潛在威脅，同樣地，其他人類也被視為是家畜的潛在威脅，若是那些人也擁有家畜，則被視為可突襲的目標。與別人做戰以取得他們的牛群羊群是最原始的資本取得策略。亞利安梵文的「戰爭」（gavya）這個字，確實的意義就是「渴望更多的牛群」。顯然，自從大型動物商品化在古代誕生後，戰爭、牧養動物、壓迫女性、資本主義、渴望獲得更多資本和牲畜，全都互相連結在一起。

畜牧的動物愈大型、愈有力量，這些文化為了要控制和保護他們免於被野生動物洗劫，使用的手法就愈殘忍和暴力。最大的動物是牛和馬，養牛文化主要建立在中東和東地中海沿岸，幾千年來，他們不停地彼此爭戰和對付弱小民族，他們逐漸以強力擴散其文化和畜牧的價值觀到整個歐洲和大部分亞洲地區。這種相同的畜牧文化，最後從歐洲傳播到了美洲。直到今天，它還透過跨國公司像是康尼格拉（ConAgra）、嘉吉（Cargill）、士美非（Smithfield）、麥當勞（McDonald）等大公司，和一些聯合國及世界銀行支持的專案和倡導奴役動物的慈善機構如海法計畫（Heifer Project）等繼續傳播。

這種古老文化變成今天所謂的西方文明，它的核心是人類以絕對的優勢凌駕動物，並且每日以飲食加強這個概念。人類的財富和聲望，開始以他擁有多少牲畜和能放牧的土地來評估。現代年輕男孩的模仿對象是原始的資本家，也就是英勇的牧人和戰士：剛強、冷酷、冷漠、使用暴力毫不猶豫。女性、牲畜和被捕捉、征服的人，都是財產物件，是總資本額的一部分。**戰爭，雖然對一般老百姓是恐怖的，卻是那些有錢貴族增加他們的牛群、資本額、土地、權力和聲望最有效的工具。**

了解控制心態是我們出生的文化特徵，它靠辨別、強調差異性以及忽略共同點而壯大，讓我們以為對我們是有幫助的，因為這是奴役和宰殺動物而必須做的事。身為動物的牧養者和控制者，人類必須不斷地練習，將自己視為分開的、不同的個體，比動物優秀、特別。由於學習排除其他生命，把他們看成跟我們完全不同，我們人類天生的同情心因而受到了壓抑。這種排外主義，也是種族主義、傑出人物統治論和戰爭的必要條件，因為要傷害和控制他人，我們必須先切斷我們與他們有關係的自然感覺。所以控制心態，也必然是排外的心態。

許多古老畜牧文化的根本主張和活動，到今天仍然是我們文化的特徵。這些文化最顯著的一項活動，如同今天一樣，就是固定享用被我們控制和排除的動物身體。戰爭仍然使精英階級致富，使百萬平凡百姓受苦。**世界上的有錢人吃穀物養肥的動物，而讓窮人陷入饑荒的處境。**資本主義的經濟體系，和支持它的政治、法律、教育組織，仍然認可對動物、自然和人的商品化及剝削；仍然認可控制弱勢者和外國人；仍然認可以掠奪（通常以競爭和自由貿易來粉飾它）、壓迫和戰爭為基礎，做不公平的貨物分配。隨著社會的進化，雖然無可否認地我們已經有一些收穫，比方減少了一些過度極端的事，比方提供保護給弱者和容易受傷害的人；但整體而言，**我們仍必須檢討，為什麼我們的進步如此地緩慢和困難——答案就在我們的盤子裡**，從盤子延伸到飼養場、屠宰場、研究實驗室、馬術競賽場、馬戲團、賽馬場和動物園，再延伸到打獵、捕魚、設陷阱，到監獄、貧民窟、戰爭、軍事工業系統和我們正在進行的對生態世界的蹂躪和毀壞行為。

## 畢達哥拉斯主義

「只要人們屠殺動物，他們將彼此屠殺。事實上，撒下謀殺和痛苦的種子，不可能收割歡樂與愛。」

——畢達哥拉斯（Pythagoras）

兩千多年前，古希臘的畢達哥拉斯就已經清楚了解，我們必須根據對動物的同情心做正面的革命。畢達哥拉斯是位被現代社會公認的天才，他的許多發明到如今仍然非常重要，他一直像個謎，有些見解被熱切地接受和使用，有些卻被忽略。他的定理為數學和幾何奠定了重要的基礎，也使得建築、設計、建設、製圖、航海和天文學，能有後來的進步。畢達哥拉斯和他的學生同時也發明和應用和聲學原理；和聲學原理是振音的基礎，畢達哥拉斯以數學精準的振動關係，建立了替西方音樂奠基的七音階。

人類的文化一直都盡情享用畢達哥拉斯的才華，但他所教導的和身體力行的根本原理——對所有生命須富同情心，卻很難讓我們接受。他明確的教理：「我們的快樂，依照我們對待動物的仁慈心而定」，激發了柏拉圖（Plato）、普魯塔克（Plutarch

Plotinus）、諾斯底真知派（the Gnostics）和早期的基督教前輩的信念。一直到一八五〇年，素食主義者（Vegetarian）這個字被造出來以前，不吃動物的人都被稱為「信奉畢氏學說者」（Pythagorean）。他所宣告的原理：「我們對動物撒下死亡和痛苦的種子，不可能讓我們收割歡笑與愛」，直到今天，仍縈繞在我們心頭。

畢達哥拉斯之後兩千年，另一位天才——偉大的達文西（Leonardo da Vinci）出現了，他的藝術和發明成就帶來了文藝復興時代。但我們的文化又再度地忽略了他對於我們可怕的飲食結果的先見之明：**「在我年輕時，就發誓棄絕肉類，有一天大家會將殺害動物的行為，視同他們現在殺害人一樣。」**愛因斯坦（Albert Einstein）也曾寫過：「沒有一件事比人類進化到素食，更能利益人的健康及增進地球上生命存活的機會。」甘地（Mahatma Gandhi）、蕭伯納（George Bernard Shaw）、愛米莉・狄更生（Emily Dickinson，美國女詩人）、史懷哲（Albert Schweitzer），還有其他人，想法也都差不多。我們很樂意接受他們的天分，除了他們打破文化禁忌，挑戰吃動物食品的「聖牛（不能吃）」這一部分。

## 改採植物性飲食

我們對於進化到靈性更成熟的認知層次和生活方式，以及創造更能促進正義、和平、自由、健康、健全、繁榮、永續、快樂的社會秩序的深切渴望，一定要靠停止消費動物性食品，改採植物性飲食來達成。這樣做，可以為我們帶來很大的祝福，讓我們從每天固定演練和投射的暴力中解脫出來，並且幫助我們培養平等、仁慈的關係，以及發展內在的寧靜。撒下包容及關注的種子，我們可以獲得彼此互相關聯的了解，並且有能力過和平的生活。這意謂著須做許多內部除草的工作，因為我們出生後被灌輸的畜牧文化，在我們體內已經撒下了競爭、傲慢、焦慮和冷漠的雜草種子。**當我們把動物和人視為「你」而不是「它」，培養清明的意識和同情心，我們可以在我們的內在滋養合作和關懷的種子。**我們祝福別人，就會得到祝福，我們排除他人或想控制和支配他們，就會陷入痛苦，並進一步被囚禁在分離的幻想中，這是畜牧文化最根本的導向。

認真的改採植物性飲食，拒絕參與支配動物和支配動物所需的混淆意識的活動，我們等於做了重大的宣示，這個宣示來自我們辨識關聯的能力，繼而也會不斷增進我們辨識關聯的能力。我們變成善體、治療和慈悲的力量。我們會以每日飲食，達成奠定新世界基礎的革命。當我們與別人分享我們的概念，我們就是在發動我們文化上最具提升力和最有療效的革命。

## 真正的革命

我們在談工業革命、科學革命、資訊、通訊革命時，我們並沒有抓到重點。這些根本不能算是革命，因為它們完全同樣發生在商品化、剝削和控制的文化裡，這些革命並沒有改變文化底層的價值觀，若是它們有任何貢獻，只是助長這些價值觀而已！真正的革命，必須比這些更徹底。

現在，我們「正」從買賣和捕食動物的惡行，轉向一個符合我們對和平、自由、快樂的渴望的革命，必須要能提供新的基礎給我們的文化，使它脫離壓迫和分離的畜牧文化價值觀，趨向尊敬、仁慈、平等、善體和互相關聯的後畜牧文化價值觀。最重要的，這個革命必須改變我們與食物——我們內在與外在最有力量的象徵關係，這個關係，也是我們最頻繁的儀式。

沒有任何的行動比為了倫理而採用植物性飲食更深入、更徹底地擁抱這些變革；沒有任何行動，比培養清醒的意識，超越動物是商品的觀念，對現有的畜牧社會更具顛覆性。

從夢中醒來吧。**慈悲的革命正在我們的意識和文化中醞釀，它要求我們停止吃肉，不光是為了關心自己的健康和經濟，同時也因為我們發自內心關心動物、人類和巨大的生命網上互相關聯的生命**；這些生命因為我們動物性飲食而遭受傷害和毀滅。總括支持這個革命的倫理和動機的字是「純素主義者」（vegan），這個字是在一九四四年，由英國的唐納德・華森（Donald Waston）所造。他不滿意「素食主義者」（vegetarian）這個字，因為這個字並沒有把動機納入考慮，只表示在飲食中排除動物的肉。華森把這個字的前三個字母和後兩個字母（Vee-gn）拿出來，讓它唸起來非常不一樣，強調它的革命意義。在英國「純素協會」的章程中寫著：

純素主義（veganism）代表一種哲學和生活方式，它盡最大的努力，以最實際的方式，排除所有型式，比方當做食物、當做衣服或其他目的而對動物的剝削和殘酷行為；從這個基礎出發，利益人類、動物和環境，這個主義更延伸出要我們加強發展和使用完全無動物成分的替代品。

## 純素主義

「純素主義者」（vegan）這個字，比「素食主義者」（vegetarian）更新、更具挑戰性，因為它將關心範圍擴及所有有感覺的生命，從本質的倫理觀點，檢討各種不必要的殘忍型式，它的動機是仁慈，而非為了健康或淨化，它說明了一個許多世紀以來一直被闡述的古老觀念，尤其在世界上各種靈性宗派裡。它暗示寬廣的包容心，它能容納科學和幾乎各種宗教，因為它展現了對宇宙和平、正義、智慧和自由的渴望。

當代的純素主義運動是一種革命，因為它超越和拋棄了我們身處的畜牧文化的暴力核心。它建立在實踐互相關聯的真理上。**純素飲食把我們「大家」從被看成商品的奴隸身分解放出來。它意味著新意識的誕生，智慧與仁慈的復活，以及對殘酷和控制最根本的拒絕。**純素飲食是我們這個物種唯一真正的希望，因為它處理的不僅僅是後果，而是原因。從這個新的意識，我們幾乎可以成就任何事情。它代表了我們所渴望的、最根本和正面的個人和文化的轉變。

**改變我們與食物的關係，改變我們與動物的關係，接著我們的行為也會改變。**若能夠真正變成一個堅定的純素主義者，那意味著：只有真實的靈性突破才能做到。純素主義者至今仍然非常稀少，即使在一些自認為是修行者的人當中也是如此。但我們被召喚必須如此做，不然我們的文化將一事無成，只會遭到更大的破壞，最後走向自殺之途。

達文西是確定的素食者，有人稱他是「新畢達哥拉斯」。達、畢兩人同樣具不可思議的天分、能量和出色的體格——即使只吃素。出於慈悲心，達文西常買小販籠中的鳥兒，帶到鄉間放生。他也不食鳥蛋，說：大家都吃蛋，那將有多少鳥兒不能出生啊？

第3章

# 智慧的本質

「別認為所有生命都是為人類而存在，相反地，所有生命的出現，有它自己的目的，而非其他任何原因。」

——邁蒙尼德（Maimonides）

「假如我們冷眼旁觀人在歷史上造成的混亂，我們難免會下結論，人類是受到某種固定的精神錯亂的影響，走向自我毀滅之路。」

——阿瑟・庫斯勒（Arthur Koestler）

## 有關知道你吃了誰的禁忌

採用動物性飲食的習慣使我們必須壓抑清醒的意識，因而產生了「固定的精神錯亂」，這讓地球上其他的生命和系統毀滅。由於剝削和虐待動物為食的行為被視為不可避免，它因此也變得「看不見」。缺乏「看見它」的這種「靜觀」（註❶）能力，在古典的

意義上是悲劇性的。由於具領導地位和影響力的人或是一般人，都習慣吃動物，因此他們寧可選擇共同忽略這種行為所帶來的惡果。

我們的文化鼓勵雜食。「所有東西都吃」這句話，對我們的文化是很恰當的描述，因為它消耗、蹂躪地球上所有生態系統。非常諷刺的是，就個人的層次而言，這句話也很適用。**由於食物製造變得工業化，我們吃各種人工染色、調味、精製、加工、輻射、基因改造和充滿化學物的產品，這證實我們的確是「什麼都吃」**。我們受到商業廣告不斷的催迫，吞下所有東西，由於我們已經非常習慣讓我們的意識與每餐消費的食物所造成的恐懼隔離，所以我們也很容易封閉我們對有毒化學添加物及殘餘物的意識。我們甚至還自以為榮，認為自己吃東西不挑剔。這種心態，除了為醫藥、化學業者帶來穩定的利潤之外，同時還創造了我們共同的「貪婪雜食」文化。這種貪婪的胃口，飢渴的消費幾乎所有東西，將大自然的美麗與多樣化，變成了我們飢渴的小機件、玩具和食物；可惜這些東西永遠無法滿足我們內在的飢渴，只會無可避免的帶來分心、上癮、挫折和生態的蹂躪。**動物一直都無力抵抗，他們承受我們貪婪的飢渴，但他們的痛苦，最後也會回到我們身上。**

吃動物，是我們現代世界的假宗教——消費主義，沒有被發覺的原始原因。消費主義興盛，是因為我們覺得失聯，渴望靠消費來安慰自己。消費行為是一種想跟更大的次序重新聯絡的偏頗做法。我們最大的麻木不仁就是吃，吃原本是我們最神聖、重要、顯著的消費行為，卻使我們成為胃口愈來愈大、毫無知覺的消費恐龍。我們把動物當成商品，最後把自己也當成了商品。我們以金錢來衡量自己的價值，就像牛以重量來測量一樣。

因為所有人幾乎都是雜食動物，我們的殘酷，就像一個巨大的家庭祕密，隱而不見，說不出口。約翰・布拉德蕭（John Bradshaw）、維琴尼亞・薩提亞（Virginia Satir）和其他作家，在過去的二十五年都曾經闡述，不正常的家庭所造成的心理影響；他們都強調，愈不正常的家庭，祕密愈多。而這些祕密就是一些從不被討論的上癮和虐待的行為：虐待小孩、性虐待、藥物上癮、酗酒，若要醫治，必須把它們攤開來放在亮處。在不正常的家庭裡，祕密和陰影都一直被掩埋著，非常痛苦，無法解決，它表現出在外的行為是羞辱、自殺、侵略、暴力、冷漠、麻木不仁。而人類這個不正常的文化家庭最大的祕密，就是以動物為食。因為身為雜食者，因此也是虐待的共謀者，我們不願意談論這個話題。

不談論以動物為食的這個禁忌，是如此的強烈，我經常感到它像有生命力的東西一樣。有幾年時間，我在主日崇拜時到前進派（porgressive）的教會和聚點演說，大部分是「合一教會」（Unity churches），我在那裡舉辦開發直覺的研討會。我發現，在我面對這些顯然已經比較進步的人演說時，只要提到人類承襲了對動物的殘酷，包括把動物看成物品，和我們吃動物的文化對倫理及靈性造成的影響，我似乎必須先推倒一道看不見的心牆，這道心牆，完全抗拒聽到這些概念被說出口。這似乎是整個團體無意識的集

---

註❶古希臘悲劇裡，主角因為性格上的缺陷，主要是自大和愚鈍，都會遭到挫敗和毀滅。

體否認。

很諷刺地，合一教派的兩個創始人：查理士（Charles）與莫托・費爾摩（Myrtle Fillmore），都是倫理素食者，他們責備對動物不必要的殘酷行為，他們反對使用真皮封裝的聖經，反對穿戴毛皮製品，反對活體解剖動物或以任何方式傷害「我們動物世界的小兄弟姐妹們」，他們大力鼓勵禁止食用動物。查理士寫了很多有關這個主題的作品，例如在一九一五年，他說：「因此，當我們了解上帝是愛這個真理，耶穌來到世上是為了彰顯祂的愛，我們就絕不會相信，人類吃肉或做對無辜、無助者造成痛苦的事，是祂的旨意。」在一九二〇年，他曾經寫過：「在人類停止殺害並食用動物以前，我們不必在地球上尋找和平。」查理士和莫托一起在坎薩斯市開了一家旅店，寫著：「合一旅店的理想和目標，是展示人可以吃無肉餐生活，而且活得很好。」到今天，不過才七十年之後，我們發現動物性食品充滿了菜單，合一教派的創始人納入他們教理中的純素食倫理，已經被壓抑得幾乎完全忘記。

這件發生在合一教派的事不是單一的案例。我們都知道，佛陀教導仁慈對待動物，以及主張純素食倫理。然而今日許多人自稱佛教徒的人卻吃動物食品。我們可以很肯定地說，耶穌和他原始的追隨者，也都傳播這種仁慈對待動物的教理。例如，根據研究員凱斯・阿克斯（Keith Akers）「耶穌遺失的宗教」（The Lost Religion of Jesus）的研究，這種原始的教理，是被保羅和後來想吃動物肉的追隨者推翻的。我們似乎對吃動物肉的胃口很大，卻沒有胃口聽被我們吃的動物的痛苦，或是其他窮人因為我們對動物的食慾而所遭受的各種苦境。

## 智慧：辨識關聯的能力

愈是了解食物的選擇對我們的意識和文化造成的影響，愈能幫助我們以最寬廣、最深刻的方式，了解智慧的本質。系統理論對了解智慧提供了一套容易被接受和有用的綱要。雖然它使用科學術語，但它說明智慧的原理和世界上古老的智慧傳統是一致的。根據系統理論，所有自行組織的系統，都被視為具有智慧。這些系統以複雜的方式彼此互相關聯，並促進了生命。比較簡單的系統，像是細胞，組成較大較複雜的系統，如器官和循環系統等，它們又組成更大更複雜的系統，像橡樹、鴨子、鮪魚、綿羊和人類，由它們再組成樹叢、鳥群、牲畜群、學校、牧群和村莊，再組成森林、河邊的社區、海洋生態系統、大草原和社會。這些又組成更大的系統，像是行星，行星又是更大的系統的一部分。每一個系統都是一個整體，它貢獻給更大的整體，並且由許多比較小的整體組成。

簡單地說，智慧是任何系統辨識它與其他系統間有意義關聯的能力。例如，生態學家葛雷格里・貝特森（Gregory Bateson）定義「心」是一種組織型態，對所有生命系統都很重要，心不局限於某種生命形式，它遍存於生態系統和宇宙，成為一種互相關聯的「連接型態」。

系統理論承認這種明顯的智慧，它的範圍超越個人和動物的智慧，到社區、物種、生態系統、地球及更大的系統，反方向到器官、細胞和更小的組織。我們不難了解這個事實，因為我們了解也親身體驗這種智慧。**在這個智慧大整體之下，每一個局部的整體，有能力接收其他與它有關的系統的回饋信息，並與它們連絡，且因此而展開自己天生的潛**

**能，以便服務更大的整體，這就是智慧。**

在交響樂團裡，如同在社區一樣，智慧允許個人做獨特貢獻，同時接收更大系統的返回信息，以有意義和完全溝通的方式，服務更大的系統。經由這種智慧互相連結的經驗，喜悅不斷的湧現，事實上喜悅也是最終的目的。這種無盡的不斷展現、轉變的變身舞蹈，出自宇宙無數群聚的系統間的互相作用，每一個系統包含其他無盡的系統，也被其他無盡的系統所包含。沒有一個生命是單獨存在的，大家彼此互相關聯，都是從更大的智慧系統裡生出來的，這個大智慧對各個部分而言，是超越的，賦予生命的。

最大的整體，包含每一個原子，每一個細胞，每一個生物、社區、行星、恆星、銀河和宇宙，對個體，例如個人而言，它是不能想像的，我們只能用直覺感受它的神聖、無限、無所不知和超越所有二元論。真的沒有一樣東西，在這個最大的整體外面，沒有任何東西不是「它」。我們的語言完全無法描述「它」，因為語言的本質，只能說明客體和東西。而這個最終的整體，所有顯現的完整個體都聚居在它裡頭，它絕對不是一件東西——它並不和任何東西分開，這個普遍的整體的智慧，容納了所有顯現的個體，包括小到最小的個體，它住在所有個體裡面，成為它們的智慧。我們二元化的思考方式，沒辦法直接領悟它，它超越我們所知道的經驗和存在。這種完整的智慧，只能以非二元的方式去感覺它，在寧靜的內心中，透過未被概念和固定思想蒙蔽的直覺去體會它。

## 智慧、目的、雞

所有相互套疊的整體——系統、星球、社區、人、動物、植物、細胞等等都能夠存在，是因為它們參與了大智慧的運作，這個智慧透過它們運作，同時也住在它們裡頭。這個智慧，讓它們能夠辨識對它們的存在有意義的關聯，並且實現它們的目的。每一個局部整體的目的，就是服務它生存其間的更大的整體，**我們在自然界看見的大智慧，就是這個互相關聯和回饋的網，它無限複雜地擴大**。一個特定生命的智慧，是專為這個完整個體的本質設計的，這個完整個體，由許多共同組成它的部分為它服務，這個完整的個體，同時也服務它被安置的更大的整體。我們可以發現，智慧對每一個自行組織的系統都是特有的，每一個系統都有適合它智慧實現的獨特目的。

例如展現在雞身上的智慧，特別適合實現雞的目的，當我們仔細思考會發現，這個智慧複雜的程度簡直讓人透不過氣來。它照顧並且規範了雞與那些幫助雞實現目的的整體的關係。這些整體是雞身體裡的細胞和系統，使雞能消化、排泄、有適當的血壓和循環系統，能看、能聽、能生育、能對周圍的環境做反應、能受到免疫系統保護並管理數百種荷爾蒙和酵素的高低等等。它們展現成雞的智慧，也照顧她和其他雞的關係，以及她和環境的關係，引導她尋找食物，在團體中建立啄序（禽類中占優勢的可以啄地位低的），引導她夜裡為了安全飛上樹枝，與公雞交配，保護一窩孵出的雛雞，教導小雞如何覓食等等。這個智慧也允許她以她獨特的方式服務更大的整體，貢獻她的家庭、雞群，並且透過養育年輕的一代，參與東南亞叢林的生態系統社區，對整個物種的表現做貢獻，在這個社區裡，雞已經生活和進化了數百年之久。這個智慧，同時也讓她為地球上、宇宙間歡樂的生命展現做出貢獻。

我們很容易便可以看見雞身上被投入了大量的智慧。除了外在可數的功能智慧，還有雞內在主觀的世界，也是大智慧投資的重要對象。我們或許永遠無法完全了解，身為雞的內在感情世界，但任何在雞身邊的人都很清楚，雞有非常豐富的感情。那是怎樣的感情？如許多天坐在蛋上，仔細的照顧他們，固定地翻轉他們，保持他們溫暖，雛雞生下後，她毫不猶豫願意犧牲性命去保護雛雞免於遭受掠奪者的攻擊。或許人類沒辦法感受雞的感受，因人已失去了尊敬雞和同情雞的能力。但這並不表示，大智慧這無限的創造力量，不懂得、不珍惜、不會享受、不愛這隻雞和她的生命。她的存在和人類的存在一樣，有著獨特的智慧指引，幫助她在多重的層次上實現自己，允許她實現她在更大的次序中的位置。她像我們一樣，她的智慧包含了意識、感情、渴望，和帶有痛苦接收器的中樞神經系統。

## 破壞智慧和目的

**我們強迫雞、魚、豬、牛或其他動物離開自然的生活，以便拘禁和操縱她們做為食物，我們等於有系統地阻礙和挫折了她們天生的智慧。**動物裡頭的大智慧將不能再自由運作，不能再貢獻或豐富多重的更大的整體，這對她的生命核心是重大悲慘的打擊。我們所犯下的極端暴行，不只傷害這些生命，同時也傷害了支持她們，以及她們所服務的整個智慧的互聯系統。

身為畜牧傳統的繼承人，我們自然會想將這種事合理化，我們會說，我們飼養做為食物的動物，若不是牧養和養殖場的運作，她們不會存在，因此她們並不是為自己的目的而存在。如諺語所說，「假如上帝不要我們吃動物，祂不會用肉造他們」。當然，同樣的說法也可以套用在人類身上，把食人族吃人合理化。那句話也可以換成，上帝要是不想讓人彼此性侵，不會在人的身上創造那樣合適的器官。

這一切，都是由於我們自己受傷了，無法看清那伴隨我們思想而生的殘酷與盲目，總以為別人是為了我們的目的而存在。南方的奴隸擁有者也沒辦法看清這一點。然而如果人類生下就要受到這樣悲慘的拘禁，固定被閹割、烙印、強暴、電擊、截肢、被迫發瘋，只因為被一個較強大、較「有智慧的」的物種看成是美味的肉，我們一定也會希望這個「優越」的物種，能夠看到我們有更大的目的，而不僅僅是用來囚禁、宰殺、包裝、銷售和食用的商品。同樣的，我們也必須重新恢復我們喪失的智慧，因為從數百萬被我們當成食物、商品的受苦動物的觀點來看，我們是邪惡的恐怖主義者。

任何部分的整體，失去它的智慧到一個程度，就會失去它辨識關聯的能力。這種能力能提供它有意義的指引。**當我們的智慧增加，我們喜悅與仁慈的能量也隨之增加，我們會愈來愈清楚我們與人類族群、整個生命網，和所有生命無限源頭的關聯，並且渴望服務這些更大的整體**。當我們的智慧減少，我們與我們服務的更大的整體失去了關聯，會變得對他們的回饋信息較不敏感，比較以自我為中心，只關心自己。這種不敏感將變成愚蠢，不可避免地帶來暴力、疾病、不快樂、痛苦和死亡。

這個道理並不深奧，我們在自己身上就可以看見。細胞和系統以驚人的智慧互相合作，使我們這個較大的整體能同時吃並消化食物、看書，偵測我們環境裡的聲音、氣味、感覺，呼吸並將空氣送進血液，治癒曬傷，毀滅零星的癌細胞，調整數百種荷爾蒙和酵素的高低，甚至還孕育一個成長中的胎兒！一般的活動，像是看書、彈鋼琴、在課堂討論或打網球，若不是有數百萬種較小的整體，集中智慧服務我們，做無數重要的聯絡，以一種難以想像錯綜複雜的方式，不斷偵測各種返回信息的程度，這些活動是不可能做到的。若是我們身體裡的合作關係和智慧被破壞到一個程度，疾病和死亡必然很快就會發生。

不再服務整體，或不再適當回應返回訊息的細胞，本質上變得只顧自己，將引起非常危險、後果不良的惡性腫瘤。我們身體的智慧知道，這些細胞終將破壞它生存及依賴的較大的整體，所以不停地工作，企圖消滅它們，矯正導致它們增生的條件。我們身體的智慧，做的就是辨識關聯的工作，同樣地，整個人類的智慧，也就是能夠辨識有意義的關聯的能力，假如我們不服務更大的整體，更大的整體會讓我們知道的。破壞社會的個人，我們希望將之從社會移除，重新改造。當社會不負責任地破壞地球時，會發生什麼事呢？

假如我們的智慧被損壞，我們將看不見自己的目的，對於更大的整體的健康的返回信息失去知覺，這些訊息，對於我們做為智慧的系統和子系統是非常重要的。**假如我們文化的智慧被破壞得差不多，我們就變成了我們心中最害怕的兇猛的癌細胞。**

## 智慧的物種特性

生命系統的智慧，由這些系統能接收回饋信息的品質和數量而決定。這種接收回饋信息的能力，與能感覺有意義的關聯的能力有密切關係。因為每一個種類的動物都是獨特的，很明顯地，各個物種都有他們特定型態的智慧，特別適合他們的目的，適合他們所接收的返回信息的形式，以及適合他們辨識關聯的方式。說某一種型態的智慧一定高於另一種，是忽略這個事實，這是典型的獨尊人類智慧，把它放在想像的階級制度的頂端的一種假設想法。

我們知道，動物的意識有各式各樣數不清的型態，他們許多的意識型態似乎是人類所沒有的。有動物如狗、貓做伴的人，對這些動物的直覺能力常常非常驚訝。例如研究顯示，這些動物經常知道，他們的人類同伴在許多英里外決定回來的時刻。非人類的動物，還有許多令人驚奇的智慧，他們能夠毫不犯錯地返家及航行，遷移數千英里，他們也能以我們物質主義科學完全無法解釋的方式溝通。這是非常悲哀諷刺的，**我們渴望在太空中尋找其他有智慧的生命型式，但對於環繞我們身邊與我們共享地球數以萬計的有智慧的生命，卻對他們的意識、能力和主觀經驗，幾乎還沒有開始了解和領會。**

自然界裡智慧的多樣性，是令人嘆為觀止的，因為物種、子物種和個體都有他們獨特的智慧品質。然而科學家和我們文化中大多數的人一樣，通常不喜歡承認和尊敬自然界裡多樣化的智慧，因為科學家有意和無意地參與了這個要求完全統治動物的社會。這和美國內戰前的南方社會很類似，當時蓄奴是合法的。黑人被當成奴隸，他們的智慧被統治他們

的文化「認為」比較低劣。

最大的諷刺是，當**我們忽略、貶低其他動物的智慧，我們同時也主動降低了自己的智慧**。這是我們文化生病的癥結，也是為什麼我們的道路如此危險的原因。儘管在科技上表現優異，但我們個人和文化的智慧卻受到嚴重損害，以至於創造了大規模的暴力和虐待系統，破壞地球，對人類和動物造成巨大的痛苦，並且還完全不理會我們帶來的危害和痛苦。當任何生命系統忽略回饋信息，拒絕辨識與它獨特的智慧相稱的關聯，那個生命系統會變得比較沒有生氣、沒有知覺、不自由、不能反應或適應，並且從生存的角度來看，它會處在危險的情況下。更大的整體，因為受到這個喪失智慧和敏感度的系統傷害，自然會以他們的智慧限制和除去它。

這宛如我們的神經麻痺了，砍斷自己的肢體而不覺得痛，也不知道已經傷害了自己，如此毫無原因地無法阻止自我的毀滅。例如丹・金德倫（Dan Kindlon）和麥可・湯普森（Michael Thompson）在他們的著作《該隱的封印》（*Raising Cain*）中所討論的青少年快速攀升的自殺率，有百分之十四的十五歲男孩，每一天都在想著自殺。但有什麼人知道、操心或甚至關心這個悲劇嗎？每天有九萬平方英里的雨林遭到破壞，造成每天一百種植物和動物物種的消失，由於我們精通斷絕關係的藝術，我們熟練地不加理會這些事和其他正在進行的人為悲劇。我們毫不自責地過度捕撈、蹂躪海洋；以有毒的農業汙染物，摧毀野生動物的棲息地；放牧牛群，使得廣大精緻的熱帶雨林大量毀滅，造成每年數以萬計的物種滅絕。怎麼會這樣？我們怎會毫不在乎地，用基因改造活生生的生命，用軍事和有毒的廢棄物，日益破壞我們居住的星球？

這種文化和個人智慧的喪失，社會鼓勵吃動物的行為要負主要責任。拘禁、殘害、宰殺動物做為食物，在根本上是如此殘酷、醜陋，要做這些事，我們必須消除個人和大眾大部分的智慧才能做到。

在認知的智慧之外，是倫理的智慧，那是一種想採取行動，幫助他人解脫痛苦的衝動。我們為了吃動物的肉、奶、蛋而傷害他們，這件事對我們身為有靈性的生命而言，天生就是非常困擾和令人厭惡的。為了讓我們願意做這件事，畜牧文化必須從我們出生開始就麻痺我們，降低我們天生的同情心。同情心、助人的衝動是健康的，它是我們最根本真實的本性；我們壓抑它或許比摧殘我們認知上的智慧更嚴重。實質的證據顯示，我們的小孩，特別是男孩，在長大的過程中被教養必須堅強，斷絕他們天生仁慈和對人關切保護的感情——因為男孩將被要求像男人一樣，固定地控制和宰殺食用動物。冷酷、強硬、跟內在智慧與仁慈的溫泉斷絕聯絡的男人，在這個地球上是非常可怕的破壞力量，而在像我們這種畜牧文化裡，他們卻經常是男孩自然模仿的榜樣。

這種讓我們喪失智慧和仁慈的失聯關係，深深地折磨著高收入的科學家、醫生、政治家和神職人員，如同折磨勞工階級的農夫和工人一樣。在各種情況下，它窄化了視野，使我們只顧個人和自己國家的利益，創造了一個巨大的罪惡和暴力的淵藪，助長戰火、疾病、壓迫、無視於別人的痛苦。怎麼去就怎麼回來。**假如我們撤下控制和排除的種子，我們會喪失智慧和仁慈，生命會變成沉重和混淆的掙扎。**

## 種什麼因，得什麼果

跨越各種文化，在世界上各宗教裡所能找到的最普遍的靈性教理，都是建立在互相關聯的道理上。在所謂的**黃金律（希望別人怎樣對待我們，就怎樣對待別人）**和比較中性的**因果律（不論我們對別人做什麼，都會回到我們身上）**中，這個道理都被肯定地呈現。簡單說，**我們若是造成別人痛苦，就不要期望自己可以獲得快樂**；我們若是拘禁其他生命，就不要期望獲得自由；我們若是使其他生命生病，就不要期望自己健康；我們若是偷走其他生命的東西，就不要期望富有；我們若是殘暴對待其他生命，就不要期望獲得平靜。如同佛教所說的，不論我們透過身、口、意的行動，種植和培育什麼種子，將來它們都會長大，我們會嚐到它的果實，不論是富足、快樂、愛和內在的平靜，或是憤怒、悲慘、痛苦和匱乏。「憐憫的人有福了」，如同新約聖經說的：「因為他們必蒙憐憫」（馬太福音第五章第七節）。如同我們讓其他生命獲得自由，我們也會獲得自由，**如同我們愛其他生命，我們也會獲得愛，如同我們祝福其他生命，我們也會受到祝福**。

這個古代名言，是仁慈和智慧的基礎，因為它完全根基於互相關聯的真理。這個諷刺是非常驚人的。例如，在野外的動物是不會發胖的，但我們飼養當做食物的動物，由於嚴厲拘禁，餵食特別食物，給予藥和荷爾蒙，他們都非常不自然地發胖（畢竟是論磅賣的）。而肥胖在人類雜食者身上，也變成嚴重的問題，有百分之六十的美國人超重，百分之二十六肥胖。這部分的醫療成本，要以十億美元為單位來估計，而肥胖的心理負擔，雖然無法量化，但更為巨大。**我們在無數的雞、火雞、豬和牛身上撒下肥胖的種子，如今在**

**我們自己身上收割**。巴特伯爾牌火雞（Butterball turkey）被繁殖、餵養、囚禁，以致於肥胖到連性交都不能，類似這種問題也發生在愈來愈多的人身上。

我們吃的動物，原本在曠野中與家人住在一起，與他們的畜群、禽群、魚群和團體中的其他動物有複雜、充滿活力的、豐富的社交關係。而在畜牧業裡，所有的家庭關係都被破壞，嬰兒很快從媽媽身邊被帶走，每一隻動物被看成生產上個別的單位。我們撒下這些種子，於是也到處都可以見到家庭的破碎。過去從來沒有這麼多的破碎家庭，父母離異，小孩遭到遺棄或離家出走；大家都感到疏離，覺得自己在無情競爭的經濟體系下，成了孤獨的生產單位。

被飼養做為食物的女性動物，被施打荷爾蒙，被迫不自然地提早懷孕，特別是在生產蛋、奶、豬的作業場所，因為這樣比較便宜，不用等到他們發育成熟，飼養者便可獲利。當她們在養殖場被迫懷孕的時候，她們只是小孩。這種做法使得起司、牛奶和其他奶製品，充滿了不自然的雌性激素和荷爾蒙，我們的小孩吃下去，尤其是女孩子，會不自然地提早發育和懷孕。這是青少年懷孕和墮胎創傷背後真正的推手，但我們幾乎從沒有聽到它被討論過。

另一個有關我們對動物做的事，回到我們身上的奇特例子，是人類嬰兒的性殘害。出生在我們生產系統中的年輕男性動物，為了在他們變胖、被宰殺前比較好控制，幾乎全部都在沒有上麻藥上的情況下被閹割。雖然很明顯地，我們沒有閹割我們人類的男嬰兒，但顯然在美國最普遍的外科手術，就是對無助的男嬰兒施予包皮環切術。有如羅納・高門（Ronald Goldman）在《包皮環切術：隱藏的傷口》（*Circumcision: The Hidden*

*Trauma*）中指出：這個手術仍然理所當然地在做，雖然已經證明它只有造成傷害，沒有任何用途。如同一些畜牧文化做的女性陰蒂切開術，我們文化施行的包皮環切術降低了性器官的敏感。陰莖的包皮是類似眼皮一樣的薄膜，它保護和濕潤龜頭。在嬰兒時代把包皮割掉，敏感的龜頭一直曝露在外，會逐漸長出一層額外的細胞層保護它和降低它的敏感度；被切除包皮的陰莖，在勃起時，皮膚也會非常不自然的緊繃。我們社會裡大部分的男人，都在沒有獲得他們許可的情況下被殘害身體。我們很難了解這件事對人際關係、性無能及性行為對象的感受的真正影響力，但這必然是互相關聯的。

包皮環切術可能會持續下去，部分的原因是，父親通常對兒子做他們的父親對他們做的事，另一方面醫療機構通常會建議做。每一個外科手術對醫院和醫生而言都代表收入，並且割下的包皮到哪裡去了呢？並沒有被丟掉！它們被賣到西藥公司做產品，可以賣很高的價錢。這件事喚起慘痛的記憶，過去屠宰場的操作模式，也是將豬的胰臟賣給西藥工業，製造胰島素。脆弱的動物嬰兒被控制和攻擊，好讓身體的部分可以被賣出，而人類的嬰兒也同樣被控禁和攻擊，好讓身體的部分可以被賣出。到目前為止，嬰兒的包皮環切術是醫院裡不上麻藥最痛苦的外科手術，如同保羅・弗萊斯醫師（Paul M. Fleiss）指出：

> 事實上，嬰兒對痛苦的感覺，比成人更敏銳；嬰兒愈小，痛苦的感覺愈敏銳。若是成人做包皮環切術，他會被給予麻藥和手術後的止痛藥。但醫生兩樣東西都不給嬰兒。醫生不幫做環切手術的嬰兒上麻藥，唯一的理由是這個嬰兒毫無抵抗能力，它不能保護它自己。它疼痛、恐懼、極度痛苦的尖叫聲，從不被理會。

嬰兒是無助的，他們的恐懼和痛苦——即「我們的」恐懼和痛苦——就像小豬和其他食用動物的恐懼和痛苦一樣，完全被忽略。

閹割數以百萬計的年輕男性動物，對於人類男性還有另一個後果，因為吃了這些被閹割的動物的肉和內臟，男人逐漸失去了他們的性能力。飽和動物脂肪和膽固醇殘留物，無情地堵塞了他們性器官上的動脈和靜脈，使得血管沒有足夠的血液能通過，維持勃起。吃動物肉，也已經證實與攝護腺癌及精子數量不足有關。

這個相同的法則，一再以各種驚人的方式演出。我們把大量的藥物打進無數毫無抵抗能力的動物身體裡，我們自己也遭受藥物上癮、藥物濫用、藥物依賴及藥物副作用等恐怖、傷害的結果。我們迫使養殖動物住在極端汙染和有毒的環境中，我們卻也發現自己生活在愈來愈多廢棄物當中；我們空氣變得愈來愈汙染，水和食物也愈來愈骯髒。

**我們迫使動物生活在極有壓力的環境中，我們發現我們生活環境的壓力也愈來愈大。**我們限制和囚禁動物，我們發現自己，隨著社會和經濟壓力的增加，也感到愈來愈受到限制。我們徹底地阻擾、挫折成千上萬飼養場的動物的內在渴望與本能需求，我們發現，人類的心理疾病也愈來愈嚴重。

我們每天恐嚇數百萬隻脆弱、毫無抵抗力的動物，使用痛苦的電擊、毆打、烙印、剪鳥嘴、剪角、閹割、做耳朵記號、揍鼻子的方式，並且強迫他們在被殺以前，看著其他動物被殺。由於我們自己的恐嚇行為，我們也愈來愈害怕恐怖主義的陰影，動輒投入數十億美金在「預防恐怖主義」的活動上。我們大規模偷竊和欺騙動物，偷他們的兒女、他們的

身體、他們的奶蛋、他們的蜂蜜、他們的生命，用魚餌、釣鉤、誘餌、網子、屠宰場的隧道欺騙他們，我們因此也發現我們的社會欺騙和偷竊愈來愈嚴重。掠奪的資本主義和高度發展的廣告業攜手合作，造成風氣，他們以利潤的名義使欺騙合法化，以投資報酬的名義，掩蓋詐騙的伎倆。

我們強迫食用動物住在籠子裡，我們則發現愈來愈多人住在設有門禁的社區，住在一堆欄杆和鎖的後頭。我們折磨數以百萬億計的動物，根據國際特赦組織的報告，人類折磨人類的案件也達到前所未有的高峰。事實上折磨人類的方法中最廣泛使用的方法是電擊，因為它可以造成劇烈的痛苦，但不太會留下外傷。根據國際特赦組織，這種技術是美國公司開發的，現在全世界已經有一百二十家公司（七十家在美國）製造這種電擊設備，用來對付動物和人。

食用動物經常故意被餓，有時母雞被餓，是為了強迫她脫毛，以便衝擊她的身體，進行下一個循環的下蛋；有時是為了節省飼料；有時是粗心忽略了。而我們發現，我們的社會充斥著得了厭食症的人，大部分是婦女，她們餓自己，有時餓到死。並且，即使穀物生產過量也是被拿去餵養供有錢人消費的牲畜，但每天卻有好幾千個窮人，大部分是小孩，死於飢餓。

對出生在食物生產系統的年輕女性動物而言，重複強暴的性虐待行為是必然的。它被委婉地稱為「人工授精」，但那是一種強迫的強姦，年輕的女性豬、牛、綿羊、山羊、火雞、鴨子和其他動物，被人類重複強暴，以便在她被宰殺以前，生產後代。對於這些毫無抵抗力的女性，人類是連續強姦者和兇手。例如年輕的女性火雞，每週被強暴兩次，長達十二個月到十六個月之久，直到被送進屠宰場，變成火雞湯或嬰兒食品為止。根據一些在畜牧業臥底的工人的文件證明，許多動物除了有系統的遭到授精的性虐待，尤其是豬，還成為養殖場工人性虐待的對象。強姦是我們文化的中心隱喻，非常嚴重。在美國，平均每兩分鐘就有婦女遭到強暴或性攻擊。如同在畜牧業裡，女性和母親經常被暴力控制和剝削，在人類社會中，女性和母親的價值也受到貶抑，女性被拒絕與男人具有相同地位。這種暗中進行的對女性的控制，尤其是女性動物，造成非常巨大的影響，它甚至可以延伸到解釋為什麼在我們文化裡，女性的地位比較低。**我們把動物當成肉和物品來消費，我們發現，女人像動物一樣，經常被視為性行為上的肉**。如同凱蘿・J・亞當斯（Carol J. Adams）指出，在我們的文化裡，女人和動物是被連在一起的，透過色情書刊、廣告和大眾媒體，「食物動物」被女性化，想被吃，女人與動物則被連在一起，被視為性工具，想被使用。

養殖場裡，動物經歷一些異乎尋常的狀況而生病，人類社會也發現新的致命疾病，陰魂不散纏著我們，靠近我們，像是ＳＡＲＳ（嚴重急性呼吸道綜合症）、ＡＩＤＳ（愛滋病）和狂牛症，還有各種更兇猛的病毒、具有抗藥性的菌種——結核菌、鏈（鎖狀）球菌、大腸桿菌和許多令人衰弱的病原體，造成我們的病痛。我們把動物硬擠在一起的方式，是他們在野地裡生活時不會發生的，我們破壞他們的社會結構，迫使他們吃他們原本不可能吃的動物的糞便、血液、肌肉和器官，我們固定地逼迫他們做同族相食的行為，**我們使得飼養工廠變成了各種致命的病毒、細菌、寄生蟲孳生的溫床**，這個溫床，還孳生過去在自然界裡從來沒有機會發展的蛋白質（如細菌等）。這些病原體，像是傳染狂牛症的

傳染性蛋白質，當我們吃下從這些被折磨的生命的身體做成的食物和藥物，這種蛋白質就傳到了我們身上。如同麥克・葛萊格（Michael Greger）醫師指出，這些兇猛的傳染病，很容易就被追蹤到食用動物被拘禁和屠宰的場所，和其他傳染性疾病如沙門桿菌、大腸桿菌、李斯德林菌、大腸彎曲桿菌及其他病原體一樣。密集拘禁對動物造成高度壓力、罹病率及病原體孳生，而畜牧業則是以施打大量藥物及抗生素來對付這個問題。但這樣做，只有使得人類的健康問題愈來愈嚴重，因為抗生素和其他藥物使得細菌和病毒進化得更強硬、抗藥性更大。大家都知道，這種方式將導致新的病原體產生，例如結核菌，它的抗藥性是如此強大，以至於用來對抗它的大量有毒西藥所引起的痛苦，被認為比疾病本身還糟糕。這不難了解，但是新的疾病和更大的密集拘禁動物的養殖場，都繼續增加，很少大眾去質疑它，因為兩者都是高利潤，而且大眾不忍心去正視他們自己的飲食習慣。在無助的動物身上撒下疾病，我們也只能照樣收割給自己。

我們自食惡果的事，在許多地方都可以看見。我們強迫動物接受恐怖的事物，我們的大眾媒體和大眾娛樂，也愈來愈多恐怖的東西。由於我們宰殺年輕動物做食物，我們的小孩和青少年自殺率也一路攀升。我們在競技場故意激怒動物，卻發現自己的怒氣也愈來愈升高。由於我們在做恐怖實驗的實驗室裡，故意引誘動物的恐懼感，我們自己也長期處在恐懼當中。由於我們逼迫動物過度地生產牛奶和雞蛋，使她們骨質疏鬆，我們發現自己也必須承受骨質疏鬆症的痛苦。我們忽略動物的痛苦，我們也忽略彼此的痛苦。**由於我們否認動物的尊嚴和隱私，我們也否認自己的尊嚴，並且發現我們的隱私，愈來愈被侵蝕。**由於我們強迫他們變得軟弱，我們發現自己也愈來愈沒有力量。由於我們把他們貶低為商品，我們也變成只是商品。我們破壞他們實現目的的能力，我們也找不到我們自己的目的。由於我們使他們的心靈破碎，我們心靈也變得破碎。

大都市裡醫院的心臟科，變成了心臟繞道手術的組裝線。每天都有許多人經過，一個接一個，讓這些昂貴、劇烈的手術能完成，這些人是典型的吃很多動物的人。在此同時，動物也在屠宰場的拆卸線，排隊被刺，一個接一個。吃他們的人，在醫院裡等著被刺，一個接一個。我們刺別的生命，我們也被刺。

科學家們努力繁殖盡可能笨、沒有知覺、好控制的動物，使他們比較容易適應養殖場加諸在身上不可想像的壓力和痛苦。科學家想創造最少感情和知覺的動物，沒有其他目的，只為了滿足人類統治者的目的。

希望我們大家能夠好好思考黃金律的名言，以免太遲，並且確實實踐它。不然，我們的未來恐怕非常陰暗，所有我們強迫其他生命經歷的事，最後都會自己經歷。

第4章

# 承襲食物的選擇

「大家都希望安定。然而只有變動，才有希望。」

——愛默森（Emerson）

「設法讓孩子接受有毒物質、粗糙的口味和對動物肌肉組織顯示冷漠，等於是一種暴力形式。」

——強・韋恩・泰森（John Wynne-Tyson）

「真可怕！這不僅是動物的痛苦和死亡，而是人類毫無必要地壓抑自己內在最高尚的靈性能力——同情和憐憫像他自己一樣的生命；違背自己的情感，使自己變得殘酷。」

——托爾斯泰（Leo Tolstoy）

## 我們的傳承：幼時的教導

我們可以讚美、榮耀、珍惜動物所擁有和貢獻給世界的廣大多樣化的智慧、美麗、能力和天分，而不因為否認和破壞動物的智慧和目的，降低了自己的智慧和仁慈。我們解放他們，允許他們實現他們特有的智慧所渴望實現的目的，我們也可以解放自己。**我們可以尊重動物的生命，仁慈對待他們，我們的意識和同情心會發展，會將更多的愛和智慧，帶進我們彼此的關係之中**。我們可以與生命源頭的大智慧更和諧地相處。要如此做，無論如何，我們都必須停止視動物為商品，也就是停止把他們看成食物。

我們若觀察所有動物，會了解父母教導後代的功課中，沒有什麼比教導如何吃更重要和更根本。從尋找食物、準備食物到吃，各個物種的成年動物，都會直接教導他們的幼兒或是示範給他們看，我們人類也不例外。事實上，因為我們在嬰兒時代比其他動物更脆弱，因此食物教育對我們來說更重要。我們與父母最早、最基礎的關係，就是圍繞在食物上。

人類從出生就開始喝母親的奶。這種餵奶動作對所有哺乳類動物而言，代表愛、養育和保護，並且讓孩子和母親以及母親所代表的一切結合在一起。她從身體分娩我們，從胸部餵奶給我們，她代表了無限生命的母體，廣大慈愛的智慧；這智慧是我們和所有生命的源頭，它餵養和疼愛在它無邊的存在裡，所有表現它的生命。在母親的胸部得到餵食，是我們人類能夠從事的活動中，最具象徵意義的自然動作。我們感到安全、被愛、被滋養，直接與廣大、慈愛、神祕的生命源頭連接在一起。我們完全信賴我們的母親和她的奶。

我們逐漸長大，母親開始為我們準備一些比較軟的食物。對孩子來說，斷奶、開始吃自己的食物和餵自己是一件非常重要的大事。似乎斷奶的困擾，使得我們被給予的替代食

品，在我們年輕易感的心裡留下更深的印象。我們失去了溫暖、親密的哺育，開始吃嬰兒食品，包括雞肉、小牛肉、起司和其他動物製品。更大一點，我們被餵食的肉、奶、蛋，分量更加增加，變得愈來愈明顯和不可拒絕。我們身體和頭腦，被世界最強大的力量（父母和家庭），以強而有力的方式薰陶，所以我們才如此難以質疑我們吃的食物；禁忌如此地深入，一點都不奇怪！

若父母不給我們食物，我們不可能活下去，食物表達出父母的愛和關懷中，最可實際享用的部分。我們將他們的食物納入體內，參與了他們、他們的價值和文化。每一餐，一天三次，他們的食物「變成」我們。「他們的」文化和食物，變成「我們的」文化和食物。

大部分的人不願意聽到我們是受到教化影響。畢竟我們生活在自由的土地上，我們希望認為，**我們是自己相信需要吃動物，這是很自然、正確的事。但事實上，我們是繼承而來。**我們在脆弱的嬰兒時代受到的教導，根深蒂固，而人們習慣否認「教化」存在，於是讓這個繼承過程的真相變得看不見。若有人暗示我們，母親的愛心食物和父親的烤肉是一種看不見的教化方式，我們可能會很生氣。母親和父親並不是有意教導我們他們的食物文化，正如他們的父母不是故意教他們一樣。然而我們古老的畜牧文化，係先經家庭，再來經宗教、教育、經濟、政府機構，推動教化的進展，以便在每一代複製它。

我們不願意思考和質疑這些教化帶來的信念，是因為這些信念並非經由我們獨立自由思考達成的。假如我們的看法受到挑戰，而這個看法是經過我們內在的掙扎得到，我們一定會精力充沛地、非常樂意有這個機會加深我們的了解，樂意交換意見和成長。但是如果這個看法是因為從小無形中即已被教化，它受到挑戰，我們就會很緊張、很生氣。所以我們會想要改變話題，若是不奏效，就轉變注意力，或關閉自己，或是離開或是攻擊那個挑戰我們信念的人。因為**我們已經無意識地接受了這個信念，但無法為它辯護或證實它，只好對任何內在和外在挑戰它的返回信息，置之不理。**

這種故意置之不理，成為一種武裝，讓我們的頭腦變遲鈍，熄滅了我們內在最重要的靈性火花，使我們無法經由理解力的增進及內在的自由，找到更高層次的意識。這些不受質疑、因教化和傳承得到的信念，使我們付出了巨大代價。**我們不加鑑別地接受文化傳輸給我們的信念，盲目地做它的代理人，使我們在道德和靈性上永遠是小孩。**我們很難熟和發揮我們獨特的稟賦。我們的歌或許、甚至在還沒有被完全唱出以前，就已經在我們裡面死去，這對每個人都是損失，尤其對我們自己。

## 離家的重要性

想要在靈性和道德上趨於成熟，在內心培養智慧、仁慈和自由的種子，我們必須練習質疑家庭和文化上的一些潛在的成見。這對於個人靈性覺醒及社會進步非常重要。這在佛教中稱做「離家」。耶穌也提到過這種方法，當他誇張地問：「誰是我母親？誰是我兄弟？」（馬修福音十二章四十七節）當他說：「沒有一個人，為了我和福音的緣故離家……不在今世得到百倍……在來世得永生。」（馬可福音十章二十九至三十節）

離家是佛教徒質疑社會價值觀，採用更高的價值標準的修行方式的簡稱。這對靈性進展非常重要，因為它使我們成熟，引導我們走向更高的意識層次，並且讓我們脫離以分開的自我為基礎的幻覺，以及這個幻覺必然帶來的痛苦和暴力，而獲得最終的自由。

離家可以經歷約瑟夫・坎貝爾（Joseph Campbell）所謂的「英雄之旅」。這種英雄之旅，各個文化都把它當成是靈性的追求。在追求的過程中，**我們離開家和文化的範圍，經歷一種內在的（通常也是外在的）旅程，達到更深的了悟，然後將新的力量帶回我們的文化中**，以我們在旅程中內在成長的收穫，改革、激勵和提升我們的社群。

**當我們質疑我們文化最根本、最明顯的習俗——囚禁和屠殺動物為食，我們是在練習離家，並開始一趟靈性之旅**，這趟旅程，可能會使我們和社會的價值格格不入，但可以使我們成為提升和改造病態文化的英雄。認清、了解文化飲食習慣所繼承的暴力，有意識地採行植物性飲食，為那些沒有聲音的生命發聲，我們將會達到更慈悲、更快樂的境界，更完整地體驗我們與所有動物互相關聯的道理。如此一來，我們實踐了促進智慧、和諧和靈性覺醒的共同教理。隨著愈深入認識我們與所有生命的神聖本質及相互依存的關係，練習不與那些視動物為商品的力量妥協，我們的生命將變成自由與和平的場域。

我們離家，質疑我們所繼承的文化薰陶——買賣、虐待和吃動物，我們變成負責任的成年人，在靈性上變成熟。而我們主動幫助別人做同樣的事，是我們返家帶回的慈悲和真理的信息，它能激發和祝福其他生命。我們透過離開家，找到真正的家，同時幫助與我們分享這個珍貴地球的動物，也有機會再度回家。

## 社會壓力

把動物當商品的普遍信仰，是一種生活遺產，從一代傳給另一代。大部分的人，若被問到為什麼吃肉，會有三個基本的理由：一，我們需要蛋白質，二，其他人都吃，三，它很可口。第一個理由，是信仰傳承的好例子。從孩提時代，我們就被告知，我們需要動物性蛋白質，我們深信不移，儘管有大量的證據顯示了相反的結果。對於這種根深蒂固的教誨，我們必須透過離家的動作來質疑它。與這個理由在一起的另外兩個理由，主要可以歸結於社會壓力和口味。

我們被雜食文化包圍，如同魚被水包圍。我們對社會壓力高度敏感，故希望能適應和變成我們認同的團體的一部分，所以不太會認真檢討普及整個文化的飲食習慣。食物夾帶重大的社交意義，如果我們反對，會害怕別人受到冒犯、傷害或不喜歡我們。我們知道，我們不吃動物，身邊絕大多數的人，會認為我們在威脅他們或暗中批評他們。由於我們很自然地想取悅我們的朋友、家人、同事，我們直覺知道，一起用餐——這種最基本的關係上，我們不應該去質疑他們的根本習慣。我們的社交生活總是繞著分享食物打轉，而對於這一切，沒有比拒絕拘禁和宰殺無辜動物，更令人困擾了。拒絕吃動物性食品，對畜牧文化具最大的顛覆性。

在社會壓力之上，是直接來自動物食品企業的行銷壓力。肉、奶、蛋企業，侵略性地行銷他們的產品，他們特別以小孩和保健專業人員為目標。例如，大家都知道，奶品業者數十年來免費提供「教育資料」給學校，無恥地促銷奶製品。這些動物食品企業也與專業

的營養學家和醫療機構培養出非常溫馨的關係，贊助他們的計畫和研究，或在財務上用其他方法幫助他們。受幫忙者當然會回饋——推薦肉奶產品，或至少不會去質疑吃動物食品的惡習。

我們被肉奶蛋的媒體形象和資訊包圍。以肉為基礎的速食餐廳在我們文化的景觀上無所不在，他們每年花費數十億美金，廣告和促銷他們的產品。例如麥當勞，據報導，一筆廣告費用將近五億美金，而美國國家癌症研究院一年只花費一百萬美金，推廣每日五蔬果運動。奶品業者也花費幾億美金在他們高效率的廣告活動上，且甚至獲得聯邦政府在財務和法律上的協助，促銷他們的產品！食物是美國最大的工業，以肉奶蛋製造商為主。身為潛在的消費者，我們都不時會受到一些細微和不是那麼細微的資訊的轟炸。肉奶蛋最大的推銷員，在我們成長的階段，當然就是父母、家人、鄰居和老師，隨著年齡的增長，他們就變成了同事、家人和朋友。

我們吸收這些訊息，創造了一種自我形象：一個「正常」地吃和享受某些食物的人。廣告業者老早就了解，直接影響我們，我們會抗拒，但若是讓我們能認同某個特定形象，我們就比較容易受到影響。一旦我們認同某個形象，這個產業只需要操縱此形象，再讓此形象操縱我們就夠了。例如，觀看「成功的美國人」吃某種食物的影象，我們自然會去購買同樣的食物，因為我們想像自己也是成功的美國人。就這樣，**資訊的灌輸和廣告，在大眾媒體上攜手合作，創造了某些食物強大穩定的需求量。**

值得注意的是，另一個吃動物性食品的壓力根源是醫療機構，他們幾乎全部都對植物性飲食非常反感。藥品是美國僅次於食品的第二大工業，西藥工業像速食業者一樣，花費大筆金錢做廣告，促銷產品。西藥工業（金融業尾隨在後）投注了龐大資金在醫院、研究、設備、醫生、醫學院和其他方面的基層結構上，所以需要源源不斷的病人。這一切突然變得很明白，為什麼會有人用這麼多手段阻擾大眾質疑他們雜食方化，儘管已有大量的證據顯示，我們若拋棄動物性飲食，會變得比較健康，比較不會成為西藥產品和醫療服務的固定客源。

**來自朋友、家人、和熟人的社會壓力，以及來自食品及醫療產業的行銷壓力，共同形成強大的能量，要求我們吃動物，阻止我們去了解此行動的後果。**這些生活中的影響力，不要我們離家，不讓我們自己思考該不該吃什麼和其後果。所有壓力當中，最諷刺的是，當別人質疑我們吃動物性食品時，我們會生氣的反應：「不要告訴我該吃什麼！」事實上，我們早已經被告知要吃什麼，而且不定期地有人繼續告訴我們。

歷史可以看到，社會壓力一直是阻礙社會進步、造成種族歧視、偏狹、暴力和戰爭的重大因素，雖然社會習俗也有一定的正面影響。社會壓力是青少年男孩濫用藥品和酒精，把女孩當成性工具和羞辱同性戀等的重要因素，它使許多男孩陷入絕望，甚至自殺。大家都知道，在納粹德國，社會壓力扮演了重要的角色，希特勒（Adolf Hitler）能夠鞏固政權、屠殺成千上萬的猶太人、吉普賽人、共產主義者、同性戀者，以及發動戰爭對抗其他成千上萬的人，主要就是利用社會壓力。中古歐洲獵殺女巫（witch hunt）長達數世紀之久，恐嚇婦女，殺害了數以萬計的人，這是社會壓力施展恐怖力量的一個悽慘實例。

社為壓力在美國內戰前的南方，也具有非常強大的影響力，它以確認白人優勢的典型和社會成規，強化蓄奴所需具備的種族歧視。今日，社會壓力在散播物種主義，把動物當

成吃、穿、使用工具的面向上，也扮演同等重要的角色。食用動物的典型極端負面，且集體虐待動物的社會壓力強度非常巨大。社會統治的習俗，如競技場、馬戲團、動物園，都在加強我們每日統治和排除的儀式，我們竟稱之為「優雅的進餐」，即使是最激進的三K黨（Ku Klux Klan），也不會一天焚燒十字架三次！

我們不吃和統治動物，就會受到各種方式的排擠。這種壓力可能在牛仔文化的懷俄明州，比在芝加哥都會文化明顯，但是壓力同樣普遍。

## 思考口味

除了幼時的教導、社會和市場壓力，第三個驅使大家吃動物食品的因素是「口味」。例如煮肉的味道——熟悉的燉肉，它的味道真的那麼好，還是它喚起我們小時候的記憶，感覺很好？那個味道可能使我們想起母親的廚房，還有她的家常菜，帶給我們的溫暖的愛。假如我們的配偶想吃植物性飲食，用天貝（註❶）和烤馬鈴薯準備了一盤炒時蔬，我們可能不會覺得味道那麼好，因為我們從沒有在媽媽的廚房裡聞過那個味道。我們會抗拒這種食物，使用社會壓力，逼迫我們吃素的配偶回到「真正的食物」。

這或許是真的，如古老諺語所說，口味是不能爭辯的，但可以思考。當我們思考動物肉的口味時，有幾件事情非常明顯。第一是我們不喜歡吃肉天然的樣子。多諷刺！不像植物性飲食，通常不烹調也很可口，但生肉基本上對我們而言是很噁心的，幾乎都必須煮過才會變成像人類的食物，它不像天生雜食或肉食動物吞下去的生肉、血、魚鱗、皮、骨頭、器官。如果我們必須吃天然的生肉或不是肉的部分，我想我們會立刻變成素食者。

第二件我們會注意到的事是，我們不喜歡浸過血的肉，即使煮過。動物在屠宰場受到極大痛苦的主要原因是當他喉嚨被割開，他必須是活的，心臟還在跳動，還有力，才能將體內的血液排出肉外，瀝乾部分的肌肉。如果動物以其他方式被宰殺，切開屍體，他們的肉會浸在血裡，這種肉沒有人要吃。

再來是一個一般人通常不會想到的事。我們品嘗的瀝乾了血液的熟肉，充滿了組成肉的細胞的廢棄物。這些廢棄物或尿液，無法與肌肉分開，當動物被殺的時候，它們正流進血液中，要經由腎臟過濾，變成尿液排出。事實上，讓肉有特殊明顯味道的是肌肉裡煮熟的尿液。鹹鹹的「有肉味的」尿液，給予肌肉特殊的口感，使我們聯想到美好的晚餐和愉快的烤肉。

第四件我們會注意到的事是，在許多方面，動物性食品的口味我們愈掩飾愈隱藏它們，我們愈喜歡吃。我們煮肉和蛋，加鹽、胡椒、調味料、藥草，各式各樣增進和調整口味的東西。大部分的起司，都包含煮熟的動物的奶，若是不加鹽，大部分人都不會喜歡吃。我們加各種調味料、水果、糖，使冰淇淋、巧克力牛奶，以及調味優格上的奶油和奶

---

註❶天貝（tempeh）是一種印尼傳統發酵食品，製作時是將黃豆去皮煮熟後，接種真菌再發酵而成，是素食者的優良蛋白質來源。

比較吸引人。我們將醃製、燻烤、軟化的肉醬餡餅，埋在番茄薄片、洋蔥、生菜，芥末、番茄醬、美奶滋中，然後品嘗。**我們必須問，「真的」是肉和動物產品的味道，讓我們那麼喜歡嗎？還是所有那些植物性的醬料、調味料、佐料、拌料，掩飾和提升了我們被迫食用的動物性產品的味道？**除了佐料，漢堡還埋在廣告宣傳裡，麥當勞告訴小孩，它來自「漢堡田」（burger patch）。

經過烹調和適當的偽裝，動物的肉、奶、蛋，有一個共同的口味因素——它們都充滿了飽和脂肪。人類似乎對油膩、乳狀、滑溜的食品特別渴望，而動物性產品比較容易滿足我們對這方面的渴望，然而植物性產品，若我們想要，也可以做成油膩乳狀的樣子，並且沒有任何動物性食品的有毒膽固醇。由於植物性飲食不能準確複製煮過的脂肪和尿液的混合物，所以當然有一些動物性食品的口味和纖維，植物性食品是無法做得完全一樣，不過最近有一些素肉做得非常驚人地接近。無論如何，大部分過去雜食的人，轉向植物性飲食一兩年後，動物性食品的口味和纖維就不再吸引他們了。依據我的經驗，他們一點也不會想吃，而且是愈來愈覺得反胃。

根據尼爾・巴納德醫師（Neal Barnard, M.D.）指出，「研究食慾的科學中最令人驚訝的發明之一是口味需要維護。」我們的味覺細胞每三個禮拜更新一次，他指出**只要花二到三個星期，我們的味覺細胞就會忘記動物性食品的口味，這可以使我們幾乎斷絕對動物性食品的渴望，**因為新細胞只會習慣植物性食物。我們對動物性食品的渴望是因為重複食用造成的，並且靠重複食用維持。我們典型的餐飲——高動物性脂肪、高動物性蛋白質和膽固醇——對我們的生理，根本是有害的。

但要根除渴望並非如此簡單。巴納德醫師在《斷絕食物的誘惑》（*Breaking the Food Seduction*）一書中談到，一個正在成長的研究團體顯示，肉以及起司，是會讓身體上癮的。起司在消化過程中會釋放一些被稱為酪啡肽（casomorphins）和苯乙胺（phenylethylamine，類似安非他命的化學物質）的東西，這兩種東西都是麻醉劑，在臘腸裡也有。火腿、薩拉米香腸（義大利蒜味香腸）、鮪魚和其他的肉類顯然也會讓人上癮，因為阻斷這些「麻醉劑」的藥，可以讓人減少吃這些食品的慾望。

吃東西在許多方面和性經驗很像。我們自己內在的形象和態度影響我們享受的程度，遠比肉體和客觀事實來的高，比我們跟誰分享、如何分享還重要。我們的品味最後是靠我們的頭腦決定。

我個人發現，自從三十年前開始**吃素以後，我對食物的鑑賞力大大的增加，隨著時間過去，口味變得更豐富，變化無窮，愈來愈覺得食物可口。**大部分和我談過的純素食者，也跟我有一樣的經驗。這大約有兩個主要的原因，一個是植物性飲食的口味比動物性飲食精緻，我們之前談過，動物性飲食，有來自尿液的鹹味，並且加鹽，他們通常配上味道很重、使肉軟嫩的物質，如醬料、佐料和提味的東西。我們味覺被重口味弄得麻木，所以一開始，植物性飲食似乎有點平淡，然而幾個禮拜以後，我們的味蕾改變了，變得比較敏感，因為它們不再被加在動物性食品上的人造調味料長年淹沒，我們變得對蔬菜、穀物、豆類和水果的美味愈來愈敏感，可以以各式各樣的方法料理它們，將它們做不同的結合。於是新口味的風貌，無盡地展開。

另一個**植物性飲食比較好吃的原因是我們吃它們，想到它們的來源，感覺比較好。我**

**們慢慢地吃，享受沉思的樂趣，並聯想到供應這些美味的蔬菜、水果和穀物的有機果園和菜園。**我們愈來愈懂得欣賞甘藍菜、花椰菜近乎神奇的美麗，烤芝麻子、切片柳丁、碎胡荽葉、烤南瓜的香味，酪梨、柿子、蒸熟的奎奴亞藜（註❷）和煎天貝不可思議的纖維。我們感謝我們所感受到的，與地球、雲層、栽培的園丁和季節的關聯；這些口味是珍貴的禮物，我們很自然地願意接受，盡情享受，就像做愛的時候，我們願意接納我們的愛人一樣，充分享受我們的愛人。

相反的，吃動物的肉，通常是很快完成的，沒有深入去感覺食物的來源，因為誰願意多想那個生產養殖的魚、雞、蛋、起司、牛排、培根、熱狗或漢堡的十足的地獄？我們覺得有罪惡感，我們只是想取得生命力，並沒有真正的願意接受它。宛如我們和妓女做愛一樣，我們不想知道她是一個獨特珍貴的生命，想與她的痛苦保持距離，僅僅是玩樂而已，拜託，再多一點就會破壞我們的樂趣。事實上我們在動物性食品上獲得的口感，比較像強姦者的性行為，因為妓女至少同意，並且她可以因為我們的慾求而獲利，但動物總是被迫違背他們的意願，為了我們的品味和可疑的樂趣，飽受折磨和遇害。

我們思考我們的口味，會發現它們事實上是多麼受到各種條件的影響。更重要的，**把口味當成理由，暴力對待毫無抵抗力的有感覺生命是完全站不住腳的。**以自我為中心，為了追求樂趣和滿足，犧牲他人。

我們很清楚故意傷害有感覺的生命，僅僅為了滿足個人味口，是不被接受的。如果我們攻擊或殺害一個人，然後偷他的傘，只因為我們的品味想要那支傘，我們很清楚這種行為是錯誤的。我們也知道，如果看見一個女人，她的身體很吸引我們，我們就攻擊她、強暴她，這種行為是不對的。這些行為之所以不對，是因為純粹是為了自私的理由，造成別人的痛苦，侵犯別人神聖的本質。我們同時也了解如果做了這些事，必須面對社會和法律的後果。然而，**如果我們想吃動物的肉、奶、蛋，因為喜歡那個味道，就宰殺、打擊、強暴、拘禁、偷竊動物，並侵犯他神聖的本質——做這些事，我們卻受到大家鼓勵！**傷害動物做為食物，社會的反應是正面的，這是因為我們的文化否認被吃的動物有任何自己獨立天生的價值，他們的價值僅限於他們是主人的商品。點一客牛排，我們贏得讚許的點頭。我們的朋友在辦公室同仁一起出外野餐時，極力誇獎烤肋骨；拘禁、強暴、殘害和宰殺，有如羞恥的祕密被小心隱藏著，因為如果我們必須見證它，或是更糟糕，必須自己執行這些事，我們會覺得非常不舒服。

兩百年前在南方，奴隸當然可以被主人或他的管理者毫不愧疚的囚禁、強暴、殘害和宰殺，因為統治階層的文化和教養鼓勵這些行為。這樣的教養方式，遮蔽了人類天生的同情心、關聯感和正義感，阻礙人類的智慧，使他們行使殘暴的行為而毫不自責。不過，內心深處他們一定明白的，正如同我們現在為了口味點起司煎蛋餅加培根心裡明白一樣。我們天生的智慧知道，這是極不道德的，但為滿足我們短暫的受環境影響的味覺享受，**我們壓抑自己的知覺。我們寧可不知道，我們覺得很放心，因為沒有任何人會用任何方式提**

註❷奎奴亞藜（Quinoa）是一種產於北美洲的高蛋白穀物，有人譽其為「穀物之母」，能提供優於肉類的蛋白質，富含維生素和礦物質，脂肪含量低，可作為稻米的替代品。

**醒我們：動物巨大的苦難是因為我們的需求造成的**——女服務生、我們的朋友或媒體都不會。動物的痛苦，不在我們眼前，他們的哭喊聲，我們不理會。只要我們不傾聽我們的內心，他們是沒有聲音的。

## 防禦堡壘

這三個讓我們吃動物食品的理由：幼時的教導、社會和市場壓力和口味，它們互相助長，創造了一個環繞我們食物選擇的力量領域，它有如堅固的堡壘，城牆很高，受到很好的防禦。不過這個堡壘可能沒有看起來那麼堅固。首先，它囚禁了我們，阻礙了我們渴望實現潛能及進化靈性的本能。另外一點，它不是建造在我們基本的天性——仁慈的真理上，也不是建造在我們與其他生命互關聯的感覺上。在我們生命的核心，我們渴望達到更高的了悟，能和諧和平的生活在地球上。堡壘的圍牆是用殘酷、拒絕、忽視、暴力、訓練和自私建築起來的。最重要的，它不是我們自己的選擇。它從過去到現在都一直被強加在我們身上。我們的幸福——我們的存在——端看我們是否能夠看清這個事實，擺脫統治和無知的枷鎖。我們傷害和剝削不計其數的動物，我們在靈性、道德、感情和認知上禁錮了自己，使自己盲目得看不見大自然、動物和彼此，深刻動人的美麗。

**我們想要自由，必須練習讓其他生命自由。想要被愛，必須練習愛其他生命，想要得**

**到真正的自尊，必須尊重其他生命。**動物和其他沒有聲音的生命，飢餓的人和未來的子孫，都在懇求我們看：他在我們的盤子裡！

托爾斯泰在六十九歲時曾和一名來訪的年輕學者比賽游泳，吃素的托氏速度快得不像話，年輕學者為了跟上他差點溺斃，是托氏停下來拖這位年輕人上岸的。

第5章

# 人類身體的智慧

「我因拒絕吃肉偶爾造成不便，被責怪有怪僻，但是吃這種清淡飲食，使我大有進步，頭腦更清楚，理解力更快。」

——班傑明・富蘭克林（Benjamin Franklin）

「人類不是天生的肉食動物。我們殺動物來吃，最後的下場是動物殺了我們，因為他們的肉充滿了膽固醇和飽和脂肪，不是要給人吃的，人類天生是草食動物。」

——威廉・羅勃特醫師（William C. Roberts, M.D.），《美國心臟病學》雜誌主編

「美國飲食帶給孩子身心的痛苦是如此殘酷，如果這些食物是靠棍棒使他們吃下去的，父母應該進監獄。」

——約翰・麥克道格醫師（John McDougall, M.D.）

## 禮物

我們的文化相信要吃動物來源的食品才健康，然而，我們大部分的人決定少吃動物食

品的動機也是為了改善健康！要釐清這個自相矛盾的論點，我們必須研究人類的生理機能和我們吃的動物食品，再與我們長期的認知連貫起來——培養仁慈和清明的意識，能改善身體和心理健康，而傷害和意識不清明，最後導致身心疾病。研究之後我們就可以了解，我們是註定要與地球上其他動物和平相處的，因為我們被賦予的身體，若不殺害動物或偷竊他們為食，會運作得更好。多麼令人釋懷的禮物啊！動物不必怕我們，因為我們需要的養分，沒有一樣不能從非動物獲得。證據非常充分，在這一章我們會研究一部分，質疑我們「必須」吃動物食品才會強壯、健康和完整的幻覺。醫學研究和在我們身邊的許多健康純素者的實例告訴我們，吃動物食品是不必要的，並且事實上，它會在許多方面危害我們的健康。

有些人會抗議：「等一下！吃動物食品怎麼會不健康？那是很自然的事啊！」讓我們仔細觀察一下人類的身體，有個好方法可以著手進行，就是以全新的眼光觀察，比較我們的身體與其他和我們一起住在地球上的動物的身體。我們人類的身體是多麼的柔軟、無毛和精緻！在體能上是多麼脆弱！例如，一個人通常只有黑猩猩六分之一的力氣。我們統治動物，不是靠體能，而是靠工具和背信。

我們也可以注意到我們吃的器官，看，我們的嘴巴多麼小，我們的牙齒多麼小，我們缺乏長而銳利的犬齒，撕扯堅韌的肌肉，也沒有雜食和肉食動物厚重的下顎骨和下顎肌肉。我們也可以注意到，與肉食動物可以壓碎骨頭、刺入骨髓的堅硬牙齒比較，人類的牙齒是多麼柔軟。我們的牙齒，顯然不是設計來剝肉和嚼骨頭的。像果實和草食動物一樣，我們前面是門牙，兩旁是臼齒，是用來咬下和磨碎植物性食物用的。

這是非常有趣的，想像不用任何工具，只用小巧的嘴巴和精緻無爪的手去殺別的哺乳動物並且吃他們，我們能做到嗎？父母、孩子、朋友能做到嗎？有「任何」人類能做到嗎？有任何人能夠、或是會在曠野追上一隻鹿、母牛、豬、綿羊、山羊或兔子，抓住她（非常不可能），然後將我們小而平的嘴落在她的頸上，用我們人類的小牙齒，撕開她的毛和皮，活生生吃她的肉，在嘴裡裝滿這隻不幸的動物新鮮的熱血？這個場景告訴我們，我們為了吃動物肉所做的事是多麼荒謬。我們沒有爪子和牙齒，剝開和撕裂生肉，或咬穿獸毛、羽毛、魚鱗或骨頭，對口中的鮮血也沒有胃口。

人類的下顎咬合的方式，是特別讓我們能左右移動的，下顎的結構與其他果食動物一樣，可以用來磨不同植物的材質。而雜食和肉食哺乳類動物，下顎咬合非常緊，只能上下閉合。另外我們口水裡的主要酵素是唾液澱粉酵素（ptyalin），這種酵素是用來分解植物性飲食的複合糖的，讓它們變成葡萄糖產生能量。醣類是我們的身體被設計使用的能源，動物的肉裡「一點都沒有」！

我們不像肉食動物，沒有強烈的胃酸可以很快溶解肉類，也沒很短而平滑的腸子，以便讓動物腐爛的肉，快速通過身體。相反地，我們的胃酸比較弱，我們腸子是適合分解果實和草食的腸子，非常長而且旋繞，植物性食物通過這裡可以慢慢分解且粹取植物性食物的養分。我們長而迴旋的小腸必定是屬於草食性的，它有數以萬計的小口袋和無數的小手指，或稱為絨毛，這使它有非常廣大的總面積——比一個網球場還大！好讓食物的養分進入血液。我們的消化系統需要高纖的食物，使這些腸壁保持乾淨和正常運作。動物性食品不只缺乏纖維，而且在分解的時候比植物性食品容易堵塞，容易導致便祕、痔瘡、結腸炎、憩室炎、大腸癌和其他病痛。我們的循環系統也是屬於草食性動物的，它們沒有辦法忍受飽和脂肪和膽固醇。例如，一隻貓若吃下了動物的肉或蛋型的大量脂肪和膽固醇，他的血管不會有堆積物或堵塞。但如果是兔子、大猩猩、人類或其他果食或草食動物吃這些東西，血管則會被嚴重包住。如果繼續吃，血管會堵塞，不健康，導致動脈硬化、高血壓、心臟病。就人類而言，保證要吃藥和開刀。

西藥醫療機構，忽略人類不是被設計來吃我們文化典型的大量動物性食品的事實，的確促成了病人的供應量，以及保證了約翰・麥克道格醫師（John McDougall, M.D.）所謂的它的「工作保障」。這並不是暗示有什麼陰謀，或一般的醫師沒有利他的念頭，但是醫療機構就像其他文化經濟架構下運作的企業一樣，完全跟隨著最少阻力和最穩定的投資報酬率的路線走。對於那些在醫療機構金字塔上層，協助政治、醫療和教育政策決定的人，維持現狀看起來基本上是個好辦法，所以，他們降低預防的重要性，支持藥物和外科手術，鼓勵人類繼續接受雜食的飲食。

生理學的分類在人類文化裡一直是個問題，到今天還有很多爭議。雖然很明顯我們不是肉食動物，但我們也顯然不是吃草的反芻動物或有蹄的草食性動物如綿羊、鹿、馬、母牛，他們可以吃草和樹葉，因為有好幾個消化囊袋。我們可能最適合被歸類為以果實為食的蔬食動物，身體的設計主要以吃水果、種子、蔬菜、堅果、多汁的根部和葉菜為主。不過大部分的生理學家都主張人類天生是雜食的。然而在現代封閉的養殖場，即使是馬也可以被教會吃鹿肉、母牛、綿羊，山羊也可以被教會品嚐魚肉、雞肉和豬肉！那麼，我們每日的食物選擇，有多少是被教導出來的結果？

至少有三點似乎不可否認：

**一，我們可以選擇；**

**二，動物因為我們選擇吃他們而受苦；**

**三，現在我們大量消耗動物食品的情況是前所未見的，對健康非常有害。**

化石的殘骸已經很明顯地佐證，早期的人類和其祖先主要以植物性飲食為生，當代的採食文化也是如此。著名的人類學者蒙塔古（Ashley Montagu），已經說明這些文化應該被稱成為採集狩獵文化，而不是狩獵採集文化。

就像所有動物一樣，我們本質上是靈性的生命，是宇宙慈愛智慧的展現。大智慧為我們設計的身體，可以依靠和平地栽培和採集果園、原野和菜園裡豐富的食物，得以茁壯。我們的身體反映了我們渴望展現更高層次的創意、仁慈、歡樂和感知的意識，它渴望藉著祝福和幫助其他生命，以及分享、照顧和讚美，服務更大的整體——我們的文化、我們的地球和所有生命仁慈的源頭。非常相襯地，我們擁有和平的生理機能。

**大規模的屠殺和傷害其他動物做為食物，和我們慈悲的本能是相抵觸的，在我們內心深處，我們知道我們身體這個珍貴的禮物，並不需要活生生的生命受苦、恐懼或死亡來餵養**——但我們因食物選擇所必備的暴力，讓我們把這個禮物扔在仁慈的宇宙臉上，還給了它。

## 動物性食物的成分

動物食品缺乏我們消化系統所需要的纖維，也沒有細胞用來燃燒能量的醣類，且肉、奶、蛋產品特有的飽和脂肪和膽固醇，基本上對人體有害，容易造成血管疾病。動物脂肪特別危害的一個特徵是反式脂肪，它是有名的不穩定的物質，容易造成癌症及心臟病。事實上美國國家科學院（National Academy of Science）的結論是「反式脂肪的安全攝取量是零。」

因受到大力兜售，令大家誤以為必須攝取動物性蛋白質才健康。但它包含了有毒的成分，特別是今日我們飲食文化這樣大量的消費它。動物性食品比植物性食品包含更多濃縮的蛋白質，這些濃縮蛋白質比較不健康，因為我們的身體比較容易從水果、蔬菜、全穀類、豆類和其他植物中自然出現的醣類取得能量，而比較不容易從動物性蛋白質得到能量。另外一件已經確認的事是，**我們的身體可以從其他氨基酸製造所需的大部分氨基酸，因此，吃植物性飲食的人，並不需要以特別的方法「結合」蛋白質或食物來獲得「適當的氨基酸組合」**。有關「完全蛋白質」的古老神話，是根據科學家在一九二〇年所做的老鼠實驗的錯誤結論得到的。即使是保守的單位像是美國食品暨藥物管理局（FDA）和美國營養協會（ADA），在他們推薦的飲食裡都公開承認，植物性飲食提供人類充分的優質蛋白質。美國營養協會發現：「科學資料顯示素食與降低幾種慢性退化性疾病和症狀有正面的關係，肥胖、冠狀動脈疾病、緊張、糖尿病和一些型式的癌症都包含在內。」它的結論是：「調配得當的素食是健康的，營養足夠，有利於預防和治療某些疾病。」

根據目前人類最大營養研究計畫的領導研究者——康乃爾大學營養生化學教授，柯林・坎貝爾博士（T. Colin Campbell, Ph. D.）指出，動物性蛋白質對人類的需求而言，全部比植物性蛋白質低劣：

> 我們的研究顯示，人愈趨近完全的植物性飲食，健康的利益愈大……很顯然吃下動物性蛋白質，會出現出各種不利於健康的影響。不論是免疫系統、酵素系統、細胞致癌物質的攝入量或荷爾蒙的活動，動物性蛋白質通常只會造成危害。

事實上，**由於人類的身體只需要少量的蛋白質就可以正常運作，過量的動物性食品蛋白質只會耗盡身體的能量，因為我們的身體無論如何都必須想辦法處理它。**營養學者了解，我們確實需要的蛋白質量很少，我們的卡路里只有四到八的百分比須以蛋白質的形式存在。而幾乎所有的穀類、豆類、和蔬菜蛋白質的含量都在八到二十個百分比之間。有些食物像是天貝甚至更高。安德魯・威爾醫師（Andrew Weil, M.D.）寫道：

> 在我們的社會裡蛋白質缺乏症幾乎不可能存在的，相反的，大部分的人都吃了太多的蛋白質，對健康造成負面的影響……非常驚人地，即使是非常少量的蛋白質都足以滿足一般成年人的基本需求——一天大約兩盎司或六十克的蛋白質食物。我們的社會裡許多人一餐就超過這個量很多……減少蛋白質可以釋出能量，免去消化系統，特

別是肝臟和腎臟額外的負擔，並保護免疫系統避免過敏。

威爾醫師在其他地方寫道：

就我的看法，大家可以做得到最健康的飲食改變方式是以黃豆食品代替一些（或全部）他們現在吃的動物食品。

根據微生物學家羅伯特・楊（Robert Young）指出，過量的蛋白質會使身體組織的pH質變得太酸，他強調這種酸的情況是不健康的，它暗示存在體內或四周的細菌，這個個體的身體很弱，正在腐壞、死亡。任何動物要死亡，生命從它的身體逐漸消失時，它的肌肉會變得愈來愈酸，以暗示四周的微生物，時間到了，該是他們工作、分解肉體的時候了，好讓它回到泥土中，回收利用。根據羅伯特・楊的研究，肉食者的身體通常無法養殖有益的細菌，幫助身體進行各種支援生命的流程，它主要收養破壞性的細菌，這些細菌只會做他們自然的工作：分解身體，因為身體裡組織的高酸含量以及動物腐肉的存在，暗示他們，這個身體即將死亡。

而醫療機構的反應不是勸告我們停吃動物性蛋白質，而是供應抗生素和其他藥物，以殺害身體裡的病源體來幫助受攻擊的免疫系統。這種方式造成的不良影響是抗生素一視同仁，連益菌也殺光。所謂的害菌，不過是執行他們在自然界裡重要的功能，他們通常會發展更大的抗藥性，所以必須不斷的增加抗生素劑量來驅除他們。細菌的抗藥性也可以直接歸因於對養殖的牲畜、魚，所固定施打的抗生素，從這些養殖動物取得的肉、奶、蛋產品，包含了高密度的「抗」抗生素病原體。

動物性產品增加身體負擔的結果是，愈來愈高的致癌風險。每一分鐘，我們身體裡幾兆的細胞裡，就有一些變成癌細胞。一個健康的免疫系統能夠固定找到癌細胞，摧毀它們，阻擋癌細胞在健康的身體裡發展。但**為了處理動物食品裡承載的反式脂肪和病原體，我們免疫系統的力量被常過度使用，力量被分散，以致於無法偵測到癌細胞，阻止它們發展**。世界癌症研究基金會，在分析過四千五百個癌症研究報告後，做出結論——素食減少癌症的風險，而它主要的飲食推薦是：「大量的選擇富含各種蔬菜、水果、豆類的植物性飲食。」癌症顯然與吃動物性食品有關。

身體以它的智慧不斷調整血液中的pH值，使它維持在一個很窄的範圍內。現代西方飲食文化讓身體必須非常辛苦地工作，以避免血液因為吃下去的動物性蛋白質而變得太酸，身體進行這項工程時，必須使用含鹼的骨頭組織成分，例如重碳酸鹽和鈣。於是導致骨頭密度減少，也解釋了吃大量酸性動物性食品文化的高骨質疏鬆率。愛斯基摩人幾乎完全肉食，骨質疏鬆率為全世界之冠，其次是北歐人和北美人，他們也吃大量的肉、奶、蛋食品。雖然還有其他因素影響骨骼健康，如維他命和礦物質的攝取量，載重量的練習程度和心理和感情因素，但有證據顯示，易脆的骨頭和骨質疏鬆症，與我們典型的膳食攝取大量動物性蛋白質有密切關係。

科學研究報告將其他許多疾病與攝取大量的動物性食品聯結在一起，例如心臟病、糖尿病、乳癌、攝護腺癌、直腸癌、膽結石、中風、肝臟和腎臟疾病。許多書和文章以文件佐證這些發現，但是很少資金獎勵公布這些資訊，而相反地，大量的資金卻鼓勵忽略它；大量的資金贊助假研究和從事廣告活動，使大眾對於吃動物性食品的概念變得混淆。康乃爾大學最近的研究報告指出，**百分之八十四的人不是對健康的飲食方式很困惑，就是完全放棄理解它。這說明了食品業宣傳攻勢的效率，以及我們不願談論餐盤上的痛苦的習慣。**

我們血液裡的膽固醇和飽和脂肪酸造成其他問題，除了堵塞血管、動脈，造成心臟病和中風，它們還阻塞將血液輸送到個別細胞中的微血管，使得細胞變弱，缺乏氧氣和養分，不能完全清除它們有氧過程的副產品——毒素和二氧化碳。細胞在不健康的環境下游泳，過了一陣子，就開始退化和死亡。

其中一個例子是**黃斑性病變**，大多發生在老年人身上，它造成嚴重的視覺傷害及眼盲。吃了多年的動物性蛋白質、脂肪和膽固醇，使得眼睛的小微血管被廢棄的垃圾堵塞，視網膜的斑點區視覺專用的數百萬個細胞逐漸死去，或是被身體新建的微血管擋住，視覺衰退，黃斑性病變接踵而至。同樣的情節，可以解釋許多健康退化的症狀，例如**白內障**或其他型式的**視覺喪失或聽覺障礙**，尤其是重要的**腦細胞的微血管堵塞**，會造成心理功能的損害。

腦部微血管被動物脂肪和膽固醇堵塞，也是吃大量動物性食品的文化降低真實智慧的原因。堵塞的腦細胞會降低腦的效率，阻礙它有效辨識關聯的能力。喪失這種能力，會減少創意和靈性所需的智慧，這也可以解釋為什麼我們會做這些自我毀滅的事，而自己無法了解。素食的小孩，表現比一般人高出許多的智商。例如，湯姆士・愛迪生（Thomas Edison）在他努力發掘電的祕密的三年期間，他斷絕肉食，因為他發現，**吃植物性飲食可**

**以使他能夠更清楚地思考，並且更容易辨識重要的聯聯性。**其他的天才，像是畢達哥拉斯（Pythagoras）、達文西（Leonardo da Vinci）和甘地（Mahatma Gandhi）也都避免吃動物。布魯塔克（Plutarch）寫道：

> 用肉堵塞和脹滿我們的身體，使我們的頭腦和智力變得粗糙。身體若塞滿了不自然的食物，我們的頭腦會變得混淆和遲鈍，失去了歡樂。這樣的頭腦，只會追逐瑣碎的事，因為它缺乏深度思考所需的明淨和活力。

血管通道堵塞，也直接或間接造成了無精打采、長期疲倦，以及許多其他的毛病。例如成年男性性器官血管組織上的動脈，被動物性飲食的飽和脂肪和膽固醇堵塞，喪失自然勃起能力。由於對具有影響力的西藥公司而言，疾病比健康更能獲利，所以**西藥工業的財富愈增加，我們的文化就愈沒有能力辨識問題真正的根源。**

**腎臟病、腎結石和膽結石**也是吃動物性食品的直接結果。因為腎臟要淨化油膩和酸性的血液，工作非常辛苦。我們食物中的動物性蛋白質所造成的過量的鈣和尿酸，會在腎臟累積成大石頭。這些石頭阻擾腎臟的功能，而我們的身體用它的智慧，想把這些石頭透過尿道排出，這是一個非常痛苦的過程。動物性食品中過量的脂肪和膽固醇也導致膽結石和膽囊疾病。另外，由於我們吃那些死掉的動物，尤其是那些被囚禁在現代飼養場如地獄一般環境下的動物，我們的肝臟，這個必須直接負責處理毒素入侵的器官，也經常過度負擔。這些動物可憐的身體布滿了毒素、人造生長激素、藥物、化學品的殘渣、類固醇、腫瘤和慢性病，吃下它們，肝臟必須永無止盡地費力工作。

皮膚，我們最大的排泄器官，也一樣很吃力地負擔動物性食品的毒素，許多**皮膚病和過敏反應**，都因身體想透過皮膚排除體內的毒素所造成。奶製品中過量的脂肪和膽固醇對皮膚有非常不利的影響，它會堵塞毛孔、造成粉刺和過敏反應，以及過重的體味。許多人表示，轉向植物性飲食後，不只幫助他們減重，同時也使他們的皮膚更先潔明亮，比較不需要化妝品。

## 造成問題的脂肪

動物性食品中的膽固醇和大量密集的飽和脂肪，增加我們罹患心臟病和中風的風險。它們高含量的脂肪，不但增加我們肥胖的風險，也為我們帶來超重後的各種健康問題，例如糖尿病和癌症。美國目前有百分之六十的人超重，造成一千億（正在成長）美元的醫療費用。

**肥胖每年殺死將近三十三萬美國人，很快就可超過香菸，成為可預防死亡和疾病的頭號原因**。雖然每個人的基因都是獨一無二的，但對任何人而言，身體的脂肪百分比太高或是長期超重，都是不自然的。我們太胖，是因為吃的熱量比能燃燒的還多，脂肪的熱量尤其高。通常集中在動物性食品上的脂肪比植物性食品多很多，而且這些為我們的餐盤而飼養的動物特別肥胖帶油，他們以特別的方法被繁殖、囚禁、灌藥和操縱，就是為了盡可能地肥胖。我們在感恩節大餐狼吞虎嚥的「巴特伯」火雞（Butterball Turkey），活著的時候，胖得走都走不動，也無法交配，漫畫裡卻把他畫成住在我們森林裡的一隻野生敏感的大鳥。住在現代養殖場和飼育場的豬、牛、雞也被迫同樣地肥胖。究竟我們是照我們自己的樣子創造這些生命？還是他們依照他們的樣子創造我們？

要了解肥胖及體重，只須了解畜牧業那些養肥禽畜者許久以前想出的結論就可以：吃過量的熱量和脂肪，使拘禁的草食動物變肥。這個道理對人類也適用。關鍵是了解和記得所有食物含有三個基本成分：醣類、蛋白質和脂肪。醣類是我們產生能量的燃料。動物性食品有很高的脂肪和蛋白質，但除了蜂蜜和牛奶裡的乳糖外，他們都沒有醣類。全穀類、水果、蔬菜和豆類中未精煉的複合糖，或是植物或動物性蛋白質，通常都不會使人肥胖，因為身體必須先將他們轉換成脂肪才能當做脂肪儲存。這在科學上已經證明，如同尼爾・伯納德醫師（Neal Barnard, M.D.）指出：

> 科學家對人類的脂肪儲存做切片檢查，發現他們的脂肪幾乎都來自他們吃的食物的脂肪，幾乎沒有從醣類製造出來的。

為什麼這麼多人誤以為醣類使人發胖呢？兩個主要的原因。一個是我們的文化，創造、並且大量生產完全不自然的醣類型式：食品業者用精製的白糖和白麵粉，來製造垃圾食物，這些垃圾食物有很高的脂肪含量。精緻食物有很高的糖血症指數，在身體裡很快被分解，造成血液中糖量不平衡。營養學家贊同它們最好被避免，是非常正確的。第二個原因是，這些不自然的精製醣類，已經變成我們畜牧文化的代罪羔羊，因為我們最不願意承認我們的肥胖及其他問題，最根本的來源是吃動物食品——這個人類文化的特徵。所以我們怪罪於「醣類」。事實上醣類是最健康和最自然的燃料，我們和平的生理機能要靠它來運作。如同柯林•坎貝爾所領導的「康乃爾—哈佛研究」所做的結論，以蔬菜、豆類、全穀類、堅果和水果為基礎的低脂、高複合糖飲食，已經普遍顯示對人類最健康。例如，二〇〇二年美國農業部（USDA）的一份研究報告發現，成年人吃高醣的飲食（高比率的穀類產品、水果和蔬菜），比吃低醣飲食的人，較容易維持正常範圍的體重。

只要我們繼續吃富含脂肪的動物肉、奶、蛋飲食，要結束肥胖將一直很困難、不可思議和複雜，並且是一場註定的敗戰。當然我們也「可能」吃高脂肪的植物性飲食，如果我們吃大量的酪梨、堅果醬、精製油、薯條和其他高脂肪食物的話。不過我們要吃低脂的植物性飲食是很容易，相當自然的事，但要吃低脂的動物性食物幾乎完全不可能。我們的社會認為，天生吃植物性飲食的人，是因為吃了大量脂肪的食物而受苦，所以開始「節食」減重，受不必要的痛苦。我們閱讀數不清的節食書籍，有許多鼓勵、推薦吃動物的肉和液體，結果在減重過程中，變得更受到肉品及醫療集團的奴役。事實上，最受歡迎的節食計畫——例如「阿金飲食」（Atkins Diet）、「血型飲食」（Blood Type Diet）、「本區飲食」（the Zone Diet）、「享瘦南灘」（the South Beach Diet），還有很諷刺的命名的「醣類上癮者的飲食」（Carbohydrate Addictr's Diet）——可以預期地都是推薦富含動物性食品的高蛋白、低糖飲食減肥法。他們發現這樣比較容易被接受，因為我們的生活文化是以宰殺和吃動物為基礎，自然渴望科學和醫療權威的聲音，向我們保證，這種飲食習慣

是符合我們生理機能的。

過量的脂肪，造成身體沉重負擔，就像自己給自己加蓋的牢房一樣，我們把它帶在身上，它降低我們表達、創造和自由活動的能力。脂肪使血液流動變慢，血液變成膠狀，堵住血管和動脈，造成細胞惡化。不必要的重量使得心臟抽血比正常的情況困難，使血壓上升。它吸乾精力，造成脊椎和神經系統的過度負荷。糖尿病與過量的脂肪是連在一起的。免疫系統也必須更辛苦的工作，巡邏一群不必要的行李細胞，它們通常成為吃、喝、呼吸收集來的毒素的垃圾場。這些細胞因此更容易變成癌細胞，事實上，肥胖的確增加癌症的機率。肥胖經常使我們很自卑，並且產生其他心理問題。

我們在皮膚下隨身攜帶的脂肪，主要是那些可憐恐懼的動物的脂肪——所以我們急著想除掉它，一點都不奇怪。**假如我們的飲食是以我們身體被設計需要的全穀類、水果、蔬菜、和豆類為主，我們會發現我們文化裡肥胖和其他的問題都蒸發了。**愛因斯坦的說法很正確，沒有任何問題可以在它產生的層面解決，身為肉食者，我們必須到另一個層面，解決肥胖的問題，這個新的層面就是我們不再做宰殺和囚禁動物的代理人，食用他們滿載脂肪的遺體。

## 毒素

從動物食品獲得蛋白質而帶進身體的有毒汙染物，比直接吃植物性飲食多很多。牲畜吃的飼料穀物噴撒了大量殺蟲劑，這些毒藥通常集中在動物的肉、奶、蛋上，如同安德魯・威爾（Andrew Weil）醫師指出的：

> 有一個問題是，動物性飲食將我們放在食物鏈的高處，那不是一個好地方……在食物鏈的高處吃的結果是，你攝取了大量的毒素，因為環境中的毒素，隨食物鏈等級提高會更集中。例如家畜的脂肪，通常包含高密度的毒素，而這些毒素在穀物中存在的密度是較低的。另一個獨立的問題是，我們飼養動物來源的蛋白質的方法，使他們裝滿了不健康的物質。

為了使他們快速發胖，不幸的動物們被迫吃下大量的魚、被碾碎的動物肉和器官，這些東西對他們是完全不自然的。糞肥也用來「豐富」他們的飼料。這些添加物裡毒素集中的程度，比動物吃的植物性食物更高。在動物性食物中我們吃到的毒素包含致癌的重金屬、致命的多氯聯苯、化學物質殘留物、抗生素和人類創造的噩夢，我們現在稱之為傳染性蛋白質的東西。傳染性蛋白質被認為是引起狂牛症和海綿狀腦病的罪魁禍首，這些傳染病在人類食人族（例如巴布亞紐幾內亞福爾部落的食人族所流傳的一種海綿狀腦病，當地人稱為「庫魯病」，在一九五〇年首次被記錄）和動物食肉族（例如被養殖的綿羊和鼬，他們被餵食碾碎的動物肉以後，發展的癢病和會傳染的鼬腦病）身上大肆流傳。根據某些研究者發現，類似的疾病例如庫賈氏病（Creutzfeldt-Jakob disease，人類的狂牛症），和某些型式的阿茲海默症（Alzheimerr's disease），由於反常的企業規範，規定將牛餵給牛

吃，豬餵給豬吃，雞餵給雞吃，豬和雞餵給牛吃，現在也正在威脅人類的肉食人口。

動物性食品也受到細菌和病毒嚴重的汙染，沙門桿菌、李斯德林菌、大腸菌、大腸彎曲桿菌、鏈球菌等，這些病菌，即使不致命也對人類造成傷害，尤其是對我們的免疫系統。動物肉裡的尿液也包含了毒素。最近更顯示，煮熟的肉包含雜環胺物（heterocyclic amines），它們是在烹煮過程中產生的致癌物質。因此，**肉不煮熟，我們會感染沙門桿菌、大腸菌或其他病原體；但煮熟的結果，我們會吃下在動物脂肪加熱過程中形成的致癌化學物質。**

食品製造的工業化，創造了大規模的囚禁動物飼養場（Confined Animal Feeding Operation, CAFOs），或稱為養殖場，經營者為了減少勞力成本，將動物關在擁擠有毒的環境裡，藉著便宜的石油和津貼，製造出低價的動物食品。為了降低成本，這些被囚禁的哺乳類、禽類和魚，以快速增加體重的方法被飼養，他們被餵予類固醇激素，以縮短從出生到宰殺之間的時間。例如雞，現在四十五天就被殺，與一九五〇年比較，當時是八十四天。這些荷爾蒙和生長激素在歐洲是違法的，它們會增加人類癌症和生殖功能障礙的風險——但在美國卻被許可，被使用在百分之九十以上的肉牛上。**壓力、惡臭、昆蟲、糞便和尿液的堆積，加上殺蟲劑和過度的擁擠，創造了疾病的溫床；而固定施打的抗生素和其他藥物，最後都到動物的肉、奶、蛋上去了。**事實上用在養殖場的動物身上的藥物，完全沒有受到監督。調查者蓋娥・艾茲尼斯（Gail Eisnitz）寫道：

未受訓練的工人，而非獸醫，負責投藥給生病的動物，通常是靠注射的方式。根據給藥的工人說，他們用什麼藥和多少劑量，是靠「嘗試錯誤」的方式進行的。

「我用同一支針，注射一百隻豬，直到你沒辦法再把它戳進皮膚為止，或是斷掉。然後我會拿一把鉗子，把針拔出來。」這些藥的殘留物，最後可能在培根裡，和消費者早餐的雞蛋擺在一起。

由於所有這些原因，在超市裡的動物食品負載了大量的有毒汙染物和病原體。例如，由於屋架式雞籠養蛋場惡劣的環境，每年美國有六十五萬人因為蛋裡的沙門桿菌而致病；被宰殺的雞隻中，有百分之七十二受到沙門桿菌的汙染。大腸彎曲桿菌是腸病毒的頭號原因，它與格林—巴利綜合症（Guillain-Barre Syndrome,GBS）（註❶）有關，從店裡購買的雞，有百分之九十八受到這種細菌的感染。李斯德林菌是一種特別危險的病原體，經常在起司、雞蛋、貝類和肉類中發現，有百分之九十二的人若感染這種細菌，需要住院，受到這種細菌感染的婦女生下的嬰兒，容易腦部受損和罹患大腦性麻痺（cerebral palsy）。而根據疾病管制局（Centers for Disease Control and Prevention）的保守估計，大腸桿菌

---

註❶格林——巴利綜合症，是一種急性的脫髓鞘多發性神經炎。它是一種免疫疾病，臨床上的症狀是下肢麻痺無力，之後連上肢和臉部肌肉都會受影響，嚴重時會導致吞嚥和呼吸困難，甚至有生命危險。發病率很低，約為十萬分之一到二，好發於兒童和青壯年，病前多有感冒、腹瀉等病史。

〇五一七（註❷）每天都使數百個吃漢堡的人生病，並且殺死幾個人。像狂牛症，這是**由於養殖場普遍殘酷和不負責任的作業方式造成的，他們使得動物在抵達屠宰場時已經生病，而且還覆蓋在糞便之中。**

屠宰場今日的狀況，保證製造更多的有毒汙染物在我們吃的肉上。在過去二十年來，屠宰線的速度愈來愈快，而美國農業部的檢驗和監督範圍則一直縮小。一九九六年通過「危害分析及關鍵點控制管理體系」（Hazard Analysis and Critical Control Point，簡稱HACCP）以後，現在肉品業者基本上是自己訂定規範及檢驗。艾茲尼斯說，工人在簽名的口供書上談到屠宰場生產我們吃的肉的情況：

> 「每天我看到發黑的雞、發綠的雞、發臭的雞、糞便蓋著的雞。像這樣的雞應該被丟掉，卻被送上生產線加工。」
>
> 另一個工廠的員工說：「我個人看到腐敗的肉——你聞味道就知道，這些腐敗的肉被混在新鮮的肉裡，送去做嬰兒食品。我們被要求將它與新鮮的肉混在一起，賣去做嬰兒食品。你可以看到肉裡的蟲。」
>
> 另一個在「雞骨碾碎製成雞熱狗和香腸」部門的工人報告：「幾乎一直都這樣，骨頭都有一種可怕汙濁的味道，有時他們從別的工廠送過來，放在那裡好幾天，上面常常有蛆。這些骨頭從來不清理，所以蛆跟其他東西一起碾碎，留在成品裡。」

由於新的「一貫作業的」檢驗流程，幾乎所有的事都被允許。在屠宰場已經縮小權威的美國農業部的檢驗員在口供書中，重複訴說有關動物食品危害健康的驚人事實：

「我經常看到帶有癌症腫瘤的雞經過生產線。當我作品質檢驗時，我會把他們從生產線拉下來，但我不可能把他們全都拉下來。當我一把他們丟進不合格的桶裡，領班又叫地面工人把他們掛回生產線。」

「每天屍體掉在地上都不整理，直到公司把他們放回生產線。地板非常汙穢，布滿了血液、油脂、糞便、膿瘡流出的膿和泥漿。由於養殖場用高壓的屍體噴灑液噴灑屍體，許多東西都被埋進肉裡……」

工人不切掉排泄物沾汙的部分和腫瘤，反而用高壓熱水噴灑，這使得汙染物的粒子更深入肌肉裡。在豬和雞的屠宰場裡，他們使用沸水桶：

在沸水桶裡，禽類皮膚和羽毛上的汙染物，被尚活著的禽類吸入，熱水打開禽類的毛孔，使病原體滲進去。去毛機器敲打動物的動作，在被糞便汙染的水上創造了浮質，這些浮質又被打進禽類的身體裡。當禽類在自動挖出內臟的機器上除去腸子時，也會造成汙染。高速的機器通常使腸子裂開，糞便潑在禽類身體的洞穴裡。

---

註❷是一種會導致腸道出血的大腸桿菌，常在未煮熟的牛肉、未經消毒殺菌的牛奶中被發現。

冰水桶也被使用：

當雞被浸在冰水桶中，出現了另一個高速汙染的例子。「這些桶子裡的水被適當的命名為『殘渣湯』，因為上面漂浮著各種髒東西和細菌，」政府職責促進會（GAP, Government Accountability Project）的湯姆迪瓦恩（Tom Divine）告訴我：「把乾淨健康的雞與骯髒的雞一起泡在桶裡，你幾乎可以確定交叉汙染。」

艾茲尼斯寫道，看完政府職責促進會一九九六年的檔案，發現一些檢驗員過去禁止的事，現在不再能禁止：

> 腐臭的肉被燻過，掩蓋汙濁的味道，或醃製和撒上麵包粉，掩飾黏液和味道。剛被宰殺的動物肉或發酸的產品被加進檢驗合格的肉裡，然後加工……雞和火腿被浸泡在氯池裡除掉黏液和臭味，紅色的染料被加在牛肉上讓它看起來新鮮。
>
> 肉與拳頭大小的一堆排泄物一起包在紙盒裡。片斷的肺、直腸和死昆蟲也可以找到……蛆在運輸的桶子和盒子裡、地板上、加工設備和包裝材料裡繁殖。工廠的工作人員直接將食物從地板上鏟起來，放進可食用的香腸容器中。

這只是冰山的一角，當我們為了蛋白質和其他想像的利益吃動物食品，我們無可避免地將嚴重汙染的產品帶進了我們精神生理的本質裡。二〇〇〇年二月，美國農業部為了減少風險，立法通過使用核子輻射殺死肉品內的病原體。長期食用輻射食品的後果到現在還不是很清楚，但短期的研究報告顯示，它可能會創造致癌和突變的病原體。非常有趣的是，醫療機構沒有聽說對這些事情有提出任何抗議。

## 肉品醫療集團

我們被我們的飲食習慣訓練得視而不見。其中一個例子，如成人糖尿病，一種自發性的疾病，現在已經到達傳染病人口的比例。雖然證據明顯的顯示，糖尿病與吃動物性食品有關，但數以百萬計的經費卻被花費在研究糖尿病的西藥「治療」上。一般民眾甚至善心地貢獻時間，長途步行，為「重要的糖尿病研究」籌募資金。吃植物性飲食的人很少患糖尿病，但吃肉、奶、蛋產品的人卻有很大的風險。這不難了解為什麼。胰島素是一種促使脂肪進入脂肪細胞的荷爾蒙，動物性飲食中過量的脂肪若沒有被燃燒，最後會迫使身體抗拒胰島素的行動，讓脂肪代謝成糖，經由尿液排出體外。如同約翰•麥克道格（John McDougall, M.D.）醫師指出：糖（卡路里）的流失，是身體對多餘卡路里的攝取和儲存（體脂肪）的適當反應。假如我們停止對動物性食品的攝取，身體會大量減少或根除糖尿病的狀況，這種情況已經被重複證明。

甚至更令人不解的是，這麼多聰明的人在研究糖尿病的危機，做各種測試、申請經費、寫研究報告、分享他們的研究結果，卻似乎很少人注意這些明顯的關聯。研究者急忙向前衝，花錢和折磨實驗室裡的動物，研究可以用來申請專利，利益他的雇主的「機理」（注：mechanism，藥用名詞）和作為「子彈」的西藥。但是如同麥克道格拉斯寫的，他以醫療界少見的立場，率直的陳述明顯的事實：

> 這不是巧合，同樣的飲食能夠預防和治療糖尿病，也能毫不費力的減重、降低膽固醇和三酸甘油脂，清理動脈，使身體回到良好的狀況。但不論研究報告如何重複地說同樣的事情，卻很難改變這個潮流，因為對醫療機構的經濟獎勵是：持續的生病治療和帶來的利潤。

我們飲食中有毒的脂肪、膽固醇和蛋白質，是龐大醫療集團的基礎，他們不斷從我們的疾病中獲益。減重是個大規模而且正在擴大的企業。他們所提供的另類和傳統方案，大部分只是分散大家對簡單事實的注意力，使主題變複雜，符合他們的利益。通常醫療集團比較喜歡使用能賺錢的侵入性西藥和外科手術，例如藥品、脂肪吸除手術、胃間隔手術（stomach stapling）、胃繞道手術，而不願意用比較簡單的方式，告訴大家多吃植物性飲食。

動物性食品中的脂肪和膽固醇，除了造成肥胖，同時也堵塞我們的動脈，**我們發現自己再度成為西藥工業不情願的顧客，消費他們巧妙、昂貴、效益極低的解決方案**。這包含一整系列的藥品（加上「副」作用），不自然地使我們載滿膽固醇的血液變稀。還有外科步驟，包括血管擴張術、血管修復術和心臟繞道手術。

有速食連鎖店和富含動物性食品的食譜在醫院做榜樣，醫療集團可以確定，病人的修復只是暫時的，只要他們繼續吃肉、奶、蛋產品，必然會再上門。「永遠逆轉」心臟病和冠狀動脈硬化，如同狄恩・歐寧胥醫師（Dean Ornish. M. D.）做到的，要心臟病的病人改採植物性飲食、運動、學習舒壓，被認為太過於偏激。非常諷刺的是，改採植物性飲食居然被認為，比自己的身體重複被刺、被鋸、被殘害、灌藥和可能被殺死還偏激。或許確實比較偏激，因為在畜牧文化裡，沒有什麼事比有意識的拒絕參與買賣和吃動物食品的這種文化特徵，對既有的剝削和特權階級，更具顛覆性。

## 安慰劑的效用

好消息是我們的身體可以依靠有意識的植物性飲食而茁壯，這種飲食比吃動物食品，對動物和人慈悲得多了，也更能維護永續的環境。我們**任何人都能夠採用健康、不殘酷的飲食方式，並且絕對不會後悔！**為什麼大家不高興地慶祝這個新發現，立刻改變，改造我們的文化、我們的頭腦、我們的生活、我們的福祉和我們的星球呢？為什麼我們要把眼睛移開，嘀嘀咕咕地找藉口，抗拒得如此厲害？為什麼我們如此麻木？我和詹姆斯・吉布森醫師（James Gibson, M.D.）在他的家鄉埃爾帕索縣（El Paso County, Colorado）見面時，請教他在地球上是否有任何人類，他的生理機能由於某種原因必須吃動物食物？他立刻回答，沒有任何人，每一個人類的基本生理機能都一樣，是吃植物性飲食的。我問那為什麼他們認為他們需要吃動物性飲食呢？「大家都被洗腦了。」他回答。

文化塑造出來的共同信念，有非常強大的力量，它形成一種力量的領域，包圍我們，決定我們的思想、態度和行動。**在我們出生成長的畜牧文化裡，最核心的態度是控制和排斥，加強這種態度的主要行動是吃動物**。由於我們的文化教我們，我們與大自然、動物和神性是分開的，它也教了我們，我們的頭腦和身體基本上是分開的。雖然這種二元化的觀點，現在正受到挑戰，但到目前為止，它仍然主宰我們的世界觀，使我們很難了解，我們相信什麼，怎麼想和感覺會直接反射在我們的身體上，還有我們身體的狀況也密切地影響我們的頭腦。安慰劑效用的力量，基本上是根據身心合一的道理，它的力量非常驚人。曾經有不少研究做過實驗，醫生給病人糖球，病人身心的改變跟醫生給他們真正的藥一樣，甚至效果更好！

期待的力量非常強大。有些人被告知他們正進行癌症化療程序，他們就開始掉頭髮，雖然他們只被給予安慰劑，而不是藥。根據安慰劑研究的領導者，薩穆埃利學院（Samueli Institute）資訊生物學（Information Biology）安慰劑手術主任偉恩・瓊斯醫師（Wayne B. Jonas, M.D.）指出，告訴病人要做外科手術，但在手術房並沒有真的做，「和真正的手術一樣有效，甚至更有效」。雖然我們文化機械論的生物醫學組織，對安慰劑效果的廣大力量感到困惑和受到威脅，並且對它的看法是負面的，但是了解它一點都不負面，並且非常神奇地正面，對我們很有幫助。了解**身心是一體的，可以讓我們經由思想、觀念、感情和見解，打開巨大的治療和激勵的力量**。

大部分的人轉向植物性飲食後，都感到正面的影響力，像是有一個很重的東西從我們生理、心理、感情和靈性的身體上被移開，但有些人覺得不舒服，尤其是剛開始的時候。安慰劑廣大而未被辨識的影響力，可以解釋為什麼會如此，尤其是我們自己單獨改變，沒有一些健康有活力的純素食者天天在身邊做榜樣時，舊的觀念很容易被啟動，被肉、奶、蛋工業無所不在的廣告和促銷訊息加強。事實上這些觀念從我們一出生就被我們最親近和最有權威的人，打進我們內在，他們告訴我們，我們如果不吃「蛋白質」——起司、蛋和肉，我們會很虛弱、會生病，他們的聲音一直留在我們體內。當我們轉向植物性飲食，下意識裡會覺得自己很弱或病了，所以我們的身體就展現這些現象。因此當我們放棄動物性飲食，**我們必須有意識地擺脫「我們必須吃動物食品才健康」這個根深蒂固的文化觀念。這點很重要。**我們在世世代代肉食者所創造的感情攻勢的思想之海游泳，這種廣大的意識，使我們有些人非常困難打從心底相信：我們不吃動物食品，能充滿活力、更健康。

在這之上，研究者發現若是安慰劑令人不喜歡，效果更大。例如味道苦的和貴的安慰劑，就像又苦又貴的藥一樣，比較「有效」——因為必須經過某種痛苦和犧牲，才能嚥下它，我們下意識裡期待它效果更大。吃動物的肉和分泌物，基本上對我們人類是非常噁心的，這使得這些動物食品變成特別有效的安慰劑。我們覺得禿鷹很噁心，因為他們吃腐肉，但我們做的正是相同的事！有時候，它被委婉地稱為「熟成牛肉」。但是因為我們被教導，吃動物食品才有力氣和能量，這種期待非常神奇有彈性地幫助了我們的精神生理，克服了部分這些食物基本上非常困擾和有毒的本質，所以我們還能活下來，正常運作。身為小孩，我們別無選擇。

還有另外兩個我們轉向植物性飲食碰到困難的原因，一個是當我們停止攝取動物性食品中的飽和脂肪、膽固醇和其他毒素，我們身體會把它當成一個大掃除的好機會。水果和青菜是天然的清潔劑和解毒劑，我們的身體從生存和儲存毒素在脂肪細胞裡的模式，轉換成清潔、更新、減少脂肪細胞的模式；儲存的毒素，開始流進血液裡被排除。大概有一兩個禮拜，我們不會覺得比較好，反而覺得比較差，因為藥和毒素的殘渣被排出。這實在是該高興的事，因為這些毒物不再流連在我們的組織裡。

記住，如果在排毒過程中，跑去尋求醫生的忠告，我們可能會發現他或她，非常反對植物性飲食，質疑排毒帶來的的利益，醫生會警告我們「流行飲食」的危險，勸告我們「必須」吃動物食品才健康。我們可能不幸又回到虐待動物的主流，我們「已經嘗試」要做素食者，但是醫生說，我們在食物中得不到足夠的蛋白質、或鐵質、或B12、或「陽氣」、或是我們的血型必須吃動物性食品，以及其他藉口，讓我們無力拒絕我們被教養的飲食習慣，並再度陷入暴力輪迴之中。

記住下述的事實對我們很有幫助：由於在醫學院裡，有許多資訊需要傳授，營養學變得比較不重要，所以大部分醫生對營養學知道得很少，因為只有少於四分之一的醫學院有單獨開設營養的課程，醫生所知道的那一點點，也嚴重受到肉、奶、蛋企業及我們文化潛在定位的影響。這種影響力也影響那些研究營養，以營養為專業的人。瑪莉安・奈索（Marion Nestle）在《美味的陷阱》（*Food Politics*）一書中說明，**動物食品企業有非常可觀的財務資源，可以在政府的各階層、科學界和健康從業人員身上，施展強大的影響**

**力，但沒有類似的力量倡導植物性飲食。**我們大家都知道，動物食品機構提供資金給大學做研究，發行一些表面上看起來像是教材的促銷文宣，並且與專業的醫療機構組織從事一些可疑的安排。僅舉兩個例子，美國癌症基金會和其他癌症研究基金會與肉品業者合作，贊助每年的牛排宴會，被稱為「牛仔舞會」，以募集資金做癌症的研究！美國心臟協會在接受了「潛艇堡」（Subway）一千萬美元贊助後，授權「潛艇堡」速食連鎖店懸掛他們「打擊心臟病和中風」的標誌，儘管這家連鎖店的食譜，主要由加工肉品和起司食品這些是有名的增加心臟病風險的食物組成。

有句古老的諺語說，**如果前半生把錢花在富含肉品的飲食上，那麼下半生將會把錢花在醫生身上。**當我們停止動物食品，雖然因為排毒的關係，會有幾個禮拜感到不舒服，但這種改變的利益是很明顯的，如同安德魯・威爾所說：「研究報告一致顯示，素食者比肉食者更健康更長壽。」

第三個使我們困難轉成素食的原因是，不知道如何準備好吃、營養、方便的純素飲食。這很容易做到。但必須經過學習和忘掉學習的階段。很幸運地現在有愈來愈多的素食和純素食食譜、烹飪教室、團體、節目和便利食品。有一點，我們可能會放棄肉品，繼續吃奶製品和蛋。這些產品至少包含了和肉一樣多的殘酷、毒素、膽固醇和動物蛋白質，所以我們可能看不到什麼改善。所以最好不要以漸進的方式改採素食，而是立刻改成完全素食。例如，不要變成「魚素者」，繼續吃蛋、奶和魚，我們會發現我們已經放棄了很多，足夠讓我們不愉快，但不足以讓我們注意到任何身心上可觀的改善。如果我們轉向完全的植物性飲食，但喜歡吃純素垃圾食物——充滿了氫化脂肪、白麵粉、白糖、人造糖精、防腐劑和化學品，我們也無法看到任何重大的改善。

在植物性飲食中得到所有營養成分是很簡單容易的事。**吃多樣化的蔬菜、穀物、堅果、豆類和水果，就可以確保獲得最佳健康狀況所需的維他命、礦物質和蛋白質。**有兩個主要的物質純素飲食可能缺乏——B12和Omega-3脂肪酸。維他命B12是一種自然存在的物質，在泥土和水中非常豐富。我們現在不容易取得足夠的供應是因為現代的淨水方式和工業食物洗滌方式，把它從我們的植物飲食和飲用水中除去了。因此建議純素食者固定補充，它很容易從強化豆奶和其他純素產品中取得。由於現代的精煉方式，使我們獲得過量的Omega-6脂肪酸，對純素食者來說，吃胡桃、亞麻子或亞麻子油，來補充必要的Omega-3脂肪酸是個好主意，每天兩大湯匙壓碎的亞麻子就足夠了。布蘭達・戴維斯（Brenda Davis）和維山多・梅林納（Vesanto Melina），兩位持有證照的營養師所著的《變成純素者》（*Becoming Vegan*），提供純素飲食營養方面很好的資源。

非常諷刺的，為食物可能營養不良辯護的責任竟然落在純素者身上（例如，素食者常被問到：「你從哪裡獲得蛋白質和B12等？」），因為研究報告顯示，一般純素食者水果和蔬菜的攝取量是美國標準飲食的兩倍。在最近的研究報告裡，十九種被研究的營養成分中，有十六種營養成分純素者的攝取量高於一般美國飲食者，其中包括多三倍的維他命C、E、纖維，多兩倍的葉酸、鎂、銅和錳，以及更多的鈣和豐富的蛋白質。純素者只有一半的飽和脂肪的攝取量，六分之一的人超重。雖然純素者顯示有三種營養成分缺乏的危險（鈣、碘和維他命B12），但吃標準美國食物的人有七種營養成分缺乏的危險（鈣、碘、維他命C、維他命E、纖維、葉酸和鎂）。

購買有機栽培的作物，包括穀類、豆類和堅果是非常重要的，不只因為它們的維他命和礦物質含量較高，也因為傳統農業排出的有毒液體，會毒害溪流和人，殺死鳥類、魚類、昆蟲和野生動物。不過用來種植一棵萵苣和一碗米產生的毒素的量，仍遠低於用來生產熱狗、起司煎蛋餅、鯰魚片的毒素，因為動物食物需要非常大量載滿殺蟲劑的飼料穀物來生產。

就口味而言，遵循植物性飲食的人，總是描述發現許多過去幾乎不曉得它存在的美食新境界。地中海、非洲、印度、東亞、墨西哥和南美的植物物性飲食菜餚，都提供美味和營養的可能性。**當我們的味蕾開始復活，我們發現更多味覺上細微的差異，當我們心和頭腦放鬆，高興地擁護更多無暴力食物，這些食物會變得愈來愈美味**。由於身心的連結關係，當我們開始歡喜地享用地球上迷人的、隨著季節更替的水果和草本植物，他們會變得愈來愈營養。留心、專注的飲食是快樂與和平最重要的基礎。

## 我們的身體，我們的朋友

人們智慧愈減少，愈會使用藥物強迫我們的身體，如同強迫一隻無辜的動物一般。例如，當我們的身體想要排除身上由於飲食造成的淤積和毒素，它會產生發冷或發燒的現象以協助這個過程，但這時我們卻往往吞服西藥，去壓制這種不舒服的症狀，因而打斷了自然的療程。智慧了解，身體是我們最珍貴的朋友，它為了維護健康與和諧，日以繼夜地工作，它是我們在這個世界用來表達與體驗的工具。還有什麼東西比它更值得關心與愛護的呢？它不會背叛我們，總是盡心盡力地與我們合作。但非常遺憾，許多這些來自生命源頭無限珍貴的禮物，這些靈性創造力的美好作品，卻遭到不必要的擾亂和傷害，被強加沉重的負擔，這並非大自然想要和預期的。這些禮物被無知、恐懼和缺乏愛心，悲哀地破壞了。光亮健康的身體是如此美好的寶藏，但在今日是多麼稀少，尤其是在那些虐待動物為食的人當中。

事實上，道理顯而易見，**為什麼心臟病和癌症「在同個家庭中流傳」，因為，家中每一個的人的腿，都擺在同一張餐桌底下！**因為，身為孩子，我們不只和家人吃同樣的食物，同時也吸收他們內在的態度。除非我們象徵性的離開家，質疑我們文化飲食的心態，和肉品、醫療集團奴役的文宣，否則在靈性的成長上，我們很難辨識出我們獨特的使命。靈性的健康像身體和心理的健康一樣，催促我們對自己的生命負責，將自己貢獻給一個比只關心自己更高尚的理想。

依賴肉、奶、蛋、西藥和醫療工業，這些不願意辨識我們前面所討論的關聯性的工業，我們的文化創造了愈來愈多的不和諧和束縛。畜牧業不斷地經由繁殖、密集拘禁和使用荷爾蒙、抗生素、藥物，並添加了魚、糞肥、碾碎的動物的副產品的飼料穀物，努力為少數人生產更多食物。諷刺的是，我們用動物的肉，使吃素的動物變胖和受到毒害，我們自己也因為吃動物的肉、奶、蛋，使我們原本應該吃素的身體不自然地發胖和受到毒害，害動物和我們自己生病、被奴役和早死。這一切都是不必要的，我們有能力阻止它。

許多人瞥見上述的說明，開始放棄吃「紅肉」，覺得這樣做，基本上就是素食者，算是吃比較健康的飲食。這種想法一點也不正確。豬、雞、火雞、鴨和其他被養殖的動物的肉，他們的膽固醇、酸化蛋白質、痛苦、恐懼、腎上腺素、化學物質和藥品的有毒殘留物，和牛肉一樣多，甚至更多。若是肉被認證為「有機」，或許它的有毒物質較少，但其他的東西仍然都有。比較奇特的動物肉，像是雉、松雞、鴕鳥、食火雞、水牛、鹿、兔子、馬、青蛙、鱷魚、烏龜，也一樣不健康，至少造成一樣多的痛苦。所有的動物都受到巨大、不必要的痛苦，我們才可能吃到他們被殘害的身體。

有些人可能更進一步完全放棄「肉」，繼續吃魚、貝類、奶製品和蛋，他們認為這些食品比肉健康。在之後幾章更深入研究這個看法以前，了解下面這一點對我們是有幫助的：雖然關心我們個人的健康是必須的，但從某些重要的角度來看，為了這個理由而放棄食用動物食品是膚淺的，因為它終究只關心自己，因此並不穩固。我們採取行動，最堅固和持久的動機，最終是根據對他人的關心——在此我們指的是：受到囚禁的動物、野生動物、飢餓的人、屠宰場的工人、未來的子孫，這裡只是列舉一些為了我們想吃動物食品遭到迫害的生命。植物性飲食的健康利益是慈愛和清明的意識的額外補貼，而動物性食品所造成的疾病和不舒服，是破壞自然法則的一些後果。**假如我們不吃動物性食品，唯一的動機是為了自己的健康，那我們很容易這裡騙一點，那裡騙一點，很快又回去吃動物。當我們的動機是基於同情心，則深刻而持久，**因為我們了解，這個行為會對其他比我們脆弱的生命造成直接的影響。我們絕不會「欺騙」，因為那代表直接傷害別人，我們不願意這麼做。真正發展的慈悲，不太可能會再失去。

這一章主要的目的是為了使我們省悟身體「多少需要」動物食品的錯誤概念。這個錯誤的看法，是通向無數痛苦層面的大門。動物所經歷的痛苦；那些吃他們，因他們而獲利的人的痛苦；飢餓的人的痛苦——那些拿去餵動物的穀物，原可餵飽他們；我們輕率的加諸在生態系統、其他生物、未來子孫的痛苦；這些痛苦，全都連接在一起。就是這種互相關聯的痛苦，和它的反面，愛、關懷和覺醒，呼喚我們去了解更多的事實。

聖雄甘地說：世上最殘忍的武器，是餐桌上的刀叉。甘地的「素食」和「不合作」兩大精神，來自托爾斯泰和梭羅。托爾斯泰早就預言甘地會有出息。

第6章

# 獵捕和畜養海中生物

「活生生的世界，將在我們的時代逝去……我們祖先開始探索這個大陸的時候，他們相信新世界的生命資源是取之不盡、用之不竭的。他們無法理解生命織布的弱點——它的各部分實在太有限、太精緻和脆弱。他們可以答辯，因為他們對於自己恐怖的掠奪行為無可避免的後果，幾乎完全無知。但今天我們還活著的人，對於滅殺生物及其悲慘的結果，不能再這樣辯白。」

——法利・莫沃特（**Farley Mowat**），《屠殺的海洋》（*Sea of Slaughter*）作者

「地球提供了足夠的資源滿足每個人的需求，但不能滿足每個人的貪婪。」

——甘地（**Mahatma Gandhi**）

## 有毒廢料，有毒的肉

魚、貝類、奶製品和蛋，這些被一般大眾認為不會不健康的動物食品，乍看之下，吃他們似乎比吃禽類和哺乳類的肉造成較少的痛苦。但首先，我們來看一下，吃這些居住在

水中的動物的一些後果。

魚和貝類的肉像所有動物的肉一樣，也含有大量的前面提到的三種有毒物質——飽和動物脂肪、膽固醇和動物蛋白質。飽和脂肪與不飽和脂肪的相對百分比，魚類可能比其他動物「較好」，但魚類，不管你發揮多大的想像力，絕不是「低脂」食物。魚除了含有大量的脂肪、膽固醇、動物性蛋白質高，會造成心臟病、癌症、糖尿病和其他吃這些物質的負面影響力外，因為生活在水中，甚至比養殖場飼養的禽類和哺乳類更毒。

最根本的原因是，我們文化製造的幾百萬噸毒素，最後通通流進水裡。這些汙染大部分來自畜牧業，他們以除草劑、殺蟲劑、殺真菌劑和化學肥料等田野溢流和充滿藥物殘渣和其他毒素的畜牧業廢水的型式，汙染水源。**牲畜業每年為每個美國人生產平均一萬磅的糞肥，來自這些排泄物的磷和氮引起藻華、紅潮**（註❸）**和致命的單細胞生物，像是強力殺魚醋酶菌（Pfisteria piscicida），殺死數不清的魚類並且造成人類游泳者奇怪的疼痛。**另外，一整系列致癌的戴奧辛、多氯聯苯、有毒重金屬等工業廢水，以及其他來自礦業、製革業、紙業、能源、石油和工業生產的殘渣，還有帶毒的西藥殘渣和核子外洩的放射線汙染，也更進一步汙染水源。除了這些，汙染空氣的毒素，最後也被沖入池塘和海洋；另外，固體廢料的地點和垃圾掩埋場也被水過濾，毒素也被帶進河流和地下蓄水層。

水是我們星球共同的溶解劑，我們製造的環境汙染物，最後都流入河流、溪流、地下蓄水層，導致海洋愈來愈嚴重的汙染。還有大片的海洋區域被稱為死區（Dead Zone），那裡沒有任何魚類能倖存，水中充滿極端的毒素，並且缺乏氧氣，這種情況被稱為組織缺氧（hypoxia），這是大量的氮肥和牲畜的糞便流入河裡和海洋中的結果。這種不自然的「高度營養成分」的水，促使藻類繁殖，結果造成氧氣的耗竭，使得魚和海中生物窒息。在美國路易斯安那州（Louisiana）海岸外，有一塊超過七千平方英哩大的像這樣的死區，密西西比河每天從那裡傾倒大量農業的溢流和工業排放物的毒水到墨西哥灣裡，對墨西哥灣精緻、神祕互相關聯的生態系統造成浩劫。**所以吃住在地球水中的動物，是在吃更集中許多倍的有毒汙染物。**

知道環境中的毒素集中在動物脂肪組織上的這個事實，會讓我們在吃肉時候猶豫一下。而淡水和鹹水魚，都聚集和儲存了有毒物質在肌肉裡，這些肌肉中的有毒物質是水中有毒物質濃度的幾十萬倍。這有兩個基本的原因。第一，魚呼吸水，將水送到魚鰓，吸取活命的氧氣，因此經由呼吸，魚消耗了大量的水，而毒素很容易收集在他們的鰓上，最後儲存在他們肌肉的脂肪組織裡。第二，大魚是肉食動物，他們以小魚維生，這些小魚，又以更小的魚維生，更小的魚，又吃更更小的魚。不像陸地上的大型動物，他們幾乎都是草食的，只有一些「頂端肉食者」吃比較多老鼠、兔子、鹿等。魚生活在一個比較肉食的世界，每一等級的魚，集中的毒素都以指數的方式倍增。而人類主要喜歡吃大魚，像鮪魚、劍魚、鯊魚和鮭魚。研究者都知道，大魚的肌肉包含了非常高濃度的毒素，例如，根據美

---

註❸因水裡的氮磷含量過高，導致其中的單細胞藻類突然大量增殖，稱為「藻華」。因為藻類帶有色素，因此會改變水體的顏色，例如當藻類含有紅色色素時，就成為「紅潮」。

國環境署指出，致癌的多氯聯苯在魚裡的濃度是水中的九百萬倍。貝類的毒性也非常高，因為他們通常住在靠近岸邊的地方，因此泡在高濃度的毒素水流中。**我們的畜牧業和工業排出愈毒的溢流，水中居住的生物的肌肉就愈毒。**

由於人類變成星球的「頂端肉食者」，我們的肉可能已經變成最毒的，這反映在我們的高癌症比率上。這是一個不幸的開始，從嬰兒吃雜食母親的奶開始，它就被母奶裡的毒素所淹沒。例如DDT仍然在世界各地被使用，吃魚的哺乳婦女，她們的奶水中顯示出非常高的DDT含量和其他殺蟲劑的汙染。所有哺乳類的嬰兒，特別是鯨魚和海豚，當然，母牛、山羊、綿羊，也都受到他們母親奶水中高含量的毒素傷害。養殖動物本身的後代，通常喝不到一點母奶，因在他們的後代還沒有喝以前就被偷走了。在我們談到牛奶這個主題以前，我們先仔細觀察這個誤把魚類、螃蟹、龍蝦、牡蠣、蝦子和其他水中生物當成人類食物的含意。

魚肉，如同麥可・克萊柏醫師（Michael Klaper, M.D.）指出，是「非常濃縮的蛋白質。」因為蛋白質基本上只被用來生長指甲和頭髮，醫治傷口和重建組織，在孩子身上用來長大，通常我們只要吃一片魚，就超過我們所能使用的蛋白質。我們的身體沒有辦法儲存蛋白質，所以必須代謝它，這造成肝臟、腎臟和免疫系統的壓力。若為了別的理由吃魚肉和魚油，克萊柏也發出警告：

> 魚油被促銷為能保護動脈、避免冠狀動脈硬化的食品，但它也造成非常危險的狀況，因為它降低血液凝固止血的能力。魚油被證明會阻止胰島素作用。這對許多想要

維持正常血糖水準的糖尿病患是個壞消息，因為他可能吃魚油膠囊，並且一餐吃很多魚肉……另一個沒有被公開但潛在的重要問題是，魚油顯然會拉長正常的懷孕時間，過長的懷孕期會增加嬰兒出生時的重量，因而增加生產時意外、剖腹產和母親死亡的護理風險。

儘管現在廣告宣傳魚和魚肝油的健康利益，但沒有人真正需要吃從魚肉或魚肝擠出來的油，事實上把魚肝油當成吃的物質是很奇怪的。任何動物的肝臟是身體化學物質的解毒器，因此它集中了那隻動物吃下去的所有汙染物。從魚的肝臟擠出來的油，可能包含了高度的碳氫化合物，如多氯聯苯和戴奧辛。吃魚油「保護動脈」的人，事實上是拿碳氫化合物來毒害自己，以這些飲食的油，增加癌症的風險。

比較好的解決方案是，讓自己的血液保持乾淨，首先就是不要在血液中裝滿動物的飽和脂肪，一般不吃動物飽和脂肪的人，比較沒有動脈堵塞的風險。魚更不是「腦的食物」——事實上現在正好相反——因為水銀等重金屬毒害腦部和神經細胞。以我們現在對飲食的了解，純素的飲食，在理論上可以滿足人類身體所需要的所有營養需求，並且幫助避免動脈硬化、心臟病、中風、癌症。所以「放了」魚，你是幫你的健康（和魚！）一個忙。

《變成純素者》一書中，詳列了通常人類在魚肉和魚油上取得的Omaga-3脂肪酸的植物性來源。它主要的來源是亞麻子、胡桃、黃豆、豆腐、菜籽油、大麻油、深綠色蔬菜和海藻類。

魚類吸收並且密集集中毒素，像是多氯聯苯、戴奧辛、放射線物質和重金屬如鉛、鎘、砒霜，所有這些物質都與癌症、神經系統異常、腎臟損壞、心理功能受損有連帶關係。魚類包含過量的膽固醇、動物蛋白質，另外魚油是危險的物質，它也會破壞人體血液的品質。**除了魚類產品的毒素直接造成人類的疾病和痛苦外，海產工業也對全世界海洋生態系統造成巨大的傷害。**

## 魚的畜養

大部分的人不了解，魚和貝類的囚禁和工廠飼養是一個大規模且不斷成長的工業，這個工業被委婉地稱為「藍色革命」。事實上，根據聯合國農糧組織（United Nations' Food and Agriculture Organization）的資料，全世界百分之三十的鹹水和淡水海產，來自商業的魚飼養場。在美國這個百分比更高一點，百分之四十在美國消費的蝦、螃蟹和其他貝類，百分之九十的鮪魚，百分之六十五的淡水魚，來自魚的養殖業。鱒魚、鯰魚、羅非魚和其他淡水魚，被迫住在非常恐怖擁擠的混凝土水槽裡。我和一位曾經拜訪伊利諾州一家魚飼養場的觀察員談過，她說這個飼養場位在巨大的鐵棚裡，走進裡面，空氣非常惡臭，使她幾乎不能呼吸。巨大的淺池塘裡完全是黑的，一開始她幾乎看不見任何魚。後來她才了解，水中全部充滿了魚，非常擁擠地擠在一起。水變成黑的，是因為裡面擠滿了魚的糞便。我也曾在南加州露天的魚飼養場看過魚極端擁擠地被關在由糞便染黑的水中；我思考這些生物悲慘的生活，他們無處可逃地被塞在自己的糞便中，然後無情地被宰殺。一般人在當地餐廳點它，諷刺地還以為可以得到健康的Omaga-3，或是適合他們血型的魚。

顯然被**飼養在商業魚飼養場的魚，透過鰓呼吸，已累積了許多水中毒素，大量抗生素被固定地使用**，不只為了刺激生長，同時也為了控制疾病，因為在這樣不衛生的環境裡，疾病是一個一直都存在的威脅。魚飼料也包含高度的汙染物，除了穀物，它還包含了糞便、廢物和其他畜牧工業的副產品，還有不適合人和寵物消費的魚和魚的副產品。

鹹水魚飼養通常圈養在岸邊的圍欄裡，也同樣不人道、不健康，讓魚擁擠在一起。這些養殖場造成大量的水源汙染，迫使數以萬計的魚住在高度密集的區域，使糞便、抗生素、殺蟲劑和有毒化學物質——例如將鮭魚的肉由暗灰色染成可口的粉紅色的染料——全都流進附近的海洋。例如蘇格蘭關在籠子裡的鮪魚，所製造的未經處理的排泄物總量，等於八百萬人的排泄物，遠比蘇格蘭的人口還多。這些魚飼養場對海洋的魚群有諷刺的破壞效果，因為被養殖的魚需要大量的其他魚類做為飼料。例如生產一磅飼養場的鹹水魚和蝦，需要消耗三到五磅的野生海洋魚類。除了這些，**魚飼養場孳生的疾病，也很容易傳播給野生的鮪魚和其他魚，摧毀整個魚群**。這正是發生在野生的駝鹿和鹿群身上的事，他們被牛飼養場傳染破壞性的慢性疾病。還有一個例子是寄生的海虱，在非常不自然過度集中的鮭魚群中蔓延。企業使用有毒的殺蟲劑和抗生素，想要控制海虱但無效，他們成群散布在飼養場附近的水域，長達十九英哩，傳染了野生的鮪魚，使他們大量毀滅。另一個作業方式使得野生物種遭到浩劫的是，業者引進一些非當地的魚種飼養，這些魚逃進了當地的

生態系統中。還有蝦養殖場是另一個非常著名嚴重破壞生態的例子——在全世界殺死珍貴的珊瑚礁和沿岸的紅樹林。所以，從商業的魚類養殖場得到的魚肉，更不幸、更毒、更危害環境。

## 漂流的死亡船

從地球海洋中被人類揪出來的海中生物，雖然方式不同，但他們背後的故事與動物一樣悲哀。全球的海洋生態系統無情地被破壞。當歐洲人抵達北美海岸，曾寫道：各種魚群又廣又深，甚至讓他們以為船在靠岸前，會擱淺在魚群上，這種美好的往日已經遠離。為了供應人類、魚飼養場和被奴役的陸上食用動物不斷的需求量，一些曾經很肥沃的水域，被拖網漁船幾千英里長的網子，一直不斷地像露天礦般開採（非常驚人，被捉到的魚，有百分之五十是被餵給非必要囚禁的陸上食用動物吃，而不是人）。**全球主要的十七個漁場，不是已經耗竭，就是魚量嚴重遞減。**

世界大部分的地方，由於過度捕撈和靠岸附近的水源汙染，幾乎已經不太可能在岸邊經營賺錢的捕魚行業。船開得愈遠，在外面待的時間就愈長。當魚被拖上船，他們被傾倒在船身的槽裡，在那裡慢慢死去、排便、壓在其他魚身上。這種情況，通常要持續很多天，死魚和要死的魚，傷口大開，層層堆疊，工人把抗生素倒進殘渣湯裡，以便控制傳染病。**海產是美國食物中毒的頭號原因。在海產賣給市場和大眾以前，幾乎完全沒有政府的**

**檢驗**。最近消費者報告（Consumer Reports）顯示，超過百分之二十五要銷售的魚，是在接近「損壞的邊緣」。另有百分之五十商店裡儲存的「紅鯛」的抽樣，根本不是紅鯛，而是別的魚種假冒。有一半以上的劍魚抽樣，破壞神經的甲基汞含量超過美國食品暨營養協會的干預標準。大腸桿菌、組織胺和其他危險物質，也都被檢驗出來。

現代捕魚工廠的方式，造成的大屠殺是非常恐怖的。巨大的拖網漁船，使用衛星和雷達科技，甚至直升機和飛機；展開的網子，可以觸及海底，船經過之處，幾乎所有的東西都可以打撈回來。魚兒從極深的海中被迅速拉出來，必須承受減壓的痛苦，他們內臟爆開，眼睛突出，極度痛苦的因為窒息、擠壓、挖去內臟而死。在這個海洋的露天採礦過程中，有非常龐大數量「不能賺錢的」海洋生物，也被拖進網內。這些「副捕獲物」如某些魚、海龜、海豚、海鳥和其他動物，被丟回海洋中，大部分不是死，就是嚴重受傷。每年就這樣增加了兩千五百萬噸的死亡和將死亡的海中動物，他們占了大約三分之一拖進來的漁獲量。例如最近杜克大學（Duke University）的研究報告發現，每年有超過三十萬隻的海龜，被商業長線捕魚作業所殺。根據美國環保協會（Enviromental Defense）的報告：

> 副捕獲物可能包括少年的商業魚種、海龜、鯨魚、海鳥、海豚和其他沒有商業價值的海中生物。蝦的拖網捕撈，每一磅捉到的蝦，丟回平均五磅的副捕獲物，包括每年高達十五萬隻頻臨滅種的海龜。會造成大量副捕獲物的捕獲方式有：刺網、圍網和

底拖作業。

海洋守護者協會（Sea Shepherd Conservation Society）會長保羅・華森（Paul Watson），描述現代捕魚方式的結果：

拖網漁船幾乎翻遍海洋。海底拖網船鏟入海底深處，帶回地底魚、軟體動物、甲殼綱動物，破壞植被和結構。水中拖網船追蹤那些居住在水底和表層之間的魚。表層拖網船擺平海的上層。這些深海物種即使逃過這三層攻擊，必然也會撞上多鉤長線船隊、刺網漁船、圍網漁船和捕龍蝦和螃蟹的籠子。

隨著日本大型的小網浮游生物拖網漁船，一次捕撈上億噸的磷蝦（每年），整個食物鏈的根本基礎都被粉碎了。磷蝦是一種像蝦的浮游動物，被轉換成蛋白質的基礎，做為動物飼料。愈多的磷蝦被剝削，代表魚和鯨魚的食物愈來愈少。

全球魚類物種的大滅絕，可歸因於：大型的海上漂流作業工廠、可怕的廢棄物和屠殺，還有成千上萬的人以繩子、小網、陷阱捕魚，並在海岸線尋找魚蝦及貝類等。

為了供應魚粉，使牲畜或養殖魚發胖，或是供應人類海產，整個魚類的物種被殺害到瀕臨滅種的邊緣。根據瓦特森的說法：

魚粉的生產完全不符合精簡原則。用魚粉做為動物食品，生產一公斤的牛肉大約需要一百磅（約四十五公斤多）的活魚。兩百磅（約九十公斤多）的魚粉做為肥料，生產不到三磅（一點四公斤）的蔬菜蛋白質。更諷刺地，一隻養殖的鮭魚，需要超過五十磅（將近二十三公斤）的魚粉。

許多其他海中生物，因為我們對於魚肉的需求而直接遭殃。海獅、海豹、海豚和海鳥都受害，因為他們的食物來源被人類的捕魚作業破壞了。

例如，在白令海的北海獅數量，只有一九五〇年代的不到百分之二十。除了他們的糧食被偷，漁夫或漁夫的經紀人還殺掉許多這些生物，因為在過度捕撈的海洋中，這些生物被視為數量一直遞減的魚群的競爭對手。加拿大漁業部每年補助在東加拿大浮冰上的小海豹春季屠殺活動——每年有三十萬隻無助的海豹嬰兒，被加拿大漁夫殘忍血腥地用棍棒或槍打死。近年來，政府事實上還提高海豹撲殺數量的上限。加拿大紐芬蘭省（Newfoundland）漁業部部長公開聲明，他希望海豹完全絕跡，因為他認為海豹威脅加拿大的漁業。但做這方面研究的生物學家表示，捕魚工業真正的威脅是來自它本身的貪婪，並不是海豹，因為沒有足夠的小魚能夠逃脫捕魚網以補充魚群的數量。冰島甚至不客氣的辯稱，殺鯨魚是他們保護商業捕魚業的必要措施。

鸕鶿和其他海鳥受到政府單位和私人利益團體的追捕、誘捕和殺害，因為被認為與漁夫和捕魚業競爭。**每年至少有兩萬隻海豚被鮪魚工業殺害，因為海豚喜歡在鮪魚魚群上方游泳，捕魚業者利用他們找到鮪魚，而海豚無可避免最後淹死在網裡。**許多鮪魚的捕撈作業沒有受到監督，例如加拉巴哥國家公園（Galapagos National Park）的人員，在二〇〇

二年五月三日，抓到一艘圍網漁船，將網子布置在公園範圍內，裡頭有超過五十隻已死亡或瀕臨死亡的海豚，但只有八隻鮪魚，而對這樣的事，幾乎沒有任何罰則。目前世界上也有成千上萬的鯊魚被殺，只為了他們的鰭。他們被撈起來，砍掉鰭後，身體又被丟回水中，慢慢痛苦的死去。有時他們的脊椎也被割開取出軟骨，賣給健康食品店，治療癌症。雖然軟骨被證明除了安慰劑的功能外沒有什麼真正的效果，但鯊魚仍然因它而死。**其他的物種如野生的劍魚和石斑魚，幾乎頻臨滅絕，如同大多數的海龜一樣，被淹死在商業捕蝦拖網船的網裡。**

除了商業捕魚摧毀了海洋中百分之九十的大魚如鮪魚和劍魚，還有一些鹹水和淡水魚的死亡數目，是消遣和「運動」所造成。最近的研究報告顯示，垂釣者殺死的受到威脅的魚種，比過去認為的還多，例如，他們造成百分之二十五過度捕撈的鹹水魚種的死亡。不管這些人是把魚殺來吃，或把魚丟回去，魚都受到強烈的痛苦。如同巴利・馬凱（Barry MacKay）指出，釣魚運動整個的目的「是參加人和魚之間的戰爭——這場戰爭，從來沒有徵得魚的同意，也沒考慮過魚的利益。」研究報告顯示，被釣起來又丟回去的魚，受到極大創傷，許多魚因此而死。嘴巴被鉤住的疼痛是非常難以忍受的。阿拉巴馬大學（The University of Alabama）海洋科學教授湯姆士・霍普斯金（Thomas Hopkins）指出，比喻這種痛苦有如牙醫不使用奴佛卡因（一種局部麻醉劑），直接鑽進曝露的神經裡。這種痛苦隨著魚被拉上來，在釣線上把玩，變得更劇烈，因為魚非常痛苦地掙扎，導致完全地精疲力竭。魚被釣者把玩，損壞了魚鱗上的黏液層，造成更多的外傷。之後，釣者鬆開魚鉤，再把魚擲回，第二天再「戰」。這種「抓了又放」造成魚死亡的估計數字，由於種種不同的因素而有差異，包括魚的種類和年齡、他們被抓到的海洋深度、他們被如何嚴重鉤住和把玩，還有他們做生死掙扎的疲憊程度。一份關於銀鮭（Coho Salmon）的研究報告說，有百分之二十到三十的魚，被這樣折磨而死。而在其他的研究報告中，所有的魚在釣上又被放回後，回到水中立刻死亡的百分比，在五到十之間；有些報告則認為更高，達百分之五十，有些報告甚至說高達百分之百。

除了魚，對於捕魚時做為餌的生物也很殘忍，瓊恩・唐納爾（Joan Dunayer）解釋：

> 被做為活餌的動物，從蝦、蜥蜴、小蟲、青蛙到青花魚、鮭魚、蟋蟀和螃蟹都有。「餌魚」被鉤住嘴唇、鼻子和眼窩……所以不會很快死掉。如果是較大的「餌魚」，他們會被兩三個鉤子刺住。有時為了減少拉扯的力量，漁夫在用他們做魚餌以前，把他們的嘴縫起來。由於魚流血掙扎特別能吸引捕食者，漁夫常常割破他們的背部，砍掉他們的鰭，在他們身上畫很多刀痕。

我們對海中生物肉品的需求而造成的痛苦，規模是非常巨大的，幾乎不可思議。對於被做為食物的哺乳類和禽類個體的數目，我們都有紀錄（在美國，這個數字現在每年超過一百億），但對於「海產」，只報導總噸數。每年八千萬噸的水中生物代表多少個體？每一隻魚，都是脊椎動物，像我們哺乳類一樣，有中樞神經和痛苦接收器。海洋生物學家證實，魚一定能感覺和避開痛苦，他們知道避開造成痛苦的東西，寧可選擇飢餓也不願受苦。研究者同時證明，非常明顯的，魚會害怕並且懂得預期痛苦。除了這些，科學家還發

現，魚和住在海中的無脊椎動物「會產生像麻醉劑般減輕痛苦的生化物質（腦啡肽和內啡肽）（enkephalins and endorphins），對人類也一定感覺痛苦的痛苦做出反應，這再度證實，魚有感覺痛苦的能力。」**就像我們一樣，若是他們不能感覺痛苦，他們無法生存。他們的痛苦感覺器，在嘴巴附近特別密集，而他們嘴巴，卻常常被殘酷的鉤住和拉扯。**

除了感覺痛苦，科學家還發現魚比我們想像的聰明許多。英國專家表示，魚身為最古老的脊椎動物族群，有「充裕的時間」進化比較複雜和多樣化的行為模式，以及對抗許多其他的脊椎動物。他們報告，在過去幾年，科學界對於魚的精神和心理能力的理解，有非常巨大的改變，並且說：「雖然這種看法，對於過去那些單純地以腦容量大小來預判衡聰明度的人，不太尋常，但在某些認知的領域裡，魚幾乎與非人類的靈長類不相上下。」最近的研究報告顯示，魚「沉浸在社交的智慧當中」認識個人的「魚群配偶」和社會聲望。科學家並且觀察到他們能使用工具，建築複雜的巢穴，彼此合作，並且展現穩定的文化傳統和長期的記憶。

西爾維亞・厄爾（Sylvia Earle），美國海洋暨大氣總署（National Oceanic and Atmospheric administration）前任首席科學家，寫過：「（魚）是我們有鱗有鰭的同胞……我個人不會吃任何我認識的同胞。我不會吃石斑魚，就像我不會吃西班牙長耳獵犬一樣。他們是如此善良，如此好奇。你知道，魚是敏感的，他們有性格，他們受傷會痛。」**魚是如此敏感、聰明的動物，他們的肉，既已充滿了痛苦、恐懼和毒素，顯然我們吃他們是不健康的，但我們還是吃。**我們僅僅把他們當成物體來追逐、囚禁、消費，我們無可避免使自己的感情和靈性麻木。保羅・華森（Paul Watson）提到：

海產僅僅是一種社會上能接受的野生動物肉的型式。我們譴責非洲人從叢林中獵捕猴子、哺乳類和禽類，而我們已開發世界，毫不考慮地撈進大量的野生生物像是劍魚、鮭魚、大比目魚、鯊魚和鮪魚，做為我們的膳食。事實上，全球海洋野生動物的屠殺，是這個星球上最大規模的野生動物屠殺。

廚師知道，魚在死前盡力抵抗，與網子、鉤或線掙扎，他們的肉會有苦味，因為乳汁流到肌肉裡。在吃魚當中，我們吃到魚在死亡的痛苦下產生的乳酸，和痛苦引發出來的腎上腺素和其他荷爾蒙。這應該相當清楚，我們為了想像的利益不智地去吃魚，所帶給我們身體一大堆毒素造成的痛苦和負面影響，遠超過潛在的利益。我們可以從植物來源獲得豐富優良的蛋白質，而不需要對其他生命造成不必要的痛苦和創傷。

最後，我們把魚從水中滅絕，等於在破壞地球水的清潔系統。大家都知道，魚能清除水中的毒素和雜質，他們可以被看成地球的腎臟，將汙染物吸收進肌肉內。這是自然的功能，而且這是為什麼我們大量減少他們的數目，和我們真的吃他們，對地球的健康、對我們個人的健康造成這麼大的損害的重要原因。例如，非常常見的，在某些仍然允許汙水管直接注入海洋的國家，魚會聚集在未經處理的汙水的排放管附近。當糞便從這些管子出現，魚會吃人類的糞便。吃糞便和吃肉的魚，完全不適合作為人類的食物，從各方面不管怎麼想都「不乾淨」。**我們以暴力進入他們的世界，囚禁、操縱和殺害他們，並且傷害和他們在一起的海鳥和哺乳類，我們犯下違反自然的滔天大罪。**這表示我們不尊重生命，並

且不尊重所有生命慈悲的源頭；這生命的源頭，賜給我們的身體，並不需要任何魚、海豚、烏龜、信天翁、龍蝦、小蝦或螃蟹，承受痛苦和死亡來餵它。

英國詩人雪萊就讀於英國著名的伊頓公學時，就不接受並反抗學長欺負學弟的傳統。他忠於自己所思，甚至和一對美麗的姊妹花（其中之一是「科學怪人」的作者）同時居住。雪萊吃素的理由不少，其中之一，是他不喜歡他的父親，而他父親最愛羊腿和烤牛肉。雪萊在〈麥布女王〉中鼓吹素食，他曾說人體結構像黑猩猩，並無吃肉的設計。這位傑出天才，喜歡航海，卻從未學會游泳，某次他駕帆船遇風，墜海而亡。

# 第7章 控制女性

「有人能把另一個與他同類的生命看成財產、投資、一塊肉、『它』，而不墮落、虐待那個生命嗎？」

——凱倫・戴維斯（Karen Davis）

「牛奶是用來餵養動物後代的，人不應該強占它。孩子有權利享受母親的奶和母親的愛。狠心的人，受到物質主義和膚淺觀點的影響，改變和曲解這些真正的功能，使溫和的孩子無法分享母親的愛，慶祝生命的光輝。」

——亞伯拉罕・庫克，以色列首席拉比（Rabbi Abraham Kook, Chief Rabbi of Israel, 1865-1935）

「我們對別人做的壞事，會沉重地報應在我們自己身上。」

——瑪莉・貝克・艾迪（Mary Baker Eddy）

## 酪農場的惡夢

我們吃的動物食品還有另外兩大類，雖然他們並不是我們的食物：奶製品和雞蛋。

許多看過奶和蛋的作業場的人說，他們在某些方面，比光是處理動物肉的工廠，更毒、更狠，因為母牛和母雞受到更長時間的虐待，最後等到生產力下降，還是難逃被屠宰的命運。

先說奶製品，它包含了一個極大和極複雜的主題。奴役女性乳牛，在許多方面，造成了人類的奴役。所以這種方式所造成的損害，遠超過消費牛奶對身體造成的負面影響。雖然許多人，是為了健康的理由停止喝牛奶，但是了解現行悲劇背後更大的背景是很重要的，因為真理和時間一樣老：我們不可能撒下奴役和殘酷的種子，而收割自由和健康。

基本上，母牛的奶是大自然設計給小牛吃的一種物質。我們是唯一一個喝其他物種餵給他們幼兒喝的奶的物種，而且也是唯一斷奶以後還堅持要喝奶的物種。我們似乎無法忍受長大和離家的想法。也許我們渴望嬰兒時期，渴望那種在母親胸前遺忘一切的平靜。若是沒有母親的胸部，我們就利用其他哺乳母親的胸部，即使她是隻母牛，我們必須先殺掉她的嬰兒，才能達到目的。正如同人類殺動物來吃一樣不自然，喝牛奶也一樣不自然——如果我們想到，我們做這件事不用工具就很難做成的話。

容易取得的小牛排和便宜的漢堡，掩飾了酪農場來源真正的成本和殘酷，還有放在冷藏乳製品區，包裝整齊的起司、牛奶、奶油和牛油也一樣。

在野外，亞洲的森林或草地上，牛自然生活的地方很令人懷疑我們會有機會靠近一隻哺乳的牛，取她的奶。首先，野公牛會兇猛保護她，用角牴我們或把我們趕走。就算我們有辦法避開公牛，母牛也不太可能允許我們鑽到她底下，吸吮她的奶頭。我們必須要先與母牛自己的嬰兒，她的奶水正當的接受者競爭，把小牛推開或踢開，之後還必須讓母牛保持不動，才可能吸吮或擠她的乳頭。這整個景象非常荒謬，即使最愛喝牛奶的人，也不會想這樣做。

**唯有透過現行這種邪惡的控制傳統，人類才能喝到母牛的奶，它的核心行為，不健康且乖張。**我們雜貨店裡的乳製品，是許多世紀以來人類操縱和殘暴虐待母牛的結果。今日大小規模機械化的酪農場，就是這種暴行的縮影。

## 逼迫母牛不斷生產

**今日的母牛被迫生產比他們在野外生活數量大很多的牛奶。這是透過操縱兩樣東西做到的——食物和荷爾蒙。**在野外，母牛像其他哺乳類一樣，生完小孩後，以典型的弧狀曲線生產七個月的奶。一開始每天生產不到十磅，後來可以達到每天二十五磅，然後遞減回十磅，最終在小牛開始吃固體食物以後降到零。

今日的酪農場，小牛一生下來就立刻從母親身邊被搶走，對母子雙方造成巨大痛苦。母親被以人為的方式，強迫每天生產九十到一百磅的奶水，連續整整七到八個月之久。乳牛在非常年輕的時候就懷孕，這種情形野外的牛是不會發生的。酪農場中的乳牛，幾乎被迫不斷懷孕，甚至還在上次懷孕的哺乳期間又懷孕。母牛被迫生產如此不正常的、大量的牛奶，形成巨大壓力，很快就摧毀了她的健康。雖然他們自然地生活在野地裡，可以活

二十五年，但是受到酪農場的虐待，他們的生產力在四年之後就開始下降，之後必須再度忍受屠宰場的暴行，變成便宜的漢堡肉、皮件和動物飼料。

**乳牛母親承受連續強烈的虐待，讓她們的奶水對人類非常不健康，除了牛乳中自然產生的人類毒素**，像是IGF-1生長因子、酪蛋白、雌（甾）激素、催眠荷爾蒙、乳糖酵素、膿汁、細菌、寄生蟲以及我們在第四章討論過的會上癮的酪啡肽，還有一些毒素，這些是因為逼迫母牛太厲害的直接結果：人為引進的生長荷爾蒙、催乳荷爾蒙、抗生素、鎮定劑和充滿殺蟲劑殘留物的飼料。所謂的有機牛奶，可能包含較少數的人造毒素，但自然產生的毒素並不會比較少，這些自然毒素的存在，是在提醒我們：牛奶是設計給小牛吃的，而非人類。

**牛媽媽如何被迫生產這麼龐大數量的牛奶呢？他們被迫吃下含有膽固醇的飼料，注射一種含有雌激素、黃體激素、催乳激素和睪丸素的荷爾蒙混和劑。**牛奶消費者很難不吃到這些荷爾蒙，因為法規對這些荷爾蒙的限制很少。如同梅森（Mason）和新格（Singer）在《動物工廠》（*Animal Factories*）中指出：美國食品暨藥物管理局和農業部的存在，是為了服務和保障畜牧業的利益，而不是消費者、環境和動物的利益。僅舉一個例子，當加拿大和所有歐洲政府都禁用rBGH，孟山都公司（MONSANTO）出品的一種引起爭議的基因改造增進奶量的重組牛隻生長激素，美國食品暨藥物管理局（FDA）卻在一九八五年盡職的批准了它。從此，它就開始被使用於這個國家的酪農場裡，儘管科學的證據顯示，它會提高消費者和牛的癌症風險。

酪農場的農夫很久以前就發現，假如乳牛吃富含膽固醇的食物，他們可以生產較多的牛奶。當然，野生的成年母牛是純粹的草食者，從不會吃動物的肉、奶、蛋（膽固醇的唯一來源，植物性飲食中沒有）。但是乳牛和其他被飼養的動物一樣，必須忍受現代工業化畜牧業的低劣品質，吃添加動物肉和內臟的飼料，這些飼料是屠宰自魚、禽類、哺乳類，或許還包括其他母牛和他們自己的小牛的副產品。這一切實在是難以形容地反常，但這是酪農場行之有年的標準作業程序。根據前酪農場主湯姆・羅傑斯（Tom Rodgers）表示，即使最小的製酪場，為了在經濟上能有競爭力，也都以「增進營養價值的」飼料，來增進產量。

由於每一隻乳牛都被迫產下比酪農場需要使用的數量還多的小牛，她們的小牛生下來後，不是立刻被殺，就是被拍賣給小牛肉經營者，或是被賣去擴建肉牛群，在一兩歲的時候被殺。在所有這些情況下，他們身體的一些部分，最後都會被送到化製場（畜體廢料加工廠），與魚、豬、禽類、車禍死亡的動物、實驗室動物、安樂死的狗、貓、馬和其他動物，混合在一起，然後烹煮、碾碎，加入玉米、小麥、黃豆和其他穀物中，再回來餵給母牛吃。母牛如此固定的被強迫吃放在「增加營養的」飼料裡的其他牛，還有很可能是她自己的小孩的肌肉和器官。現在這種飼料被禁止的唯一理由是狂牛症的爆發，狂牛症是瘋狂的畜牧業作業方式的直接結果。雖然現在美國食品暨藥物管理局禁止將反芻動物的肉餵給反芻動物吃，減少了牛吃到其他牛的可能性，但他們仍然被餵食豬、雞、火雞、魚、狗和其他動物。想到美國食品及藥物管理局對這個政策，有名的鬆散執行和鬆散檢驗，有些母牛還是很可能會被迫同族相食。

這種詭異可恥的殘酷行為，緊跟在每一個「牛奶鬍」（注：乳品業常用的廣告鏡頭，

片中人喝完牛奶嘴巴留下像鬍子的奶液，顯出快樂的樣子）的後面，一如往常，被視為商業行為，從來沒有人質疑它。因為**酪農業者把這些農場動物看成物體，他們唯一的優先考量就是以最低的成本生產最多的牛奶**（美國農業發展部保證，會收購所有過剩的牛奶，所以業者盡量擴大產能）。這整個行業，大幅降低我們文化的智慧，使我們喪失辨識基本關聯的能力。它既是因也是果。

## 牛奶中的毒素

如同稍早討論過的，我們攝取的化學物質、殺蟲劑、殺真菌劑、肥料和重金屬會累積在身體的組織裡，尤其是脂肪組織和器官。乳牛因此不只集中了噴灑在他們吃的穀物和稻草上的毒素，還有他們被迫吃下的，累積在碾碎的動物身上的更濃縮的毒素。這所有的一切都堆積在他們的奶水裡，因為奶汁含有大量的脂肪，毒素就依附在脂肪上。乳製品，特別是奶油、起司、鮮奶油和冰淇淋，顯然吃下去都是不健康和危險的，尤其是對小孩和懷孕及哺乳的婦女而言。

除了以上這些，牛奶還有非常濃烈的自然產生的毒素。大自然從來沒有要我們喝其他物種給他們子女喝的奶，尤其是牛。牛奶特別符合牧群動物的營養需求，這些牧群動物要在四十七天內增加一倍的體重，十四個禮拜內達到三百磅的重量，而且還要發育四個健康的胃！牛奶包含人奶三倍的蛋白質，並且比人奶多出百分之五十的脂肪。事實上，狗的奶還比牛奶在營養上接近人奶多了。牛奶太粗糙了，尤其是對於正在發育精密的頭腦、神經系統和其他組織的兒童來說。人類的小孩不是小牛！嬰兒的頭腦和神經組織，最好用人奶的營養成分養育。人奶中的主要蛋白質是乳白蛋白，它的分子量是十四K，非常適合人類建造敏感的組織。牛奶中的基本蛋白質是酪蛋白，分子量二三三K，由於它非常堅固、非常黏，常被用來做塗料的黏結劑，或是黏夾板或貼瓶標用的膠。酪蛋白用來建造小牛的組織是完美的，但對人類卻造成難以估計的傷害。酪蛋白是非常巨大笨重的蛋白質，人類的小孩（成人面對這種物質時也一樣）很難適當分解它，在代謝的時候，會產生很多酸性殘留物，對小小孩來說，引起許多嚴重的問題。

我們不只關心小小孩一大堆與乳製品相關的症狀，包括腹絞痛、耳痛、喉嚨痛、感冒、發燒、貧血（症）、糖尿病、扁桃腺炎、盲腸炎，以及各式各樣的過敏、黏膜炎、腹瀉、脹氣和抽筋；還關心這些被迫食用乳製品的小孩，他們在組織發展上受到的傷害。組成小孩身心系統的人類敏感的組織，能夠靠用來養小牛的強黏、笨重的酪蛋白和過量的脂肪適當地形成嗎？這像是用漆油漆的刷子做工具，創作精緻的風景畫一般悲哀！一定會影響到我們小孩早期的心理發展——牛奶中牛隻的荷爾蒙、毒素和悲傷所造成的影響之一，很可能是孩子基本靈敏度的降低。多麼令人難過，在這麼年輕的時候，人類神奇靈敏的運載工具就被汙染和破壞，他們做為靈性能量、智慧和仁慈的導體的能力被降低，或許他感受細微的互相關聯的關係的能力也因此消失，這種感受力，原本是他被創造的目的，人生下來就是為了感受、探索和讚美這種細微的萬物互相關聯的關係，繼續吃乳製品到青少年和成年，使得這個悲劇更加嚴重和慘烈。

在更深的層次上，**強迫小孩吃乳製品是把非常不幸和恐怖的振動能量——乳牛在不論是否有機的酪農場裡，一再經歷的深沉的悲傷、憂鬱、驚嚇、痛苦和恐懼——帶進他們易感的身心。**整個酪農業，建立在偷竊上——硬把小牛從母親身邊偷走，硬偷走小牛的母奶。我們對這件事實際狀況之殘酷，毫無感覺，也沒有意識到以更廣的角度來看，它因此形成了我們文化壓抑、限制和剝削女性和女性特質（the feminine principle，隱含「女性的神聖品質」的意思）的態度。

所有哺乳類母親，如果自己新生的子女受到危害，在感情上都會受到非常恐怖的壓力，他們會盡一切力量保護子女，人類的母親了解這種感情有多深，如果她們的小孩被帶走，她們將受到多大的傷害。母親的愛，經常願意為孩子犧牲自己的生命。我們可以在狗、熊、大象、猴子、鹿、獅子、鯨魚，所有哺乳類身上看到這種深刻的母愛。這是母親們最特別、最明顯的特徵。科學家、畜牧業者、神學家，若是否認它或藐視它的重要性，只顯示了他們文化的創傷，和因此造就的切斷關聯的技巧，如何地降低了他們的智慧和敏感度。

所有哺乳類中，牛的母性本能是最顯著和受讚美的：她溫柔耐心的眼神，自然悉心照顧小牛的樣子，舔她的嬰兒、餵他和照顧他，當小牛從她身邊被帶走時，她大聲哀嘆。她沒有辦法對抗偷走她孩子的手，或用人類的語言跟我們說話，告訴我們這件事多麼刺傷她。但這件事對任何人都是很明顯的，只要有眼能看，有耳能聽。我們忽視她的痛苦和小牛的痛苦——幾百次、幾千次、百萬次——是忽視和否認我們自己高雅的品質。**幾千年以前，人類犯下了這個嚴重恐怖的錯誤，不自然地貪圖小牛母親的奶，建立了整個偷奶、殺**

**母親和小孩的文化，並且還以神話的方式，將這整件恐怖的事情合理化**——上帝應允我們牛奶和蜂蜜之地。這個殘暴的偷竊行為，偷被奴役的母親的奶，種下了戰爭和剝削的種子。今日，我們的文化，把喝牛奶當成理所當然，並且還積極在全世界促銷它。我們犯下這樣大規模的無恥暴行，怎麼可能希望獲得和平呢？

## 到地獄的四條路

小牛從母親身邊被帶走，註定要受到殘忍的虐待。這一點，母牛一定知道。無數的文化都承認，科學證據也一再證明，動物是極端敏感的。母牛很清楚，那些拘禁和強暴她、一再逼迫她生產牛奶的手，不可能善待她的孩子。酪牛場出生的小牛，註定要走上四條路中的一條。

如果她是女性，她可能會像母親一樣被養大，在酪農場做奴隸。她會盡快的從母親身邊被帶走，以免浪費母親可以銷售的奶。她會被去掉角，通常是用紅熱的電鐵，放在她的牛角扣（牛角和頭連接的底部）上。這個步驟，在現代酪農場的管理手冊裡有記載：

……將牛側躺，你的膝蓋放在它脖子上……去角器必須放在牛角釦的地方大約五到二十秒，由於燒焦的毛味和掙扎的小牛加在一起的不愉快，時間似乎很漫長……去角可能完成了……當你聽到去角器旋轉的吱吱聲。這個聲音是去角器的尖端，磨擦到頭殼骨的聲音。

根據酪農業者表示，大約有半數的小牛生下時，乳房上有「太多」乳頭，這些多餘的乳頭「不好看」，會打擾電動擠奶器作業，所以也在沒有上麻藥的情況下被除去。酪農場的管理手冊裡再度記載：「把乳頭抓在你的拇指和食指之間。即使是最小的牛，他們乳頭的神經也已經發育完成。所以在你開使進行以前，必須確定已經束縛住小牛。將乳頭向外拉，用剪刀大力的剪下去。」**去角、剪尾巴、除去乳頭，不只造成小牛強烈的痛苦，還增加感染的機率，造成疾病傳播。**他們助長了美國酪農業牛白血病毒到處傳染的問題，美國酪農場大約有百分之八十九的牛，受到這種病毒的感染。根據加州大學的研究學者，這種病毒有讓消費者致癌的危險。

野生的小母牛準備好懷第一隻小牛，至少需要三到五年的時間，但要餵乳牛五年而沒有牛奶錢賺，似乎太久了。牛飼料很貴，所以經營者希望她能快速投入生產，也就是說，在一年以內或更短的時間盡快懷孕。以人類的語言來說，這時她還是小孩。要做到這件事，必須靠荷爾蒙控制她，要施打大量的雌性激素，還有其他荷爾蒙和黃體素。黃體素是一種酪農場經營者要小牛受精時，讓她身體發熱的荷爾蒙。大部分的情況是，乳牛整年都被拘禁在畜欄裡或擠奶的小牧場裡，經常暴露在非常極端的氣候下，除了吃和站在同一個地方以外，什麼事都不做，純粹變成生產機器。她受精的方式是以一枝大約手臂長的精子槍，插入陰道開槍。精子來自一隻特別為擠奶存在的公牛——為了取他的精子——當這隻公牛生產力下降以後，就遭宰殺。

乳牛一生下小牛，小牛很快就被偷走，她每天會被擠奶機器擠二到三次。這不再是她自己願做的事，而是強加在她身上。機器經常造成割傷和其他傷，並導致乳腺炎。乳房的感染在現代酪農場是非常常見的事。有時擠奶機器也會造成電擊，造成嚴重的不舒服和恐懼。另外，她也會被「灌藥」，這是在母牛生產完後固定實施的一個步驟，以減少早期分泌乳汁時新陳代謝的疾病。數加侖的濃縮營養液，透過一條七英呎長的管子插入她喉嚨中，強迫吃。如果液體打太快，或是管子卡在她的氣管裡，她就可能被噎死。類似的程序稱為「灌洗」，也被用在她新生的小牛身上，餵初乳給小牛吃。

母牛一開始被擠奶，她又再度在「強暴架」上挨精子槍、受精。她就這樣同時懷孕和授乳，一直到懷孕最後兩個月，擠奶器才被脫下來。當她一生產完，小孩又被帶走，她又再度戴上擠奶器，再度被強暴和受精。

這一切巨大痛苦，讓她的健康很快就被摧毀。催乳荷爾蒙加上充滿膽固醇的飼料，加上不自然的擠奶排程，使得母牛的乳房特別變得非常痛苦和沉重，有時甚至拖在地面，拖在她的糞便中，使得乳腺炎更加嚴重，導致抗生素不得不過度使用。她的乳房被永遠拉長，長度遠遠超過在大自然中的正常情況。

乳牛們的腳踝因為一直站在水泥地，變得又腫又酸。在三到五年後，這些牛媽媽，農場的奴隸，不能再用了，就被擁擠的卡車送走，去面對最後屠宰場侮辱的暴行。大部分到達屠宰場「倒下」的牛都是乳牛。這些動物太脆弱、病得太厲害或傷得太重，沒有辦法走出卡車。她們的骨頭很容易碎，因為高蛋白的飼料和被迫生產大量的牛奶，使得她們骨質疏鬆。運輸要持續好幾天，沒有水，沒有食物，還要忍受極冷或極熱的天氣。有時母牛真的凍死在卡車裡。如果她們昏倒，這些「倒下者」會被引起巨痛的尖棒擊打，如果還是不能動彈，會真的被鍊子拖著走，在這個過程，常常撕破皮，扯破腱和韌帶，摔碎骨頭。她們並沒有被人道地上麻醉，因為僅僅被看成是肉，並且死掉的屍體被認為無法屠宰（雖然根據蓋娥．艾茲尼茲（Gail Eisnitz）的《屠宰場》（*Slaughter House*）工人的口供書，他們有時也這樣做）。乳牛被拖到宰殺區，在那裡被分屍，生產漢堡、動物飼料、寵物食品、皮革、明膠和其他產品。

同樣的場景也發生在生產所謂的有機奶品的酪農場，除了飼料是有機的，某些荷爾蒙和毒素受到限制，囚禁的畜欄稍微寬敞一點，母牛還是在幾年以後就被宰殺。同樣的價格、機制在推動著這個行業——以最低的成本，生產最多的牛奶。個別的母牛不算什麼，因為盡量增加懷孕量，能提高牛奶產能，所以酪農手中的小牛總是比他們需要的多。

這個原因，就變成酪農場出生的小牛可能走的第二條路：如果當時小牛肉企業和牛肉企業的需求量很低，他們可能在當場就被殺死。剛新生的胃膜很有價值，可以用來做起司。然後其他身體被磨碎做動物飼料，皮膚被用來做比較貴的皮革。有時懷孕的母牛被送去屠宰，小牛胎兒在母牛被切開時會掉落出來，這些尚未出生的嬰兒必須另外宰殺和剝皮，因為從他們小而濕的身上剝下來的柔軟的皮，可以賣到非常高的價錢。

酪農場出生的小牛的第三條路是被拍賣給小牛肉業者。不論是男性或女性，當酪農場（包括有機農場）不再需要時，他們就被迫走上這條黑暗悲慘的道路。這些**可憐的動物在僅剩的生命中必須承受的折磨，許多人都知道，文件都有記載。**只有幾週或幾個月大的小牛，一抵達營業場，立刻被迫住進小牛條板箱裡，用鍊子鎖住脖子。為了使他們無法動彈，肌肉不能發育，「肉」才會變得很柔軟，這些條板箱建得非常小。小牛關在黑暗中，吃一種刻意缺鐵的飲食，讓他們的肌肉變得很蒼白，可以賣很高的價錢。因缺鐵，他們會瘋狂吸吮或舔食任何帶鐵的東西，像是鐵釘。小牛必須忍耐殘酷的拘禁，條板箱內常常蓋滿他們的糞便。他們天生喜悅和愛嬉戲的性情被痛苦和無望的環境摧毀了。他們的液態飲食布滿了化學物質、藥品和抗生素。三、四個月後，他們被卡車載去宰殺，賣給小牛肉和小牛皮市場。

第四條路，如果是男性，會被拍賣給肉品業者，養大做為肉牛。此一來，在還年輕的時候，他們就必須面對不上麻藥被閹割的劇烈疼痛。這些可憐的動物，還必須被烙印——經常經歷好幾次，承受極度疼痛的三度燙傷，並且被去角——這也是非常痛苦的事。他們被放牧或圈養，大約一年到一年半的時間，長到屠宰後有利可圖的尺寸，然後被送到飼育場增肥。

在飼育場，成千上萬被閹割的牛擠在一起，長達幾個月之久。他們被囚的環境，充滿惡臭，只有少數或甚至沒有遮蔽物。飼育場經營者餵給他們，任何可想得出來、又能增加最多重量且要價最便宜的食物（這些牛被賣時，經營者是論磅收款的）。**這些僅僅是肉品集團的物件的不幸動物，他們被餵食人造的類固醇生長促進劑**，例如如來勾（Ralgro）、川不隆（Synovex）和瘤胃（Rumensin），使他們長得比在自然環境中重很多，看起來年輕很多。雖然野生的牛是吃草的動物，不吃穀物，但飼育場的經營者和酪農場的經營者一樣，發現餵穀物更能夠增加生長和利潤。然而穀類（主要是玉米、黃豆、小麥和燕麥）比較貴，所以常被補充較便宜的添加劑，以增加牛群的重量。著名的牛飼料添加劑有鋸木屑、水泥灰、雞糞和石油副產物。所有穀物中的毒素和其他物質，都集中在小公牛的脂肪和肌肉裡。其他添加劑，想到也同樣令人不愉快——從化製業來的動物碾碎的身體和內臟。這些動物產品，含有大量的濃縮毒素，還有脂肪、膽固醇和動物性蛋白質，它們可以幫助肉面增加大理石花紋的脂肪——這帶來好價錢。年輕的小公牛，不被允許活動，因為那樣會燃燒卡路里，使他們的肌肉變硬。畜牧業還發現，如果固定在動物的飼料中添加抗生素，他們長得會比較快，結果根據環保科學家協會（Union of Concerned Scientists）的資料，**全美國生產的抗生素，有百分之七十被餵給囚禁的食用動物吃**。抗生素也被用來對抗小公牛被囚禁的飼育場裡，因為環境擁擠而猖獗的傳染病和疾病。雖然想到小牛在溪中涉水捕魚很滑稽，但奇異的事實是，拖網漁業在大西洋和太平洋中造成整個漁獲量的劇減，其目的之一，竟然是將魚供應給牲畜飼育場。天性中不會捕魚吃的小牛現在吃魚長大！**這些魚含有脂肪、膽固醇，能非常有效地使飼育場中不幸的小公牛，不自然地發胖**。

飼育場的經營者都盡快將飼育場的小公牛送到屠宰場，讓他們的肉能給人類和其他關在「肥就殺」的恐怖營業場所內的草食動物吃。這些作業場所包圍並且汙染了整個地球。海洋、田野、草園、森林、高速公路、動物園、農場、馬戲團、實驗室、動物控制中心、寵物繁殖公司和學校等場所，都與化製場和屠宰場連結在一起，形成偌大一個暴力的連結網。在這些場所被控制、被傷害和殺死的動物，共同幫助小公牛變胖，變得在被殺的時候更有利潤。他們的肌肉是汙穢苦難的住所，可以用不同的方式詛咒我們。

小牛可能走的四條道路，都是虐待和早死的路。野生的牛很容易就活二、三十年，而這個行業殺從幾個月到幾歲大的小牛、小公牛和乳牛，真的是在殺嬰兒和小孩。就這一點而言，他們和那些囚禁並宰殺羊、豬、雞、火雞和魚的行業一樣：所有動物都被迫不自然的快速長大，然後年紀輕輕被殺。同樣地，在我們彼此發動的戰爭中，小孩最受苦而且也死得最多，並且還有比過去更多的小孩被迫去殺人。**動物食物文化鼓勵對女性，和對充滿給予生命和滋養力量的女性特質，採取控制和剝削，同時也控制和剝削充滿天真和成長力量的嬰兒和小孩。**

## 牛奶鬍面具

酪農業的廣告常出現主角喝牛奶喝出「牛奶鬍」的鏡頭，這個天真無邪有效的行銷工具，事實上是隱藏最病態最不人道的企業的面具。這些溫柔的素食母親和他們不幸的小孩，從出生到死亡都被控制，靠吃動物肉不自然地發胖，好讓人類靠奶製品和牛肉變胖。有人希望，至少乳牛巨大的犧牲，能提供人類一些有利益的東西。但是深層的正義是無法逃避的：我們殺害他們，就是殺害自己，奴役他們，就是奴役自己，讓他們生病，就是讓自己生病。

牛媽媽和其他哺乳類動物一樣，在他們的奶水中生產高含量的雌性激素。對任何年齡層的人類而言，攝取這麼大量的雌性激素都是不健康的。有一個明顯的結果是，它促使年輕女孩的身體在性方面不自然地早熟。現在少女的第一次月經來潮，不像在十九世紀中是

十七歲，而是十二歲半。這個情形在二次大戰後的日本尤其驚人地明顯，在奶製品被引進日本短短一兩代之間，少女平均初經的年齡從十五點二歲降到十二點五歲。根據研究學者凱莉・桑德斯（Kerrie Saunders）指出，「在非洲和中國村莊，這兩個還保留吃植物性飲食傳統的地方，女性青春期都從十七歲開始。」在我們文化裡，這種不自然提早少女初經的年齡，造成無法形容的苦惱，不必要的少女懷孕，墮胎的困擾和爭議，不自然的生理、心理和社會壓力，這些都是催促少女太早發育的結果，就像我們在酪農場，對年幼的母牛奴隸所做的事一樣。

婦女也喝奶製品，促使其他女性動物被剝削和死亡，他們自己同時也被男人看成肉和被使用的物件。非常諷刺地，如同乳牛被迫不自然的擁有廣大和腫脹的乳腺，為酪農場過度生產牛奶，它產生的食物在消費他們的女性身上，也製造了不自然的龐大乳腺，這個我們畜牧文化重視的特徵——乳房，迫使女人的地位在男人眼中如同物件。**互相關聯的乳品業和肉品業，使父權的畜牧心態永久存在，視動物和女人為「肉」，一個用來擠奶和吃，另一個用在性上面。**

另外還有其他的災難與人類消費牛奶有關。查爾斯・阿特伍德（Charles Attwood, M.D.）和科林・坎貝爾（T. Colin Campbell）寫道：

> 人類流行病學研究堅決地將動物性蛋白質的消費與各種癌症連在一起。在動物性蛋白質中，有強烈的證據顯示：牛奶中的主要蛋白質，酪蛋白，特別容易促成癌症的發展……牛奶和奶製品的其他問題是什麼呢？大部分小兒科過敏症專科醫師堅稱，他

> 們的病人超過半數以上，對牛奶中兩打以上的蛋白質，其中一種或數種過敏。他們的過敏症狀包括濕疹、氣喘、中耳炎、鼻竇炎、鼻炎、腸胃炎和過敏性結腸炎——這些症狀，占了就醫人數的百分之八十到九十的比例……

百分之八十到九十的就診百分比——難怪奶製品被西藥、媒體、銀行如此大力促銷，而植物性飲食則被勸阻。

牛奶中加熱殺菌後仍存在的病原體，數量非常龐大——每杯有五百萬種病原體，超過在處理過程未經汙染的穀類、蔬菜、水果、豆類和堅果，所負荷的病原體的兩百多倍。這些病原體對免疫系統是個威脅，還會讓人體增加得到一整系列疾病的風險，包括各種癌症，特別是乳癌和攝護腺癌。母牛的奶汁包含大量膿汁，這是不可避免的，因為母牛傷痕累累的乳房包含大量細菌，加熱殺菌也沒有用。美國《消費者》雜誌（*Consumer Reports*）購買和測試的一些加熱殺菌的牛奶樣品中，**每一杯包含了三千萬到七億的微生物！**這些病原體除了增加腸胃炎、鏈（鎖狀）球菌和各式各樣其他疾病的罹患率外，還造成蛀牙。用奶瓶喝牛奶入睡的嬰兒，牙齒可能部分或全部溶解。根據弗蘭克・歐斯基醫師（Frank Oski, M.D.）引用的研究報告，腹瀉、缺鐵性貧血、腸胃道出血、腎臟病、濕疹、支氣管炎、過敏、氣喘、花粉熱、風濕性關節炎、蕁麻疹、盤尼西林過敏、白血病、多發性硬化和蛀牙，以及糖尿病、肥胖、高脂肪和高膽固醇含量所造成的冠狀動脈硬化，都與吃奶製品有關。

**牛奶中的蛋白質，特別是酪蛋白，雖然對小牛是完美的，但對我們來說，太大，不容**

**易消化。**小牛體內有一種特別的酵素——凝乳酵素，在人類體內沒有，可以幫助凝固和分解酪蛋白。根據著名的營養研究者柯林‧坎貝爾指出，**「牛奶中的蛋白質，是人類接觸到的單一最嚴重的化學致癌物質。」**

此外，牛奶含有天然生長激素，促使小牛一歲以前就能長到幾百磅大。這種促進生長的物質被科學家命名為「類胰島素生長因子1」（IGF-1），與人類身上促進孩子生長的IGF-1，在分子上完全相同。我們在牛奶中接受到的額外的生長因子，使我們不自然長大，不只在高度上。我記得，在我小時候，生長在典型的大量奶製品的家庭中，我的牙齒對嘴巴來說，長得太大了，我的牙醫師一邊調整矯正他們的橡皮圈尺寸，一邊說：「哇！看你長了牛的牙齒！」

研究報告顯示，成人從奶製品飲食中取得的過量的IGF-1會增加癌症風險。因為身為成人，我們不再長大，血液中IGF-1的數量若是有，也很少，它主要用來促進新細胞生長。吃奶製品時，進入我們血液中的IGF-1會造成嚴重的結果。記住在我們身體裡上兆的細胞中，癌細胞總是不時地在這邊或那邊自然迸出。若有健康的免疫系統，這些細胞很容易被發現和毀滅。而從牛奶進入體內的IGF-1生長因子，像是汽油丟進火裡，突然在一個小而容易控制的癌細胞生長範圍中，刺激快速的細胞分裂。而免疫系統，因為奶製品中過量的病原體和毒素已經過度工作，很可能沒有辦法制服它。所以**奶製品中的IGF-1的確促成癌症——然而一些名人包括健康專家，還出現在昂貴的廣告活動中，誇示牛奶鬍，支持酪農業！**

## 蛋：對女性更多的控制

與奶製品相同，我們買雞蛋，我們是在教唆竊盜和暴力的行為，對受到恐怖虐待的女性下手，助長環境汙染，助長社會的病變和疾病。在雞蛋綜合農業裡，酪農業的原理同樣被運用，甚至更極端。有感情的女性被歸類，淪為生產上的貨幣單位，囚禁在難以想像的擁擠、壓力和汙穢的環境下；她們下的蛋立刻被偷，等到她們不能維持夠高水準的生產力時，就被殘忍宰殺。

雞蛋對人類來說，和其他動物食品一樣毒。第一，它是由動物性蛋白質、飽和脂肪和膽固醇組成，這三樣東西，如同我們前面談過的，都會堵塞血管、酸化血液和組織、損害免疫系統，並以種種方式給身體壓力。雞蛋事實上是超級市場裡能取得的濃度最高的膽固醇小包裝。第二，雞蛋集中有毒的殺蟲劑、化學物質、荷爾蒙和細菌殘渣。第三，研究以下雞蛋的生產方式以後就會明白，**吃雞蛋是在吃不幸的振動力**。

像其他身體被用來生產我們餐桌上食物的動物一樣，小雞僅僅被當做商品。個別小雞在下蛋的作業場內是如此廉價，如此容易替換，所以幾乎毫無價值。他們的一生都住在屋架式雞籠裡，狹小的鐵絲牢房，三十五公分到四十公分高，四十五公分到五十公分寬，每一個籠子裝四到八隻母雞，緊緊貼在一起，翅膀永遠無法伸展。牢籠的鐵絲磨掉了她們的羽毛，使她們赤裸裸地、到處受傷、沒有任何保護。她們的頭、翅膀或腿，可能被卡在鐵絲間，因此餓死，其他住在同個籠子中的母雞，必須忍受她腐爛的身體。她們的腳，痛苦地被鐵絲割傷，鐵絲有可能埋進肌肉，她們的腳就繞著這些鐵絲長大。屋架式雞籠堆疊

四五層高，上面住的禽類的糞便和尿液，澆在住下面的禽類的身上和頭上，最後落入一個發臭的廢水坑；有些小雞想逃離牢籠，結果掉下去，慢慢死在廢水坑。

如同酪農業，雞蛋工業也是建立在對女性完全的控制上，操縱女性的身體，以獲得最大的利益，完全不考慮其中牽涉的殘暴行為。**由於雞更小，比牛更不受到重視。為了追求便宜的雞蛋，雞更公然被殘忍對待。**女性小雞固定被剪喙，這是一個極度痛苦的手術，這個手術剪掉小雞大約一半以上的喙。滾熱的刀身割穿他們喙上最敏感的神經組織，造成非常強烈的痛苦，使小雞的心跳加快到每分鐘一百次以上，有些小雞甚至立刻死亡。對於那些活下來的小雞，這個程序會造成他們一生長期的痛苦，並且影響他們吃東西。男性的小雞是不需要的，所以工人大量殲滅他們，讓他們活活窒息，或把他們丟進大塑膠袋裡壓扁，或是活生生將他們丟進像碎木機一樣，有旋轉葉片的機器裡，把它們立刻變成雞飼料或肥料。無法再生產足量雞蛋的母雞，也被活生生丟進旋轉葉片的碎木機裡。

雞蛋工業承認，屋架式系統本身存在了大量的疾病和症狀：鐵絲雞籠造成痛苦的腳和腿的畸形以及斷掉和糾纏在一起的翅膀和腿；母雞不自然地被迫生產大量雞蛋，造成痛苦的子宮下垂和擴張；囚禁的下蛋者，不能活動，使骨頭組織喪失，造成骨質疏鬆症；不良的空氣、食物和有壓力的生活環境，造成脂肪肝和大頭症；充滿阿摩尼亞的空氣，造成胸部和眼睛的問題；同籠其他瘋狂母雞的啄食，造成瞎眼；母雞的輸卵管被感染沙門桿菌，然後透過雞蛋將沙門桿菌傳給消費者。所以這是既有的成規：幾乎百分之百的蛋場，都餵食抗生素給屋架式雞籠的母雞，以控制這些汙濁環境中猖獗的細菌性疾病。抗生素也被發現，可以促進雞蛋的產量，但對其他生物，包括人類在內，會產生其他問題，因為它會瓦解和殺死腸道內消化和排便所需的微生植物，因而使免疫系統變弱。**飼料中有毒的殺菌劑殘留物、抗生素殘留物、荷爾蒙、化學物質和病原體的細菌殘留物，都集中在母雞的脂肪和蛋上，使得消費他們非常不健康。**

數以萬計的小雞集中在雞蛋生產的棚架下，無法移動、無法築巢、無法建立社會次序或以任何方式表達他們自然的智慧和生存的目的。人造的照明系統，使他們幾乎一直處在黑暗當中，飼料和藥品的唯一用途是：降低成本和增加雞蛋的產量，這些從母雞的子宮掉出來的雞蛋，會滾進雞籠傾斜的底部，被運送皮帶迅速帶走。**在現代的小雞作業場，每隻雞每年要生產兩百五十多個蛋，比她在自然環境中多兩倍半以上。**在大自然中，每一隻母雞有她特別的巢，通常與公雞一起選擇適當的地方，產下珍貴的雞蛋。當她確實在她細心準備的巢中下蛋的這一刻，「對母雞來說顯然是充滿驕傲和滿足的。」請對照下述雞籠裡的雞下蛋的情形：

> 嚇壞了的屋架式母雞，開始非常驚慌，當她在裸露擁擠的鐵絲籠裡找不到適當的地方築巢，她顯然忘記了四周的環境，掙扎著對抗鐵籠，像是想要逃跑……
>
> 花一點時間，想像自己是一隻要下蛋的雞，你的家是擁擠的籠子，鐵絲地板讓你的腳受傷變形，沒有地方讓你能伸直腿或拍拍翅膀，你的四肢由於缺乏運動變得脆弱，你永遠無法獲得安靜，因為總是有一些不幸的室友會想活動一下，或另一隻雞要找你麻煩，而你無法閃躲——除了讓別人住在你的頭頂上；空氣中充滿了灰塵和飄飛

的羽毛，羽毛黏在籠子兩旁，籠子上布滿了上層同住者的糞便，這裡簡直無法呼吸，嗆人的阿摩尼亞臭味從籠子底下的糞便堆中傳來，瀰漫在空中，讓你到處都不舒服，儘管用來殺蒼蠅幼蟲的殺蟲劑噴灑在空氣中，布滿在食物上，蒼蠅還是多得難以忍受；食物永遠不是綠色和新鮮的，很少變化，而且嘗起來都是化學添加劑和讓你活命的藥物的味道。

最後，不管你的不幸和苦惱，不管數以萬計的小雞一起嘶喊他們的痛苦的折磨吵鬧聲，你還是下蛋，看著它滾下去不見蹤影。築巢、生育和（母雞）發出咯咯聲喚小雞的樂趣，完全不存在。下蛋變成是一種空虛、挫折、令人疲倦的例行公事。所有家庭、社會和自然的生活全部被摧毀。這些母雞不認得母親，也不認得小孩，不認得伴侶，也不認得地球或太陽。她們生在孵卵所、被去喙、判刑、做為生產雞蛋的籠中奴隸。

數以萬計雞蛋作業場的母雞，在結束下蛋循環後，不是被毒氣毒死，就是被殺，他們受盡折磨的身體，沒剩多少肉，不值得煩勞送去屠宰場，他們可能會被宰殺做雞湯或是寵物食品。不過通常母雞會被強迫脫毛一兩次，衝擊他們的身體，開始另一個循環的下蛋。他們被停止食物和水，餵食一種混和的藥物，包含荷爾蒙，這種強迫性的飢餓會持續一兩週，通常許多雞就在過程中餓死。活下來的雞，被迫脫毛一兩次，經過一兩次下蛋的循環以後，也很快就被宰殺做成雞湯。這些雞從雞籠裡，被粗魯拉出來，丟進卡車，讓位給另一批母雞奴隸。**在這個宇宙間，我們可能找不到比美國工業化的蛋場更糟**

**的地獄。**

在所謂自由放養的雞蛋作業場的母雞，和一般蛋場的雞一樣，通常都會被去喙，男性一生下來，就被殘忍宰殺。雞仍然如同物件一般被處理，等到不再能賺錢，就被殘酷的宰殺。「自由放養」這個措詞，很令人驚訝，一點法律上的意義都沒有，因為沒有任何規範限制一隻自由放養的母雞應該享有多大的空間，所以雖然他們不像屋架式雞被囚禁得那麼厲害，但通常他們還是被擠在一個巨大不見天日充滿臭氣的棚子下。

## 關聯的網

**母牛和母雞被無情控制，提供對他們的小孩、社會和物種，最重要和健康的食品，但若這些東西給人類消費，卻造成疾病、汙染、飢荒和痛苦。**我們偷他們的奶和蛋、殺害他們的小孩，我們也為自己造就了同樣的情況。母牛和人類母親的命運，小牛和人類嬰兒的命運，最後是平行運作的。假如我們讓這些財團法人偷竊、使用和殺害母牛和母雞的嬰兒，這件事也會發生在我們的嬰兒身上，事實上它已經發生了。

消費乳製品和雞蛋，對個人健康造成負面影響，連帶也造成世界生態系統和我們文化的負面結果。每一件事情都有關聯，都與消費乳製品和雞蛋有關：過敏、皮膚病、癌症、心臟病、中風、糖尿病，以及各式各樣的病痛；醫藥工業用來對抗這些不必要的病痛所行銷的大批藥品和各式各樣手術（所有這一切，都是汙染和無力感的主要來源）；**畜牧業、**

**化工業、西藥業和銀行業，靠控制女性動物，累積的巨大利益；而這些巨大利益，促成社會的不平等和不公正，**帶來精英主義和更多的衝突；農業溢流對人類的健康和環境造成的影響：汙染水源、殺死魚群、導致人類癌症、造成赤潮、引起呼吸道疾病；日益高漲的石油需求量及絕望引起戰爭，而戰爭奪走生命；窮人之所以絕望，是因為美國銀行在第三世界資助富有的畜牧業的製奶和製蛋場，奪走水權，使窮人必須長年面對饑渴和汙染的水源……這林林總總，都和消費乳製品和蛋有關聯。

這個環繞奶製品和雞蛋的關聯網，非常廣大，包含所有生命。我們食用其他物種的奶和蛋，我們同時也吃下父權心態的暴力。假如深入觀察，會發現這種心態也衍生了我們日常生活中的暴力。我們若是渴望慈悲、自由、歡樂，渴望有一個更開悟的社會，這個社會能支持和平，尊重地球和所有神聖的生命，難道我們應該做這些暴力行為的代理人嗎？當我們了解：**文化誘導我們吃奶、蛋的慾望，必然會對脆弱的母親造成殘酷虐待，當我們能夠辨識兩者間的關聯性，我們的智慧和仁慈便受到了滋養，自然會做新的選擇。**現在有許多產品可以取代由動物得來的奶製品和雞蛋，愈來愈多人能夠辨識這些關聯性，這些取代產品會變得愈來愈便利。

## 甦醒的「索菲亞」

要控制他人，首先必須要與他們切斷關係，同時也與我們自己的某些部分切斷關係。

我們剝削乳牛和母雞，控制他們，不只取他們的肉、皮、骨和身體的其他部分，還特別剝削她們的子宮和乳房。我們這樣不人道地褻瀆女性特質最親密地給予生命的功能——生育和溫柔地養育新生命，這對我們自己造成的傷害，可能和對母牛造成的傷害一樣深，雖然我們的傷口可能不是那麼明顯。許多靈性導師都指出，我們傷害他人時，我們傷害自己更深。**殺手和掠奪者的狠心，對他們自己本身就是一種嚴重的懲罰，因為那種行為使他們對生命的美麗和神聖，喪失了敏感的知覺。**這種損失，有可能不易察覺，但其生命本身，會充滿武裝、暴力和競爭的品質，這些品質變成一種孤獨、暗藏恐懼的掙扎和痛苦，這些掙扎和痛苦，再去破壞他們與別人的關係。

我們在製奶場殘酷剝削母牛和她們的嬰兒，我們等於傷害了自己內邊和自然裡神聖的女性特質，這等於是打擊我們生命的本質——我們滋養生命和保護弱者的意識。這真的是撒下非常恐怖的種子，因為我們所有人內心裡的女性特質，是慈愛、接受、關懷以及我們滋養和保護的本能的發展基礎。摧毀我們內在的女性特質，我們的文化變得冷酷、孤立、競爭、侵略和以自我為中心。很諷刺，我們自己也變成了商品，被自己創造的系統控制和奴役，但是自己不了解，因為已被教導不去了解這些事物的關聯性。我們把母親的哭聲隔絕於外，任隨操作軍事死亡機器的男孩，開槍射殺或用炸彈炸死她的嬰兒。如果我們不在意這些母親的哭聲，誰會傾聽和留意我們的哭聲呢？

解放和尊重女性特質，可能是當前我們文化進化，邁向和平、永續和靈性成熟最迫切的任務。女性特質，跨越各種文化，主要與滋養、接受、溝通、直覺、和促進新生命有關。在畜牧文化裡，這些品質不受到尊重，因為**畜養動物的工作，需要男人心狠手辣，強**

**調他們與動物、自然、和女性給予生命的過程是分開的，他們凌駕一切之上。這導致父權心態的產生，**父權心態主要與支配、控制、分離、理性分析、商品化、戰爭和謀殺有關。他們對人類事務的至理名言，主要依據對動物的畜養態度：強權就是公理。不過女性特質仍然存在，我們仍然渴望和鍾愛它，我們內心深處明白，它是我們本性裡最重要的一面。

對神聖的女性品質的尊敬，可以追朔至數千年前畜牧文化尚未興起前，雖然古代的女神，斷然地被傳統西方宗教和科學認識的男性神祇——上帝／耶和華與理性所取代，但我們仍然記得她。這位三位一體的第三人是女性，希臘名字叫聖靈，聖索菲亞（Hagia Sophia）或稱神聖智慧，她後來消失是因為三位一體被譯成拉丁文時，變成男性的聖神（Spiritus Sanctus）。基督教神性的三個層面全部變為男性，嚴重損害婦女、動物、大自然和我們文化的靈性深度。隨著動物商品化的必備條件——統治和男性暴力，繼續傳播和加強，神聖智慧索菲亞的喪失是不可避免的。然而索菲亞雖然被壓制，並未死亡，她仍然活著，喬裝成馬利亞（Mary）、碧翠絲（Beatrice）和聖靈（Paraclete）——這是另一個聖靈的措詞，在希臘文的意思為「慰安者」。她的另一個形式是仙女教母有彈性的典型，象徵在有形與無形世界間居間調停的仁慈的女性手腕。哲學Philo-Sophia原來的字面意義是「愛智慧」，原本意指對索菲亞「直覺智」的追求，在靈性上是解放的、意義深遠的。**隨著女性特質和直覺被矮化和輕視，西方哲學喪失了許多深度的內涵，最後變成科學膚淺的幫凶。**

索菲亞的象徵意義是杯子、聖杯、聖餐杯，不像傳統男性神祇象徵——劍、矛、刀、或雷電，她是非暴力，沒有威脅性的。她保有、滋養、充滿、混合、連接、生育。大鍋和碗代表女性的接受能力，那是直覺智慧和靈性成熟的基礎。索菲亞的杯子最後變成了一個重要的故事——聖杯故事的中心意象。在這個故事裡，帶劍的武士們，徒勞無功的尋找遺失的聖杯，在深層的意義上，我們知道，這裡遺失的其實是追求智慧的「女性方法」。**男性不平衡的放縱的簡化論方法，愈是壓抑女性特質，愈是棄絕連接、滋養和給予生命的智慧，愈帶來戰爭、疾病和邪惡。**

在神話、神仙故事、詩、戲劇、藝術和其他深刻的文化創作，到處可以看到這種對失落的女性特質的悲歎，從奧德賽（Odysseus）、俄瑞斯忒斯（Orestes）、安蒂岡妮（Antigone）、羅摩耶那（Ramayana），到浮士德（Faust）、加拉哈德（Galahad）、李爾王（Lear）、帕西法爾（Parsifal），到現代的史詩電影如星際大戰（Star Wars）和魔戒（the Lord of the Rings）。真我，或說住在我們裡面光亮的基督本性，被壓抑、遺失，被假我所取代，這個假我的角色，或者稱之為「面具」，是不安的、分裂的、驕傲的、自認為孤獨、必須主宰和控制一切的。在童話中，表達這種失落感的方式是，透過典型的故事，描述一位不法的統治者，僭越王位，使整個國家、人民陷入戰爭、貧窮和毀滅當中。有時我們會看到這種神話裡的典型人物，非常驚人地衝進現實的世界舞台，他們做票、操縱選舉、造成政權的禍害，借著散播戰爭，加強壓迫和暴力的畜牧者心態，並且為了優勢族群的利益，不惜犧牲窮人、動物、生態系統和未來子孫。

在更深一層的象徵意義上，面具和僭越者，不只代表了受到蒙騙、縱容的自我，並且也代表了本土畜牧文化；本土文化不但繼續擴張和征服較不具侵略性的文化，並且還大力推行它的統治者心態及核心習俗——把動物商品化並吃他們。這個僭越者今天還繼續存在，它侵害婦女、動物和弱者，企圖將控制權集中在少數優勢分子手裡，它從隱藏在大眾日常飲食的暴力中獲取利益。消費和謀殺，變成特徵活動，靠我們切斷關聯和壓抑女性特質的罪惡感來維持。**生命原本是他自己的主人，被迫淪為僅僅是物件。人和動物最後都變成了「東西」**。獵人、漁夫、畜牧者看待動物的方式，開發公司看待自然的方式，一般男人被教導看待女人的方式，和一般女人了解自己被男人看待的方式，都是這整個過程的一部分。

這當中，巨大的痛苦是不可避免的，它汙染關係，並且破壞了我們靈性的敏感度。這種靈性的敏感度，原本可以幫助我們超越物質主義和「我—它」二元論，看清所有生命一直都呈現的神聖主題。**我們個人或文化是否有能力痊癒、改造、進化，超越舊有骯髒的心態，與我們食物選擇的關係最密切，比其他都密切**。一邊為世界和平打坐，祈禱更好的世界，從事社會正義和環境保護工作，一邊還繼續購買受到恐怖虐待的動物的肉、奶、蛋，暴露出一種根本地失聯關係，這使我們的努力顯得很荒謬、虛偽、註定某種程度的失敗。

我們聽見內在智慧的呼喚，要我們醒過來，重新尊重女性特質。若是仍然為了自己的樂趣，囚禁、強暴、虐待和殺害數以百萬計的母親，繼續屈服於社會的壓力和教化，我們能夠成功回應這個呼喚嗎？這種內在的女性特質，是我們的直覺、敏感，我們感受事情和生命緊密關聯的能力。它是和平、睿智、喜悅、智慧、創意和靈性覺醒最重要的部分。隨著每一隻嬰兒小牛從母親身邊被偷走和殺死；隨著每一加侖的牛奶，從被奴役的心碎的母親身上偷走；隨著每一次強暴的精子棒插入；隨著每一顆雞蛋從無助、發狂的母雞身邊被偷走；隨著每一隻嬰兒小雞被殺或終身被鎖在地獄般噩夢的籠子裡，我們殺死了我們自己內邊神聖的女性特質。工業畜牧集團以鐵腕控制女性，我們若訂購或採買他們的產品，我們就扼殺了成熟的機會，放棄了更高等的理解力、敏感度和同情心。我們所追求的一切，一直會是諷刺。

我們的幸福，完全依靠別人的幸福。我們解放、鼓勵別人，我們自己也被解放和鼓勵。我們不可能切斷自己與所有生命的關聯，但我可以忽略和違背它，種下悲劇和痛苦的種子。不論宗教信仰是什麼，**我們吃為我們準備的食物，尊重自己在自然界的位置，會種下富足、愛和自由的種子**。我們對和平的禱告會有結果。

要成就人類從家庭到國際的戰場的和平，必須靠我們以仁慈和尊敬的態度對待彼此。這是可能做到的，首先我們必須對那些在我們手中、不會報復我們的生命表達尊敬和仁慈。假如我們真誠追求人類的和平、自由和尊嚴，我們毫無選擇應當同樣提供這些和平、自由和尊嚴給我們的鄰居——地球上的動物。培養清醒的意識，可以幫助我們超越「動物僅僅是食物」的強加概念。如此做，我們將看到必然導致毀滅的消費主義、色情主義和分離主義，都蒸發消失了。當控制和排斥的心態退去，我們將能夠治癒性別、種族和階級的紛爭。

第8章

# 食物的隱喻

「沒有一件事比喚醒裝睡的人還難。」

——德斯蒙德・杜圖主教（Bishop Desmond Tutu）

「所有生命在暴力前都顫抖。所有人都懼怕死亡。所有人都喜愛生命。在別人身上看到自己。那你還會傷害誰呢？還會做出什麼傷害的事？」

——佛陀

「每一個人，遲早，都要坐在結果的宴席前。」

——羅伯特・路易斯・史蒂文森（Robert Louis Stevenson）

## 吃下振動力

動物食品集中了實質的和形而上的毒素。動物身上實質的毒素包括反式脂肪、病毒、殺蟲劑、藥物、荷爾蒙殘留物，這些物質除了傷害我們身體的健康，同時也困擾我們的心理和情緒。心情浮動、易怒、注意力不集中，都是藥物和化學品眾所皆知的副作用。影響心理或精神的物質力量有許多文件可以佐證。我們重新發現畢達哥拉斯告訴我們的事實——吃動物食品對我們的意識所造成的負面影響；這種生化機制的一個顯著的例子是性荷爾蒙睪丸素。意識理論家肯恩・威爾伯（Ken Wilber）寫道：

> 有關睪丸素的研究——在實驗室裡，各種文化、胚胎上或甚至女性，因為醫療上的原因必須注射睪丸素所發生的事，都說明了一個非常簡單的結論。我不想這麼粗魯，不過睪丸素顯然有兩種衝動，只有兩種：與它性交，或殺了它。
>
> 男性幾乎從第一天開始就必負擔這種生物上的惡夢，這是女性幾乎無法想像的（除非她們曾經因為醫療目的注射睪丸素有被逼瘋的經驗。正如一位女士所言：「我沒有辦法不想性，拜託，你能不能讓我停下來？」）

研究報告一再顯示，高量的睪丸素與侵略、毀滅的行為、缺乏耐心、易怒有關。另外，現在大家都了解，**高動物性脂肪和低植物纖維的飲食，容易使性荷爾蒙像是睪丸素，停留和集中在身體裡。蔬菜、穀物和其他植物性飲食的纖維，可以束縛這些循環的荷爾蒙**，透過SHBG（性激素結合球蛋白），「隨時檢查他們」，這種性激素結合球蛋白，可以隨植物性飲食的攝取而增加。尼爾・伯納醫師（Neil Barnard）寫道：

「麻塞諸塞州男性老化研究」是一個正在波斯頓地區進行的大規模研究，研究

者發現血液中含有較多SHBG（性激素結合球蛋白）的男人，比較不跋扈、不具侵略性。也就是說良好的飲食，可以讓你成為一個比較容易相處的伴侶。

研究報告也顯示，因飲食中缺少蔬菜、水果、穀物和豆類而營養不良的小孩，長大以後，比較容易有暴力和反社會行為的傾向。

除了身體層次的生化機制，還有形而上的力量，雖然被忽視，卻一直在運作。形而上的毒素——例如，滲透在食物中高密度的恐懼、憂鬱、挫折和絕望的振動力——雖然看不見，雖然傳統的科學完全不承認，但他們可能比物質上的毒素更困擾我們，因為他們影響的是感情和意識的層次，這是比我們物質的身體更重要的自我空間。

我們購買或點選動物食品，直接造成了痛苦，撒下絕望和殘暴的種子。若是認為這些種子可以很容易在空氣中消失，這種想法可能太天真了。我們使那些有感情的生命，身心受到不可想像的折磨，他們的恐懼、痛苦、挫折會成為非常強大的力量，在許多方面影響我們這些造成他們痛苦的人。**用那些嚇壞了的動物的肉和分泌物來滋養我們思考和感覺的細胞，我們吸收了恐怖、疾病和暴力的振動力**，不論我們怎麼用修辭學或轉移注意力的方式來掩飾它，都無法避免這個後果。

物理學家開始窺見了神祕主義大師和聖人許多世紀以來所指出的真理，我們透過感官看到的世界，是一個振動的現象。在某一個範圍內振動的能量，變成我們可以察覺的「物質」超過那個範圍的振動力，我們的感官不一定能察覺，但仍然存在。例如站在黑暗、安靜的房間裡，我們可能看不見或聽不見任何東西，但如果我們轉開電視機或收音機，我們會突然意識到，房間裡有音樂、對話、廣告和電視和我們在一起。我們沒有察覺，是因為我們沒有設備接收它。同樣的，我們可能注視一個蛋，只看到物質的東西，但是如果我們具有必要的直覺設備，我們會比較清楚這個蛋是一個振動的個體。雖然我們的心被擋住了，無法看見、感覺、了解蛋是個振動的能量系統，但我們的身體也是一個振動的系統，它本質的振動層面會受到影響。**我們的身體了解它吃的是什麼振動力，正如同我們的心超越有意識的知覺，在更深的層次上也了解一樣。**

我們可能都有經驗，身處一個實際上很美的地方，但因為我們生氣、忌妒或害怕，或是和我們在一起的人如此感受，讓我們無法欣賞這種實體上的美麗。反過來也一樣。歡樂、高貴、仁慈、高等的能量和純淨的振動力，能夠將任何物質的環境，變成天堂。而恐懼和憤怒，可以使任何天堂（例如，我們的地球）變成地獄或是集中營。我們沒有能力充分辨識、欣賞和保護我們地球無限壯觀的美麗，是因為我們的內在對於振動能量的頻率失去了敏感度，由於我們麻木不仁，才能在啃熱狗和起司堡時，不會發出尖叫或哭泣。

我們的身體，在振動頻率的層次上，了解並回應——環境、情況的振動力，關係的振動力，感情的振動力，尤其是我們吃的東西的振動力。許多世代以來，我們都知道，生氣或困擾的母親的奶水會讓她的嬰兒生病。雖然大部分的科學家對現象的研究一直局限於物質主義的解釋，但是，例如現代物理學已經顯示物質是能量，而「意識」是最基本的，遠比「能量—物質」更基本。

不確定性原理（uncertainty principle）和觀察者效用（observer effect），這兩個量

子力學的基礎，都暗示「能量—物質」的外表與意識無法分開，而且受到意識的約制。這個宇宙基本上不是物質的，而是覺知和意識產生的現象，例如，諾貝爾獎得主、量子理論之父馬克士・普朗克（Max Plank）寫道：「所有物質靠著一種力量產生和存在……我們必須假設這個力量的後面存在意識和智慧的心。這個心是所有物質的矩陣。」

這表面上的三樣東西——意識、能量、物質，最後慢慢地被認出它們原本的樣子：一個統一體。意識和「能量—物質」，以非常深奧和神祕的方式互相約制、互相滲透、互相依賴。意識是最主要、最基本的，「能量—物質」最終是意識的顯現。例如，意識是最後的治療者，各式各樣廣泛的醫療方式，都只能被看成是安慰劑，如同安德魯・威爾（Andrew Weil）在《健康和治療》（*Health and Healing*）一書中詳細解釋的：「因為他們能做到的程度，是心相信的程度，從巫醫草藥、針灸、外科手術到西藥，都一樣。」有些靈性的醫療型式了解這個最基本的道理，然而我們文化的現有體制，仍然反映我們充滿物質主義和簡化論偏見的基本心態。因為我們從小就在日常餐飲中，不斷練習，障礙我們的知覺和感性，降低了我們的敏感度。

**若對能量和振動力變得警覺，我們可以直接看清意識和物質的關係。**我們在物質層次的生活，是我們的思想和感情——我們意識的投影。有一些具直覺力的人類和許多非人類的動物，對細微的能量訊息比我們大部分人敏感。他們天生的智慧能感覺到環境和個人能量的振動力，他們可以直接知道，造成某種情況、或是展現成群體或個人背後的意識力量。例如觀察者很驚訝地看見黑斑羚和獅子在非常靠近的地方休息，進而好奇黑斑羚怎麼能夠固定地感覺到何時獅子是危險的，何時他們是飽足的。大家都知道，具有直覺能力的人類，以及貓、狗、豬和許多其他動物，對於他們在人身上感受到的感情和意圖的振動力是非常敏感的，他們可以接觸到我們大部分人都沒有注意到的訊息。

假如再看一眼我們購買和食用的雞蛋、培根、起司，我們會很清楚了解，它是一個活生生的、殘酷、暴力、奴役、恐懼和絕望的振動力的化身。**動物受折磨的意識，和那些虐待有情生命，利用他們賺錢的人的冷酷意識，混和在一起，創造了一種在最深層次裡有毒的「食物」**。它在我們身體、心理、感情、靈性和社交的各個生命層面，造成混亂和疾病。假如我們能以開悟、看穿物質表象的眼睛注視雞蛋、奶製品和加工的肉品，我們只要一想到它曾造成的痛苦，就會害怕和恐懼，更何況實際把它當成食物給我們心愛的人或自己吃。

許多文化都知道，以愛心和關懷仔細準備的食物，比在冷漠、或是更糟的如生氣和憤怒的心情下準備的食物健康。由於這個理由，在許多禪宗寺廟，只有年長和資深的打坐和尚，允許在寺廟的廚房準備食物。在印度，許多世紀以來，母親被鼓勵以愛心、平靜和禪定的心情來烹飪，這樣他們為孩子準備的食物，對孩子才有營養，不只滋養他們的身體，還滋養他們的感情和靈性。他們相信是食物中宇宙的能量或生命力（prana）給予我們能量。準備食物的人的振動磁場，也是一種生命力的型式，可以增加或減少食物健康的振動力。許多的文化和宗教都認為，食物是能量和意識最親密的載運工具。當我們以愛心、專心和感恩的心準備食物時，這些振動力可以祝福和支持那些幸運的食物享用者。

另外有許多人也認同，我們以感恩和專心的態度享用食物，會比我們在分心、匆

忙和焦躁的心情下吃東西，得到更多營養。例如，佛教禪宗老師一行禪師（Thich Nhat Hanh）在其著作《橘子禪》（*Peace is Every Step*）中寫道：「在吃以前，沉思我們的食物幾秒鐘，然後再專心吃，可以帶給我們許多快樂。」修道士和瑜珈的傳統很久以前就了解，像打坐一般，完全處在吃的當下這一刻，沉思食物的來源，並且感謝它，專心、虔誠地吃它，對我們非常有益。我們對食物完全開放自己的這種吃的方式，被認為可以增加食物的能量和營養價值。

吃是一種連接的行為。**即使單獨一個人吃，我們也不是一個人。我們吃食物，讓我們連接了大自然和宇宙的節奏、力量和富足，連接了那些培育和收集我們吃的食物的人的存在。**當我們咀嚼和消化食物，原野、森林、海洋、河川、野生動物、農夫和雜貨商，都與我們連接在一起，變成我們的一部分。在咀嚼和消化食物時想到的人，也變成我們的一部分。在各種文化裡，飲食都是凝聚社會和聯絡感情的活動。當我們一個家庭或一個團體聚餐時，特別是對食物及相聚帶著感恩的態度，我們可以加強彼此間的了解和愛的凝聚力。

假如我們消費動物性食物，所有這些能量和意識的元素，會被我們吃的食物中存在的暴力和恐懼的振動力減弱。一行禪師很坦白地說：

> 吃一個雞蛋或一隻小雞，我們知道，這個蛋或雞也包含了許多憤怒。我們吃下憤怒，因此表達憤怒……所以要注意，小心你吃的東西。如果你吃下憤怒，你就會變得憤怒，表現憤怒。假如你吃下絕望，你就會表現絕望。假如你吃下挫折，你就會表現挫折。

由於動物性食物中有如此明顯和壓倒性的暴力、恐懼、絕望的強烈振動力，準備食物時我們可能不會很用心，而是機械化和很快地準備，以免喚醒了我們自然的敏感度。吃這些食物也比較容易以不關心的方式來吃。為了假裝忘記盤子裡明顯的恐怖，我們吃得很快，讓自己很忙，不專心。速食和工業化飲食，顯然是長時間吃動物性食品可以理解的結果。我們文化侵略性的忙碌和向外看的擴張者心態，不論在過去或現在，都出自於我們的良心不安——我們如何對待我們吃的動物和如何對他們的痛苦狠心不顧。

食物和其他表面上物質的東西一樣是能量和振動力，是意識的顯現。雖然用心準備食物和分享食物很重要，但我們知道，深入觀察食物真正的來源，比這些事更重要。當我們購買食物時，我們所慫恿的暴力和奴役行為，無可避免地會將暴力和奴役的意識，深植在我們精神心理的本質中，使我們的感覺變得遲鈍，很難專心和感恩地準備食物和吃食物。物質、能量和意識是分不開的。**不可避免地化身在動物食品中的殘酷，是非常強烈和看不見的毒素，不只損害我們身體的健康，也損害我們感情和靈性的健康。**

## 用天使的眼睛看世界

動物食品毒害我們和我們的世界，還有其他原因。正如我們必須使自己冷酷和麻木，來生產他們和吃他們，我們的文化必須生產某些冷酷的人去操縱和殺害這些不幸的動物。

當我們把「在某些人身上培養冷酷和無惻隱之心」當成目標，我們大家都受到了傷害。當我們一起合謀，假裝不知道造成痛苦，我們使得我們的小孩和所有人民的同情心、智慧和創意都死去了。

我們在馬戲團、競技場、賽馬場、動物園和其他囚禁動物、供我們娛樂的地方，抹去了我們的同情心。在這些地方，大部分的暴力和殘酷是避開眾人耳目的。**假如我們深入思考，然後教育自己，無論如何，存在在這些地方的暴力會變得很明顯。**例如，要讓那些沒有受到馴服的動物像是大象、猴子、老虎、海豚、海豹和鯨魚玩一些把戲或工作，唯一的辦法，就是透過鞭打和電擊，使他們害怕，並且或是讓他們沒有東西吃。動物園的訓練者被教導，使用頂端有尖鐵鉤的棒子，鞭打大象、控制他們。熊會跳舞是因為他們在嬰兒時，在他們的「訓練者」彈奏音樂時，他們被迫待在滾燙的鐵板上。海豚表演把戲是因為不這樣做，他們會受到飢餓的懲罰。動物園囚禁無辜的動物，買賣他們以增加收入，動物「嬰兒」的數量到目前為止是最賺錢的賣點，老年動物最後的下場，通常是在「圍欄狩獵場」像戰利品一樣被參加遊戲的人近距離射殺。

當我們用動物來做衣服、家具、珠寶和其他產品，我們使自己的敏感變遲鈍，關閉了我們的知覺，不去感受提供這些東西給我們的生命所遭受的恐懼和折磨。我們在科學研究和教育場所中，扼殺了我們的同理心，**在那裡，我們告訴彼此，非人類的動物受苦，沒有什麼大不了。**這一切可能從學校母雞孵蛋的計畫開始，進一步到生物實驗室裡的青蛙解剖，最後，數百萬的動物被軍事、工業、科學和教育機構的研究者折磨。

**支持這些文化中的麻木行為，當然，就是我們的飲食，我們最根本的社會活動。**創造這些飲食，我們必須更麻木地去選擇和採買動物食品。每次決定購買動物的蛋、體液或肉時，我們就是在切斷消費者和被消費者的關聯。掏出皮夾付錢買動物的肉或分泌物的那一刻，我們就直接煽動了暴力、恐懼、奴役、死亡和助長有毒汙染物的傳播。在那一刻，種子就被確實地撒下。我們是黑手黨的老大，付錢給殺手謀殺，縱使沒有自己操刀，我們的白襯衫仍然被沾汙了。

假如我們能以「直覺已經覺醒了的天使」的眼睛看世界，看能量的振動力而非物質的型式，我們會了解，**地球上的戰爭和暴力，是從許多地點形成的一個龐大的綜合體產生出來的**，這些地點是意識死去的地方——無數的廚房和餐廳、客棧、旅館、飯館、休閒度假場所、自助餐廳、軍工廠餐廳、速食販賣點、超級市場、商店、肉店、賣場、冰淇淋攤、點心吧檯、船、營地、賽馬場、野餐區、馬戲團、會議中心、市集、學校、體育場、教堂、賭場、監獄、軍事基地、護理之家、護理學校、醫院、動物園、精神病院，所有動物被銷售、準備和吃的地方。在我們的文化裡，幾乎每一個家庭、購物廣場、公共團體，同情心都死去了，真理也被忽視。直到我們能真正看清楚他們是什麼之前，這些無法逃避的力量，會繼續在每一個顯然沒有想到的惠顧者身上，孳生否定和暴力。我們看不清楚這些事，而以為自己的生活很明智、人道、榮耀和仁慈，這只顯得我們是多麼盲目。

我們的直覺天使看著我們的世界，在各個我們建立的城市和鄉間，不只看見那些數百萬又數百萬麻木不仁的犯罪地點，還可以看見許多的中心，悸動著、放射出害怕、暴力、恐怖和挫折的氣氛——數以萬計的養殖場、屠宰場、牲畜圍欄、飼育所、水產養殖場和魚場，每年在這些地方有數不清的動物被奴役、折磨和殘害。

這些作業場規模很大，殺害數以萬計或數以十萬計的動物，通常他們都避開大眾的耳目。巨大的漂流死亡船，遠在海上工作。動物加工場都在鄉下故意遠離主要道路及人口密集的地點，並且用圍籬圍住，不讓一般大眾進入。他們的名稱模糊而且委婉，像是有一次我在遠離高速公路的地方，所看見的一個不祥的大建築物的招牌「北卡羅來納州蛋白質產品」。但對於我們的直覺天使來說，他們一點都不是隱藏的，而是巨大地樹立著，高聳在地面上，強烈、如雷貫耳的痛苦聲浪，從牆內高高翻騰而出，變成憂鬱、恐懼、驚慌和絕望攪動的振動磁場。它散發出來的虐待、控制和奴役的思想型式，燻黑了天空，散播在附近的社區裡，汙染了能量和意識的磁場，這些磁場連接了我們大家，動物和人類都一樣。這種大規模、不間斷地負面能量，數百萬又數百萬的敏感的個體，為了我們被牽制的慾望，**毫無必要地被囚禁和屠殺，他們的絕望和痛苦，可能是人類製造的最大的汙染**。他們的影響力，盪漾貫穿整個龐大、精密的思想、能量和意識的網，這個網形成我們人類彼此間的關係，與動物和自然的關係，與我們的小孩，夢想和願望的關係。

許多人都了解，動物兄弟姊妹的痛苦，汙染地球振動磁場的悲劇暗示，例如托爾斯泰所寫的，只要我們還有屠宰場，我們就有戰場。根據諾貝爾獎得主小說家以撒辛格（Isaac Bashevis Singer）寫的，「只要大家還讓無辜的生命流血，人與人之間就沒有和平、自由和和諧，屠殺和正義不能住在一起。」查理士・費爾摩（Charles Fillmore），坎薩斯市實踐基督教合一教派（the Unity School of Practical Christianity in Kansas

City）的共同創始人，在一九〇三年寫道：

> 許多年前，在舊金山市，許多人吃了從某一家店買的肉，都病得很厲害。醫生檢查發現源頭是某隻小公牛的屍體。原先以為是這隻小公牛有病造成的，再進一步檢查，發現這個結論是錯誤的——這隻動物非常的健康而且有活力——事實上他太有活力，力氣太大了，從開始要殺他，他奮力抵抗了一個多鐘頭。當屠夫要殺他時，他處在恐懼和憤怒的瘋狂狀態下，眼睛充血，口吐白沫。醫生判斷是這隻小公牛的憤怒和恐懼，讓他的肉變得有毒，有點類似生氣的母親的奶汁，大家都知道，會讓嬰兒生病的情形一樣。
>
> 這個例子是比較誇張的情況，但它以比較溫和的形式存在於市場做為我們食品的動物的肉上。在他們被殺以前，這些可憐的畜生，被各種無法一一列舉的方式虐待。假如你想要這些農場裡的可憐的動物受苦的證據，可以拜訪運輸的畜欄、牲畜火車、牲畜圍欄和肉類食品包裝工廠。這些極端的痛苦，透過同情的心理振動力法則，傳輸到吃這些動物身體的人的肌肉裡。莫名的恐懼、噩夢的恐怖和許多人遭受的腸胃困擾，就一定程度而言，都可以追溯到這些沒有被料到的源頭。

費爾莫在一百年前寫這樣的東西，似乎有點奇特，當時我們可以確實地將肉追溯到某一隻動物。《速食共和國》（*Fast Food Nation*）的作者埃瑞克・施洛塞爾（Eric Schlosser）說，一個漢堡裡有好幾打不同動物的肉，來自半球的各個地方。**由於工業化**

**的養殖場，實施密集的囚禁、異乎尋常的藥物操縱和極度痛苦的截肢，今日動物所必須承受的痛苦，一定也比以前大很多。**我們謹慎地談論動物食品中的膽固醇和人造荷爾蒙的殘留物，但對於我們吃下去的純粹的不幸和它有毒的結果，卻從未嚴肅地考慮過。我們被我們文化的物質主義蒙蔽了，這是我們飲食習慣的自然結果。

一九一〇年費爾摩爾闡述了他較早的想法，寫道：

> 每一隻動物都為他的生命奮鬥。動物殘忍地被迫擠進擁擠的畜欄和車廂，最後在最恐怖的環境中被剝奪生命，那麼他的心理狀況如何呢？除了他的意識被暴力的恐怖振動力充滿，這些振動力作用和反映在動物生命的各個層面上，還會有其他結果嗎？你認為你吃的東西是物質的東西，稱為肉，但事實上沒有真正這種東西。肉對於你外在的感官，似乎是一塊死的、沒有生氣的東西。但是如果你的靈魂之眼能打開，你會看見意識流，散布在每一個組成動物身體的原子上；而這些原子彼此互相作用和反作用，狂烈而困惑，就像這隻動物一樣。你把不安的因素，帶進身體的殿堂，你很難獲得和諧。

即使試著慢慢地、用心地料理和吃動物食物，但是當我們了解在料理和吃的東西的真相以及我們對它的思想時，會困擾我們對其他生命自然的同情心。我們褻瀆動物，我們創造了褻瀆我們自己的能量磁場，阻擋了我們在地球上的目的——展現智慧、愛和了解。**我們變成了醜陋和死亡的代理人，為巨大的工業化的企業集團和公司的利益服務，**這些企業集團和公司存在的主要目的，只是為了擴張他們以自己為中心的利益和力量。我們不但使自己麻木，也使我們的小孩變得麻木。孩子像天真的海綿，吸收了我們的態度和信仰，然後傳給他們的小孩，如同我們的父母、祖父母做的一樣。

## 面具和恐懼

心變硬，是一種武裝，可以保護我們免於感受我們自然會感覺到的憂鬱和痛苦。它使我們失去感覺，遮蓋了我們的本性，使我們看不見自己。記住這一點，我們再來檢討牛奶鬍昂貴、有效、出奇成功的推廣活動，會覺得不可思議。牛奶鬍的宣傳活動，是美國政府透過「一九九〇年之液態（飲用）乳推廣法」（the Fluid Promotion Act of 1990）創造和推廣的活動。牛奶鬍可以被看成是一個典型的面具，這個活動得力於——人們內心了解，為了要虐待動物和吃他們的身體和分泌物，我們必須戴面具。小小的白鬍子，挑起我們無意識的認知，奶製品掩飾了恐怖的殘酷，然而與白色聯想在一起的善良，提供我們渴望的感情上的安慰。牛奶業者在無意識層次的典型象徵上下功夫，利用我們內心對動物食品的矛盾心理，以面具做象徵，讓我們文化中的神，如體育、娛樂、科學和政治界的名人，戴上牛奶鬍面具，將這種矛盾心理無形地化解掉，牛奶業者就這樣促銷了他們的產品。面具代表社會文化掩飾酪農業隱藏的不幸，和對女性殘酷的控制，因為這是我們最不想支持和參加的事，我們假裝忘了其間包含的痛苦。

這個看不見的暴力陰影，在我們的文化裡產生了壓抑不住的能量磁場。研究動物的學者都知道，對所有動物而言（包括我們），恐懼是最有力量最基本的感情。對養殖場和屠宰場的動物而言，極端的恐懼是無法逃避的事實。史懷哲（Albert Schweitzer）在呼籲仁慈對待動物時寫道：「痛苦是比死亡本身更可怕的統治者……。」我們在我們吃的動物身上，施加大量的急性和慢性的痛苦，我們也產生同樣大量的急性和慢性的痛苦。我們吃下恐懼，因此對恐懼著迷，被可怕、古怪和暴力的事物所誘惑。血、死亡、恐懼和暴力對我們的吸引力，是我們大量殘害和屠殺動物壓抑的陰影的顯現。他們被昇華和投射在數不清的大眾媒體和一般娛樂的作品上。**電影、小說、音樂中的暴力和恐怖，迷惑和吸引我們，是因為我們固定地吃暴力和恐怖，我們是同謀**。充斥在通俗媒體中的刀、劍、槍，反射了在屠宰場日以繼夜不斷射殺動物和擊暈動物的槍，和流他們的血、割他們的肉，以提供我們消費的長刀。雖然我們隱藏和壓抑我們飲食中的暴力，但它在電影銀幕和電視上迸出來，令我們無法抗拒、深深被吸引、忍不住對它感興趣。

由於媒體歌頌和培養恐怖和暴力，我們在意識裡撒下相同的種子，這些種子結出更加暴力的種子。媒體暴力影集的增加，尤其是電視，已經確定與看電視兒童暴力行為的增加有關。我們對食用動物所做的暴力行為，經由電視昇華和投射，變成對人的暴力和小孩對動物的暴力，因為動物是最容易和最脆弱的目標。釣魚、打獵、虐待寵物和抓野生動物，都是孩子表達這種文化灌輸的暴力行為的方式，而這些暴力行為，又更加使得我們普遍虐待動物的習俗——殺動物和吃動物，變得天經地義。小孩對待動物的暴力和後來對待人的暴力的聯結關係是已經確定的事實，這件事再次提醒了我們畢達哥拉斯的定理，**我們虐待**

**動物，無可避免地會反彈回來，變成對待彼此的暴力**，這種暴力帶來的難以形容的痛苦，也會跟著反彈回來。

## 培養同情心

暴力的循環從餐桌上開始，繼續不斷影響我們的家庭、社區和關係，影響我們共享的意識領域。假如我們有天使那樣明亮的視覺，會看見它以各種數不清的方式，不斷地影響這個星球的各個角落。我們、所有的生命和表現形式，實際上都是意識。意識展現出了載運它的工具，這些工具是意識表現、成長和發展的神聖化身。我們大家都是更偉大的事物的一部分，都有獨特的使命和貢獻要完成。把意識當成物質的附帶現象的觀念，是錯誤地本末倒置。**沒有任何的生命，僅僅是物質的東西或物體，沒有任何生命，只是商品或財產物件。**我們都是意識無限神祕的展現，靈性的成熟應是從物質主義和分離主義殘缺的限制中覺醒，伴隨它的是對所有生命的愛和同情心。

自古以來，各個宗教和文化的神祕主義大師、聖人和先知一直都清楚地表達這個概念。兩位同時代的大師，二千五百年前印度的耆那教創始人馬哈維（Mahavira）和釋迦摩尼佛（Gautama Buddha），都傳播修行必須培養非暴力的態度，要求追隨者在對人類和對動物的關係上，培養非暴力（Ahimsa）、不傷害的態度。例如佛陀在《大般涅槃經》（*Mahaparinirvana-sutra*）所說：「吃肉會斷慈悲的種子。」十二世紀西藏佛教

徒、詩人兼聖人密勒日巴（Milarepa）吟唱：「長久以來習慣沉思愛和慈悲，我已忘記我和其他生命的差別。」

七世紀的基督教神祕主義大師、敘利亞人聖以撒（Saint Isaac）問：

> 慈善的心是什麼？它是一顆燃燒著愛的心，愛所有萬物，人、鳥、禽獸……所有生物。有這樣一顆心的人，無法看到或想到任何生命，而不因為擄獲他內心的廣大慈悲，讓他眼睛充滿淚水。這顆心是柔軟的，它無法忍受看見或聽到任何其他生命受苦，即使是最小的痛苦加諸在任何生命上也不行。這也是為何這個人從未停止為動物禱告……因為無限的憐憫，占滿了那與上帝合而為一的人的心。

十八世紀循道宗的創辦人約翰・衛斯理（John Wesley）寫道：「在我心裡，我相信對耶穌基督的信心，能夠、並且將帶領我們，不只關心其他人類福祉，更擴大我們關心的範圍，到我們後院的鳥、河裡的魚、地球表面上的每一個生命上。」

十九世紀蘇菲派的聖人米斯里（Misri）說：「不要認為有誰比你低劣。打開你內在的智慧眼，你會看見『唯一的榮耀』閃耀在所有生命裡。」

愛因斯坦用這樣的方式闡述：

> 「個人」是我們稱為「宇宙」的整體的一部分，一個被限制在時間與空間裡的部分。他經歷自己，他的思想和感情，因之把他們自己當成是和宇宙其他部分分開的東

西——這是一種意識的視覺上的幻覺。這種幻覺是我們的牢房，使我們局限於個人的渴望，和局限於對少數與我們最親近的人的感情上。我們的任務必須是：擴大我們的愛心範圍，擁抱所有生命和整個自然的美麗，將自己從牢房中解放出來。

我們掙脫物質主義盲目的束縛，可以看清彼此之間微細的關聯。我們都知道思想和感情是有力量的東西。我們在個人和大眾的生活中都可以看到強烈的感情和明確的思想，是多麼有效地展現出結果，因為能量的磁場因此被創造出來，會吸引其他有相同振動力的人，更強化了那個充滿能量的思想型式。這些思想的磁場會依照他們的類別複製。例如，很顯然的，希特勒了解思想的磁場對大眾意識的力量，他的同儕有意識地利用象徵、口號和集中的思想，創造驕傲和征服的磁場，使得當時很諷刺地，可能算是受過最高等教育和顯然最理性的社會的數百萬民眾都無法抗拒。

**人類意識的合一，也以許多正面的方式顯現，許多人聯合用慈愛的思想和禱告，祈求和平**，其效用被廣泛地記載。有些研究者稱這種效果為「瑪赫西效應」（Maharishi Effect），因為練習超覺靜坐（Transcendental Meditation）的人做過許多實驗，測試一群靜坐的人，散發出和平與和諧的集中磁場，對某些特定目標城市的犯罪指數和其他社會指數的影響力。他們的結果令人印象深刻，效果顯著。有些研究者像是勞瑞．杜西醫師（Larry Dossey, M.D.），以文件佐證並探索，禱告對治癒身體的效用。這種使用物質主義科學來證明我們已經知道的事是很諷刺的。物質主義掩蓋並且忽視我們互相關聯的真理，我們是無限的意識，展現在時間與空間裡的生命體，而非分開的物質的東西，帶著會

產生意識的頭腦。這個證據是非常充分的，無論在開悟的人的言論中，或是在我們自己的內心、頭腦或日常生活經驗裡，只要我們張開眼睛看！禱告（意識）在促進身體治癒上不可否認的影響力，只是其中一個例子。

我們共同的意識領域，被無數食用動物陰暗的痛苦所汙染，是一個未被察覺的事實，它阻擾了我們社會的進步，並且是造成人類暴力和世界各地不斷爆發戰爭的重大原因。大家一起禱告，想像世界和平，當然是非常高貴的想法。不過**如果我們繼續以我們鄰居同胞的不幸當晚餐，我們是在創造一個極端、不間斷的暴力、恐怖和奴役的禱告**。這是我們行動的禱告，它是無數敏感的動物經歷的事實，這些動物仰賴我們的憐憫，而我們對他們毫不憐憫。

除非我們能夠實踐和平和自由的禱告，給予那些在我們手中脆弱的生命和平與自由，不然我們不會找到和平與自由。歡樂、愛和富足對人類來說一直都唾手可得；歡樂、愛和富足會依據我們了解的程度示現，我們給他人多少，自己就得到多少。我們必須為愛和自由付出的代價是甜筒、牛排和蛋酒。我們在心理上被訓練，將食物和慘遭虐待的動物分開，但我們食物選擇所創造的振動磁場，深深影響了我們，不論我們是否忽略它。練習以靜觀的方式吃，可以將這些隱藏的關聯性顯現出來，潔淨我們的頭腦、內心和行動，移除內在的面具和武裝，讓一切變得一目瞭然。

# 第9章 創造簡化的科學及宗教

「發情期的控制打開養殖場豬隻生產的大門。但這種控制，是生產線獨缺的環結，無法在生產線上完成。」

——厄爾・安斯沃斯（Earl Ainsworth），一九七六年《農業期刊》（*Farm Journal*）

「沒有宗教不包含愛。大家可以盡情討論他們自己的宗教，但是如果這個宗教沒有教他們要仁慈對待動物和人，它不過是個騙局。」

——安娜・塞維爾（Anna Sewell），《黑駿馬》（*Black Beauty*）

「據說各個民族對自然的觀點，決定了他們的組織體系。」

——愛默森（Ralph Waldo Emerson），《英國人的特性》（*English Traits*）

## 畜牧文化中的兒子

宗教和科學在我們的文化裡是非常重要的組織，他們實現我們許多最高尚的理想，並

且以廣泛的各種方式，貢獻我們的生活和福祉。科學的字源是「scire」，是「去了解」的意思，宗教的字源是「religare」，即「連接回去」。前者是我們渴望透過有系統的知識，了解世界和我們自己的一種表現，後者則表達了我們渴望與我們生命靈性的源頭重新連接，與更大的次序和諧相處的願望。科學和宗教都是非常龐大的組織，兩者都使用大量的人才，花費大筆的金額。他們的工作，在理論上，都在增進我們生活的健康、舒適、快樂和愛心。

大家幾乎都認為科學和宗教帶來利益，但也有許多人表示科學和宗教強烈促成了戰爭、毀滅和不幸——他們解決問題，但也使問題更加惡化。為什麼如此？更明確地說，為什麼成千上萬的人想透過科學和靈性的發展，改善和修復世界，卻沒有人去質疑我們食物的選擇所必備的顯然殘暴和掠奪的心態？除了共同拒絕承認我們飲食的殘酷同謀關係之外，還有另外一個因素作祟，那就是西方科學和宗教組織所強調的簡化論，這種簡化論，使得重要的聯結關係變得看不見。

人類意識的革命，顯然最先是從一萬年前伊拉克開始馴服和牧養大型動物做為食物開始，這個革命是簡化論的革命。它的特色是內在和外在的簡化行為——將強而有力的野生動物，縮減成監禁和固定宰殺的動物，在此過程中同時也縮減了人類對自然和動物的尊敬。我們的祖先變成被簡化的獵物的捕食者——他們把畜養的動物當成商品看守，然後刺殺和砍頭，把自己也變成簡單、沒有知覺的捕食者。**這種簡化的捕食者，自然會製造出與他們相稱的簡化論的科學和宗教組織，來確認他們的態度和行為的正當性。**

除了造出簡化的科學和宗教系統，古老的畜牧文化還製造了簡化和掠奪的經濟體系，愈來愈把人類當做經濟的單位，逐漸導致明顯的財富分配不均。以歷史的紀元來分，三千年前，我們可以在最古老的作品《荷馬》、《舊約聖經》以及蘇美人楔形文字的作品中，看到他們建立的完備的經濟體系。擁有牛群的國王主宰一切，打仗爭奪飼養牲畜的土地，把芸芸眾生簡化成作戰、生產、消費的資源，用以利益富有的精英分子。早期的科學被用來操縱牲畜的血統，以擴大肉、奶、羊毛的產能，而宗教則被用來辯護，甚至指示，宰殺動物做為食品。這些組織體系正是我們繼承，而且目前仍繼續運作，成為我們生活一部分的組織，因為我們還繼續吃從簡化的動物得來的食物。

傳統科學和宗教，雖然彼此常惡意爭鬥，其實兩者的基本概念非常類似。他們是畜牧文化兩個驕傲的兒子，兩者都偏向強化簡化論的心態，這種心態是棲息在他父親文化裡的人所必須具備的條件。維持奴役和吃大型動物的習俗，以及支持以排斥和剝削為基礎的經濟體系，都必須具備這種心態。雖然非簡化論的女性特質（索菲亞）能使科學和宗教變得非常豐富，但畜牧文化卻輕視她。傳統的科學與宗教通常以不信任的眼光看待她，這對它們自己其實是損失。

父親和兒子成功征服索菲亞，主要是因為每天數以百萬計的動物不斷為我們的餐桌「獻祭」；這種大眾的習俗，減損了我們的智慧，壓抑了我們治癒的才智。索菲亞的智慧是科學與宗教的目標，但是為了伺候畜牧文化獨裁主義和簡化論的心態，它們只能拒絕她，這種靈性的悲劇，在我們身邊到處可以看見。

## 科學和奴役

「若不採取簡化論的科學手段，不可能將生命系統轉變成機器累積資本。簡化論科學可以做到兩件事：

它一方面殺死你『同情心』這個道德：因為簡化論將生命體系轉化成只是外表組裝在一起的沒有生氣的零件，創造『道德的麻醉劑』。基本上它告訴你，對於你的關係，你不必有道德負擔，因為那只是一團物質的東西，可以任你玩弄於股掌間，跟塑膠黏土一樣。

另一方面它也確實給你操縱的力量：從母牛得到更多奶，生產更多瘦肉，將母牛擠在狹小的空間，可以更快地宰殺她們。

這些就是資本家使用簡化論科學建立的系統，他們藉著這些系統，累積資本和盜用生命體的生命。這些生命體原本有權力過自己的生活。」

——范達娜・席娃博士（Vandana Shiva, Ph.D）

以笛卡兒的心與物質分裂的謬論為基礎的簡化論傳統科學，斷然否認任何不能實際測量的東西的存在。**這種物質主義的神話，忽略靈性和神祕意識的探索，很容易將動物和人類，簡化成由基因和化學力量推動的生存工具**。它加強了生命體在宇宙間掙扎和競爭，不具任何天生的意義或目的之幻覺。這使得簡化論科學變成富有的精英分子及他們所控制的軍事／工業集團的有力工具。

我們剝奪動物和自然與生俱來的意義和價值，把生命簡化成物質程序、基因輸入和操作條件設定，我們自己的意義、價值和身分，也根據我們能多有效率地滿足經濟或政治體系的目的，被重新定義。簡化論科學培養了冷酷、計較的眼光，這種眼光，認可將生命簡化成工業經濟學者和軍事策略家成本和利潤分析上的數字，同時也認同畜牧文化將大自然和動物視為商品，或更進一步，將自己和別人，彼此都視為商品。

簡化論科學忠誠地為畜牧心態服務。它將男性統治自然、動物和人類病態的冷漠關係，轉變成聲譽卓著的藝術形式。今日我們可以實地到「達豪集中營」（Dachau），站在那棟納粹科學家假實驗之名，對他們的人類同胞執行極端痛苦的實驗的水泥建築物裡。**正如同優越感的概念使殘酷的納粹實驗合理化，他們也使得我們每天對無數無辜動物所做的殘酷實驗合理化。**假如得到許可，我們現在可以到各州立大學、私人、軍事或政府實驗機構，目睹殘忍的暴行，這些行為也是因為優越論的主張，被視為合理。例如，我們可到喬治亞州的本寧堡（Fort Benning, Georgia）的美洲學校（the School of the Americas）參觀，看美國軍隊如何訓練中南美國家的軍事人員，使用最先進高科技的折磨、監視和壓迫方式，有效地控制他們的人民，增進跨國公司及統治階級的利益。今日資本、牛群、財富、戰爭和對自然、動物和人民的剝削，站在和過去舊畜牧文化相同的基礎上。他們靠簡化論神話的協助，繼續以高科技的方式進行。

恐怕沒有什麼事比無助地被限制、被冷酷且漠不關心的眼光注視更恐怖，那眼光毫不在意我們的痛苦經驗。這是畜牧者對待他的動物財產的眼光，他為了自己的利益，操縱和殺害他們；這是士兵對待威脅他統治者的牛群和財產利益的敵人的眼光；這是科學家和研

究助理蓄意將有感情的動物，納入痛苦的實驗中的眼光。這種冷酷、沒有同情心的眼光，是人類真正的眼光受了重傷的拙劣模仿品。**人類真正的眼光，看待與我們同住在地球上的同伴，應該是閃耀著慈愛、慈悲、自然的關懷和同情心感覺的眼光。**

冷酷的眼光，只有靠嚴格訓練才可以做到——我們從出生就被徵召做這種練習，每日三餐與我們餐盤中恐怖的事物隔絕關係。我們學會對我們物種、國家、階級、宗教或性別以外的生命，投以不帶同情心的眼光，特別是注視豬、牛、土狼和其他「食用」或「討厭的」的動物。當然我們可能會以比較溫柔的眼光，看待某些「寵物」動物的物種，例如，這是非常奇特且具有啟發性的，去參加科學研討會，聽見科學家自己說他們解剖哪一種動物不會良心不安。有些只從事大鼠和小鼠解剖，另一些只解剖貓，不解剖狗或猴子，還有一些「做」兔子，不做貓等等。

我們的界限究竟在哪裡？為什麼？對大部分的科學家而言，就像我們畜牧文化中的其他人一樣，食用動物遠遠落在他們溫柔的目光範圍之外。我們若變得愈敏感，我們同情心的範圍就會愈寬廣，對更多的動物，我們傷害他們會覺得良心不安，因為我們會發現，即使是對小老鼠、鳥、魚、貝類和昆蟲，我們的目光也變得溫柔和關懷。科學的訓練被漢利克・史可林姆斯基（Henryk Skolimowski）稱之為「客觀性瑜珈」，堅持一種看的方式，這種方式，通常很容易窄化我們同情心的範圍，不只使科學家變得麻木不仁，也使我們大家都變得如此。

科學在某些方面幫助我們正確地評價「食用」動物，例如他們證實魚類有高度發展的社會意識，能感覺疼痛，並且很快地學會避開痛苦的刺激物；豬的智慧令人驚訝的精緻，超越狗，接近黑猩猩。然而科學對於動物福利的全盤影響，顯然是負面的。事實上到今天為止，仍然有許多具有影響力的科學家，**雖然承認動物會痛苦，能夠感受痛苦，然而對於動物受苦的適切性和強度仍然不予重視**，這和科學家在奴隸時代對待黑人的情況差不多。從早期的科學革命開始，科學家就一直使用動物做痛苦的實驗，並且不覺得造成他們痛苦有什麼道德負擔。笛卡爾的鄰居抱怨他解剖狗，造成狗痛苦的哀嚎，他對鄰居著名的反駁，至今還在科學殿堂回響。他宣稱動物不具有理性的靈魂，無法感覺痛苦，動物的嚎叫聲，只不過像是旋轉水車的吱吱嘎嘎聲。如此的態度完全與黃金律背道而馳。科學為了鼓吹客觀性、分離關係、簡化論和物質主義的幻想，鼓勵研究者和大眾藐視這些有感覺的動物因為科學的名義在我們文化手中所經歷的痛苦。他們如此做，幫了畜牧心態一個非常大的忙，對動物則極端不利，對我們人類動物也很不利。

**科學除了貢獻它分離、簡化的神話，強化畜牧文化的神話，它還貢獻科技產品，使得現代的動物主宰者以過去難以想像的方式虐待和奴役動物**。現代的養殖場或屠宰場，若是沒有尖端的機器、殺蟲劑、藥物、荷爾蒙、監禁系統、電棒和一系列帶給動物活生生的噩夢的設計，他們是不可能運作的。這些動物原本被設計在自然世界中奔跑、飛翔、游泳、嬉戲和慶祝他們的生命，不像被困在高聳的辦公大樓裝有電腦的小隔間裡的現代人，牛、雞、魚、豬一點也無法理解這種完全陌生、挫折和恐怖的人造環境。而我們為了自己自私的慾望，卻強迫他們在那兒度過一生。

簡化論的科學實際上變成我們今日文化和自我形象的特徵。雖然它帶來了無可否認的物質的進步和舒適，它也變成我們自我奴役可怕的力量。科學不只是科技產品的源頭——

這些科技產品提供舒適和娛樂，或分散我們注意力，或讓我們耽溺或汙染、破壞我們的世界；科學還發明了一些產品設計，可以直接控制我們，就像他們對動物做的事一樣。例如隱藏的監視系統、電擊療法皮帶、以及可以植入體內的電腦微晶（片），這個晶片可以讓衛星導航系統（Global Positioning System, GPS）追蹤我們，它還可能控制我們，因為它能使肌肉痛苦地痙攣，造成恐懼或心理混淆。微晶（片）已經經過測試，它的版本正廣泛地植入在野生和畜養的動物身上，目前也逐漸運用在人類身上。根據《洛杉磯時報》（*Los Angeles Times*）報導，微晶（片）現在正被插入患有阿茲海默症和其他病症的人身上，它包含了健康紀錄和個人資料，讓人「可以像超市結帳櫃台的花生醬一樣被掃描」。他們可以把我們變成很容易追蹤和控制的物體，就像我們自己使用和吃的晶片種豬和乳牛一樣。

從更深層的意義看，簡化論的科學是在奴役我們，因為它只承認以邏輯的實證主義為基礎，和以自我與世界根本分開為基礎的知識。雖然有一些科學推廣者在公眾面前，顯得比較進步、全面，甚至比較靈性，不過這些人通常受到巨大的科學企業排擠，因為這些科學企業建立在從他父親畜牧文化整批繼承而來的分割、簡化和分析的原則上。它的敵人就是畜牧文化的敵人——女性特質，它住在我們所有人裡面，展現出的了解程度比簡化論科學所仰賴的分離主義的理性還高等。科學離開慈悲、治癒和互相關聯的直覺智慧及女性特質愈遠，就愈容易造成殘酷、毀滅、奴役和死亡。

要創造一個真正服務我們而非危害、困擾和控制我們的科學，**我們必須先轉變我們的心態，脫離把物質視為主體，意識視為附庸的傳統簡化論精神取向。**我們的文化，若能停止將生命體看成物體，而把他們看成生命意識的主體，自然能創造一個充滿力量，以意識和所有生命互相關聯為主要訴求的科學。目前我們在一些研究學者和理論家的著作和作品上，已逐漸看到他們想扭轉這種遍存於科學中的簡化論心態的趨勢，例如魯伯特・謝爾瑞克（Rupert Sheldrake）和他的「形態發生場域」（morphogenetic field）的概念，以及羅伯特・雅恩（Robert Jahn）、伊莉莎白・塔爾格（Elizabeth Targ）、阿密・高斯瓦米（Amit Goswami）、佛萊德・亞倫・吳爾夫（Fred Alan Wolf）、范達娜・席娃（Vandana Shiva）、勞瑞・杜西（Larry Dossey）、赫伯・班森（Herbert Benson）、迪泒克・喬布拉（Peepak Chopra）、卡普拉（Fritjof Capra）和其他人。他們有些人探索思想、意圖、感情和禱告；在治療上的角色，有些人研究互聯關係的體系和決定人類實際經驗的主要意識力量。這些研究者像是史懷哲（Schweitzer）、愛因斯坦（Einstein）和其他人會質疑我們文化的觀點和對待動物的方式，一點也不奇怪。

有些有效的科學方式，也可以在一些致力於基層工作的人身上看到，他們使用甘地的「合宜科技」的概念，發展以及使用合作和永續的科技，不讓大規模的石油、農業、化學和其他營利組織在經濟和政治上奴役他們的社區。**為了讓這種全方位的科學訴求迎頭趕上，和廣泛被接受，我們的文化必須進化，超越現有的飲食習慣和顯著的畜牧心態**，因為這兩者無可避免地會培養出一種膚淺和剝削的「預測和控制」的科學簡化論。

理性的納粹科學家從事毀滅大眾和奴役大眾的武器設計，今日眾多的科學家也一樣，難道我們看不出他們的計畫有多瘋狂，還有構成這些計畫的思考方式多乖張嗎？只有我們的文化能容忍這種事情，因為事實上我們每天都在練習這種切割和殘酷的行為。除非我們

能停止將動物簡化成食物，不然簡化論的科學只會愈來愈壯大，愈致命，因為它完全是我們自己的反射。整個外在的世界，是我們內在真相的反射。當我們根除自己內在的戰爭和悲痛，外在世界的戰爭和悲痛也會消失。我們從小浸泡其中的分離和簡化的精神取向的傳統科學方法，仍不斷在我們膳食中燃燒，存在於我們文化中，在世界的鏡子裡，展現成我們自己遭受和加諸在他人身上的痛苦與掙扎。

## 宗教簡化論

傳統的西方宗教和西方科學一樣，同樣在簡化和商品化大型動物的背景下發展，它基本定位也同樣傾向簡化論。**無限奧祕的神性，常常被簡化成一個人格化的審判者，人類被簡化成一個以自我為中心、分離的、短暫的實體**，根據他短暫的一生，他可能被撿選或解救，或被判進入永恆的地獄或天堂；動物、樹木、生態系統和大自然的一切，被簡化成在這個戲劇中可以任意處置的道具。像科學一樣，宗教機構傾向加強對動物、婦女、自然的控制，以增進統治階層的利益。像科學一樣，它傾向階級、父權和排外主義，並且像科學一樣，它告訴我們，不能依靠自己內在的智慧，而應該依靠外在的權威。如同簡化論的科學堅持客觀主義、自我與世界分離的概念，傳統的西方宗教堅持造物者和被造物，上帝和世界是基本的對立的二元論。這種相信神性與我們基本上分開的信仰，加強了簡化論科學也在傳播的分離幻覺。這是非常奇妙和具有啟發性的——傳統的科學和宗教彼此不停爭鬥，但這對吵嘴的兄弟卻共同分享簡化論的神話，而整體科學反而在進步的和非西方宗教傳統得到具有啟發性和幫助的引導和確認，如解放神學和許多土著的傳統，以及東方的傳統如道教、大乘佛教、錫克教和吠陀哲學。這些宗教傳統，通常是在沒有把動物有系統地簡化成商品的文化和子文化體系中發展出來的。

簡化論本質上分離的幻覺，是如此地在我們每日的餐飲中被奉為儀式，它無可避免地闖入了我們的宗教生活中。當我們是小孩的時候，常被教導，若不接受這一套排外主義的信仰，我們會被排除在天堂之外。主流的宗教教理告訴我們，如果同意排外主義的信條，我們就是特別被揀選出來的優異分子。**主流宗教很少質疑我們殘忍的食物選擇，反而鼓勵它，告訴我們動物沒有靈魂，上帝將動物賜給我們吃。**他們並且在美洲各地社區贊助烤肉、烤全豬、炸魚肉和火雞大餐。不算太久以前，四世紀的君士坦丁大帝將基督教定為羅馬國教，使得基督教早期倡導的素食主義完全被壓抑，事實上被視為異端。據說，君士坦丁命令他的人將溶化的鉛倒入任何拒絕吃肉的基督徒喉嚨中。原始基督教慈悲的教理，為了讓統治性格的畜牧文化接納被壓抑和扭曲，開悟的教理：「靠劍生活者，必死於劍下」變成了痛苦的諷刺。

傳統的宗教將超越的神性詮釋為男性，它和科學一樣，將男性奉若神明，壓制養育和連接的女性特質。即使是今天，幾乎已經沒有神學家敢說這個被稱為上帝的無限聖靈，比較男性而非女性，我們仍然教導小孩，如同我們以前被教的一樣，男性的「他」是「上帝」。在古老的畜牧文化裡，是男性作戰、畜牧和強暴，基本上現在也一樣。**畜牧文化藉著強調上帝男性本質的方式，將他們統治、殘酷和殺戮的精神特質合法化。**事實上，如同珍妮特・蕾加娜・海倫（J. R. Hyland）指出，古老的畜牧文化崇拜的主要形式是殺害獻祭的動物，取悅神祇。構成這些儀式的主要概念是「上帝是我的牧者」。當我們仔細思考畜牧文化散布這些教理的真相，會覺得這種想法非常恐怖。畜牧者奴役、閹割、宰殺他的綿羊、山羊和牛，毫無憐憫之心，這些生物，過去和現在一樣，在他全能的手中毫無抵抗之力。

那種對「被救」的焦慮感，或許直接來自這一點。我們不斷的失敗，無法解救任我們擺布的動物，促使我們非常緊張，關心自己的「救贖」。究竟從何處得到救贖？或許從我們行動的結果？或是更傳統的，從被打入地獄之火中解救？這個意象的力量從何處得來呢？它會不會與數不清的世紀以來，畜牧者注視火焰中動物燒焦的屍體有關？這些動物被他們判定宰殺做為獻祭，最後再被他們自己吃下去。

## 邪惡的迷思

傳統西方宗教強調的基本觀點是善與惡之間無止盡的戰爭，一邊是上帝，住在天上的男性神祉，另一邊是撒旦，陰影般惡意的獸類鬼怪。這個魔鬼很諷刺地是以有角和蹄的山羊或牛做為代表——正是我們無情地拘禁和攻擊做為食物的受害者！這個禍害或魔鬼，當然至少在某個程度上是我們陰影的投射——它是我們身為肉食者，住在畜牧文化家庭中，從事大規模不間斷的殘酷行為所承受的罪惡、羞恥和未表達的憂鬱。**我們壓抑對殘酷的知**

**覺，結果發現自己被黑暗和邪惡的鬼怪折磨**。這是無可避免的事，因為我們看見的邪惡，是我們自己拒絕不肯承認的殘酷行為，我們永遠也無法疏遠它。它變成魔鬼、敵人、戰爭、大量毀滅的武器出現。我們被教導，要與我們牧羊人國王站在一邊，在他與敵人的戰爭中，他會保護我們，但也控制我們。動物和地球，從好處想，被看成是這場宇宙戰爭的財產和舞台，從壞處想，動物和地球（和婦女及少數民族）則被看成是黑暗陰森的魔鬼的同盟，因此應該「被征服」。

這種潛在的我們本性邪惡的感覺，是西方文化性格的特點，也是宗教機構傳播的主要信仰。在新約和舊約中，有許多地方都反駁這一點。例如馬修‧福士（Matthew Fox）在《原始祝福》（*Original Blessing*）中提到原罪的教義：我們的本性是邪惡的、墮落的，其根源並非來自耶穌的核心教理，或許多著名的基督教和猶太教聖人和神祕主義大師的經驗和著作。因為這些人已經發現生命和人性根本的善良，造物最中心的「原始祝福」其實是意識不斷地歡慶和進化。

東方的宗教傳統偏向勸阻吃肉和畜養動物，不像西方傳統那樣對立、二元。這種基本上正面的定位，對他們是已經確立的。例如**佛教的核心教理是所有有情眾生都有「佛性」，也就是說，所有有情眾生都是完全開悟的意識的作品**，他們可以經由靈性的成長和了悟直接了解這件事。佛教認為基本的善良是我們真正的本性，也是我們靈性修習的基礎。許多逐漸進步的西方宗教傳統也同樣了解到，人類的本性和所有生命的本性都是聖愛的反射，本質上是善良的。我們修行，包含與這種內在的光接觸，淨化自己，就在成就自己，使自己成為這內在光亮品質的溫柔器皿。

這種認為我們基本上是罪惡的想法，與本性善良的普遍概念是互相牴觸的，就如同我們拘禁和屠殺動物，與我們天生的仁慈心相抵觸一般。我們出生的畜牧文化，背負著大量隱藏的罪惡感，包括它加諸在食用動物身上兇殘的野蠻行為；它虐待它的男孩，使他們麻木，還有它對婦女和其他敵對畜牧者和國家傳播的暴力行為。這種有計畫的殘酷行為，以及自然伴隨這種行為的被壓抑但健康的罪惡感，是我們文化相信人性本惡的源頭。深植的罪惡感、恐懼和焦慮由此產生，無意識地影響著我們大家，造成我們許多身體、心理和靈性上的問題。由於這個原因，我們發現，現在已經出現某些運動，逐漸發展，鼓勵我們從罪惡的經驗和審判中掙脫出來。我們已經體認到，**長期的罪惡感使我們殘廢，耗盡精力，一直陷在舊有的模式中，所以我們想掙脫它是可以理解的**，只是我們沒有看見它的根源是我們每日飲食中不間斷的殘酷行為。思想和行為，會複製同一類的思想和行為。

若我們的文化繼續吃動物，我們要有效率地解決和減少造成動物痛苦的原因是多麼困難！這些造成動物痛苦的行為包括：活體解剖、競技場、馬戲團、圍欄狩獵場、鬥狗賭博等等。這種我們對待食用動物的麻木不仁，很自然地擴散到虐待非食用動物身上，而且還不只停留在動物的範圍內。這是為什麼「人對人的不人道」是起因於「人對動物的不人道」的原因。

傳統的宗教和科學一樣，準確反射了孕育和維持它的畜牧文化的心裡創傷。一切事情都被文化的活神話合理化。如同約瑟夫・坎貝爾（Joseph Campbell）在《上帝的面具》（*Masks of God*）中指出，**靠肉維生的文化，他們環繞著死亡創造出組織，因為「他們最**

**重要的經驗來源，是動物被殺被宰……」**這非常符合我們今日的文化，數百萬每日被宰殺的動物的死亡，像漣漪般綻開，侵蝕我們所有的宗教組織，他們提供神話使這件事合理化，就像三千年前他們在地中海盆地乾燥的山丘上所做的事一樣。

坎貝爾指出，以植物為主的文化圍繞著生命，創造出組織。植物的世界，「從不可記憶的年代起，提供人類食物、衣著和遮蔽物，同時也以它的生長和衰敗、開花和結子的過程，提供我們神奇的生命典範。生與死，顯然是一個單一、高等、不滅的力量的轉換。」**今日如果我們想活下去，我們急需做改革，將我們出生的畜牧文化的基本定位，從死亡和簡化論的神話，轉換成生命和整體主義的神話。**

科學、宗教和經濟的改造——將他們從廢棄過時的簡化論中釋放出來，轉變為增進與崇尚普遍的同情心和所有生命均互相關聯的體系，是可以辦到的，只要我們改變日常的飲食習慣和這種習慣必備的分離心態。雖然我們是畜牧文化的產物，但是可以經由了解，治療它和我們自己。這種了解，需要我們改變行為，因為我們的行為，強烈影響我們的意識。整體主義、仁慈、永續和共同體概念的科學、宗教和經濟，就從這裡開始。

隨著我們培養清醒的意識，質疑從我們餐盤中注視我們的死亡取向，我們創造了自由和仁慈的場域。並且當**我們轉向植物性飲食，我們變成了生命的代理人，呼吸新鮮的保護氣息，並將它納入我們的世界中**。我們祝福那些任憑我們處置的動物，他們以百倍的祝福回報我們。這是一個「根本的」轉變，正如「根本」這個詞的字面意義，因為它追根究柢，處理我們難以解脫的困境的真正根源——把動物商品化，做為食物。

第10章

# 工作的困境

「我愈來愈相信，人類最大的罪過是人類本位主義。我們切斷自己與世界上其他萬物的關係，使我們失去了敬畏心與好奇心，也因此失去了謙敬和感激的態度。我們違背自己真正的本質，只剩下一些瑣事可以教養後代。」

——馬修・福克斯（Mathew Fox）

「我想，為了生活而工作的人——也就說為了錢——他把自己變成了奴隸。」

——約瑟夫・坎貝爾（Joseph Campbell）

「當人類殺害動物做為食物，他忽視了自己對正義的渴望。許多人乞求慈悲，卻吝於將慈悲施捨給其他生命。」

——以撒辛格（Isaac Bashevis Singer）

## 做骯髒的工作

不只在養殖場和屠宰場的動物受苦，做這些拘禁、殘害和宰殺動物工作的人也受苦，他們的家人也一樣。我們購買或訂購動物食品，雖沒有親眼看到，但直接教唆了人類的暴力行為。如同愛默森（Emerson）挖苦地指出，「你剛吃飽，雖然屠宰場小心翼翼隱藏在適當的距離外，同謀的關係還是存在。」教唆暴力並吃下它，在對他人的言行上和他人對我們的言行上，都撒下了更暴力的種子。或許「壞事發生在好人身上」是因為這些好人盲目地變成了同謀，對其他生命做了壞事，而不幸的，這些好人因為教養的關係而沒有注意到。

有關屠宰場生活和養殖場工人封閉殘酷的工作世界的著作不多，但現有的研究報告和作品，已經非常讓人害怕和不安。蓋娥・艾茲尼斯（Gail Eisnitz）訪問屠宰場工人後所寫的作品《屠宰場：美國肉品業貪婪、疏忽、不人道的驚人故事》（*Slaughterhouse: The Shocking Story of Greed, Neglect, and Inhuman Treatment Inside the U.S. Meat Industry*）是極佳的資源。還有蘿拉・莫瑞蒂（Laura Moretti）編輯的《上天已怒》（*All Heaven in a Rage*），施洛塞爾（Eric Schlosser）所著的《素食共和國》（*Fast Food Nation*），約翰・羅賓斯（Johan Robbins）的《危險年代的求生飲食》（*The food Revolution*）也都談到這個主題。

另外紀錄影片如「拍賣台」（Auction Block）、「把希望給予絕望者」（Hope for the Hopeless）、「生命的吶喊」（Meet your Meat）、「七分鐘實況」（Seven Minutes of reality）、「麻州屠宰場的一日」（A Day in the Life of a Massachusetts Slaughterhouse）、「我餐桌上的牛」（A Cow at My Table）、「卡洛琳養豬場的一日」（A Day in Carolina Pig Farm Investigation）、「口腹之慾的犧牲者」（Victims of

Indulgence）、「和平王國」（Peaceable Kingdom）、「紅色牧人的綠色旅程」（Mad Cowboy），另外其他列在資源索引部分的錄影帶、錄音帶和網站，也都能讓大家深刻見識到，這星球上正在進行的最可怕的惡夢。

根據蘿拉・莫瑞蒂（Laura Moretti）寫的屠宰場的大屠殺狀況，是我們無法想像的：

> 我了解，想像屠宰場內的情況而不受影響相當容易——因為人類的領會力有限，它聽不到動物被迫推進屠宰導槽，狂亂的掙扎聲；擊牛槍發出砰砰的迴響聲；動物撞在地板的重擊聲；踢到鐵的聲音；死亡的哀嚎；滑輪和鏈子尖銳刺耳的聲音；液壓機械釋放出氣體的嘶嘶聲；飛濺的鮮血，像花園裡水管噴出的水打擊在水泥地上的聲音。他們聞不到糞便和汗水、腐敗的肌肉和內臟的味道，感受不到那全然的痛苦、驚慌和恐懼。人不能了解每一個、任何一個生命，拚命、瘋狂、惘然地想留住生命的那種堅決的意志。
>
> 人類的心不能想像屠宰場內的情況；只能親身經歷——那是徹底的震驚。

許多文件佐證，屠宰場和養殖場的工作是非常醜陋的，並且對情緒和身心的壓力非常大。屠宰場的員工或許是美國最低階層的人，職業傷害的比率最高，工作流動率也最大。除了統計數字外，想到我們的兄弟姊妹為了滿足我們對動物食品的慾望，必須進行令人精神錯亂、心腸變硬的行動，就覺得難以忍受。**我們用錢傳遞我們的慾望給一個龐大無情的組織，讓他們以盡量便宜的方式滿足這些慾望。這意味著：高速生產和機械化**

**對待動物的乖張哲學**。動物被囚禁、「收割」和解體，他們不再是有感覺的生命，而被歸類成沒有感情的商品，和水果、機器及其他沒有感覺的東西一樣。這可以用一位豬肉生產者在養豬日誌上的建議總結：「忘記豬是動物，只要把它當成機器一樣。」在動物「農業」和屠宰場、飼育場、牲畜圍欄和運輸業的文獻上，一再聽到工人和管理階級像咒語一樣重複這句話：不要把它想成動物，忘掉它有任何感情。工人盡可能使用各種詆毀的語言和分類，稱呼雞、豬、火雞、牛和其他他們宰殺和殘害的動物，或者直接簡單了當地稱呼「混帳」。

這一切，對這些工人的健康和感情有何影響？還有對他們的妻子、丈夫和小孩呢？**暴力、殘酷和麻木不仁，生出更多和它們同類的東西，它們是影響意識的振動力**，不只工人，還有他們的家人、朋友，最後是我們所有人，都被我們透過市場需求，強迫他們做的事所影響。有一位過去是刺豬的工人（在屠宰場刺豬的頸部，讓他流血死亡的工人）說：「你變得和公司本身一樣殘酷成性。我在那裡刺的時候，是一個殘酷成性的人。」雖然屠宰場工人不是真的被迫做這個工作，但他們通常都是因為急需要錢，又找不到其他工作，因此他們不停地把這些被奴役動物的肉、血和身體各部分，經由錢的管道，輸送到我們社會中數以百萬計的意識死去的地點。

我們不該想像動物能和平地就死。他們知道即將發生什麼事，可以聞到、聽到、並且經常看到其他動物被殺。他們充滿恐懼，並且經常必須承受強烈和難以忍受的痛苦，因為他們常常在還有意識的情況下，被滾水燙、被剝皮和分解。自從華盛頓州帕斯科市（Pasco, Washington）愛荷華牛肉加工公司（Iowa Beef Processing）牛隻屠宰場的工人，在二〇〇一年暗中拍下了還充滿意識、眨著眼睛、踢著腳、到處張望的牛被工人剝皮、被迫在生產線上移動的影帶，屠宰場內的情形才逐漸被工廠工人和管理者以外的人知道。**這些工人和管理者一直都知道，動物的痛苦是非常劇烈和強大的，但為了利潤和效率，他們有計畫地忽視它。**在「我餐桌上的牛」（A Cow at My Table）的紀錄片中，訪談載運牲畜的卡車司機，內容非常具有啟發性：

> 就像去年我載的一隻公牛……拼命想逃出拖車，後來被三、四個司機一直刺到死……我說：「你們為什麼不乾脆用槍射死這個該死的傢伙呢？究竟怎麼回事？這裡的道德規範是什麼？」有個傢伙說：「我從不開槍，為什麼我要射死一隻還能生產好肉的牛呢？」當我剛從事這個工作時，和另一個司機談過倒下去的牲畜，他說：「你最好不要覺得難過，許多年來一直都如此……你漸漸會變得跟我一樣有點冷酷。不要想他們是動物，只把他們當成沒有感覺的東西。」

我們多數人吃動物食品，從沒有掀開簾子仔細認真看：動物為了我們的餐桌，必須承受多麼慘不忍睹的酷刑；我們也不願意這樣做。我們害怕如果看了，可能沒有辦法在意識清醒的情況下，吃我們通常吃的膳食。企業了解這一點，所以通常將屠宰場、養殖場、漁場內的情況嚴密隱藏起來，並且遊說立法，任何人對這些地方拍照或錄影都犯法。了解這些醜陋內幕，可以幫助我們去除我們文化是建立在仁慈和關懷上的幻覺，看清社會隱藏的黑暗面，看清這些滲透我們文化基礎的邪惡和無情的殘酷，我們就懂了。就是因為我們一直拒絕看內幕，文化的枷鎖和幻想才屹立不搖。

為了因應動物肉品巨大的需求量，目前主宰肉、奶、蛋企業的大型跨國公司，像是嘉吉（Cargill）、康尼格拉（ConAgra）、泰森食品（Tyson）、德成食品（Perdue）、斯威夫特豬肉公司（Swift）、史密斯菲爾德食品（Smithfield），**他們建造的動物監獄和屠宰場愈來愈大型。這些屠宰場有的一天二十四小時都營運。活生生的動物被送進生產線分解，身體的各部分從生產線另一端出來，被載到各種不同的目的地，換取利潤。**肉和內臟做為人類食物；皮做為衣服、飾品、家具和配件；血做為肥料；骨骼和結締組織做為美容面霜、肥皂、黏膠和明膠；有些器官供西藥業使用；剩餘的內臟和殘渣，給化製場烹煮製造，混入動物飼料、寵物食品和其他產品中。分解線跑得愈快，代表在一定時間內創造的利潤愈高。工人不斷被催促，比應有作業程序更快的速度工作，常造成動物沒有適當的被擊暈，增加更多的殘酷和危險，因為許多動物在意識清醒和掙扎的情況下，被剝皮、燙煮和挖內臟。

大部分的人都不了解，如同我們之前談過的，動物在他們的喉嚨被割斷以前，並沒有真的被殺死。在他們頸部的大動脈被割開時，他們的心必須是跳動的，才能主動的把血打出體外，不然肌肉會因為血量過多而變軟爛。因此在放血以前，他們只是被擊暈，沒有被殺死。如果動物被適當的擊暈，他們會流血而死。從流血到死亡的時間有多長呢？從二十秒到幾分鐘都可能。這段時間似乎恐怖而漫長，尤其是對於沒有被適當的擊暈的動物，而這種情形太常發生了。

今日使用的擊暈方式是非常原始和極端殘酷的，因為經常不奏效。牛通常以擊牛槍擊暈。當牛進入生產線時，擊牛槍會砰地一聲擊出一條鋼桿，射穿他們的前額，進入腦袋，因為只有一個負責擊暈的工人，牛如果突然移動一下，槍就沒有辦法正中目標，有時候會打在動物的眼睛上。通常來不及開第二槍，因為把生產線放慢或增加第二個支援的射擊者要花錢。所以有些牛，在沿著生產線移動，到工人放血、剝皮和拆解的地方時，還是清醒的。這些工人無法把他們送回擊暈的地方去，所以他們的工作，因著清醒動物的恐懼和痛苦，變得更為恐怖，也更危險，許多工人受傷都是因為生產線上拼命亂踢的動物造成的。雖然工人在華盛頓牛隻屠宰場暗中拍攝的影片，很快的被掩蓋，華盛頓郵報做了調查：

在拉蒙・莫雷諾（Roman Moreno）工作的地方，一隻活的小公牛變成牛排只要二十五分鐘，二十年來他工作的崗位為是「第二腳夫」，這個工作必須在一小時滾過三〇九個屍體的速度的生產線上，砍去屍體上的蹄筋。

牛在到此人工作的位置時，應該是死的，但常常沒有死。

他溫和的說：「他們眨著眼睛，還發出聲音」，「頭移動著，眼睛睜得很大，四處望。」

莫雷諾還是砍下去。運氣不好的時候，一天有好幾打以上的動物到達他的崗位時是活的，清醒的。有些甚至活到尾巴砍掉、肚子被挖、皮被扯下。莫雷諾說：「他們，一點一點地，死亡。」

豬是被以擊牛槍打擊腦袋，或背部電擊的方式被擊暈。同樣，也只有一個擊暈工人。採用電擊方式時，管理者常常會把電壓調到比正常擊暈電壓還低的電伏，因為使用的電壓愈高，肌肉（「肉」）被破壞的部分愈多。因此，負責割這些被擊暈動物喉嚨的「刺工」，發現他們日以繼夜都必須面對活的、拼命掙扎的動物。許多工人早晚都被用來對付掙扎動物的長刀割傷，這種長刀像剃刀一般尖銳。

屠宰場的工人必須在雞和火雞的腳踝上扣鐐銬，把他們倒掛在運輸線上，讓他們的頭部經過充電的濃鹽水。這種電擊是非常痛苦的，使整隻雞不能動彈，但沒有暈過去，所以當他們到達生產線的第二站時，意識還是清醒的。第二站是將他們脖子上的動脈割斷的長刀，這個長刀由工人或機器操縱。經常雞想避開水，驚慌的拍翅膀，結果錯過了刀子，所以當他們在快速的分解線上到達下一站時，他們仍然意識清醒：這一站是一個巨大的汙水缸，他們的身體必須在那裡燙煮，不論死活。

過去十五年，由於屠宰業撤銷管制規定，所以幾乎沒有任何政府的監督單位保護這些食用動物。結果在這種速度和不人道待遇的環境中，工人也受到了傷害，使得「肉品包裝業……成為美洲最危險的工作場所。」例如，根據工人的口供書，工人不允許離開生產線太多小時，因此常常被迫在屠宰場的地面上或衣服裡大小便。艾茲尼斯寫道：

> 在我調查的過程中，我聽到工人被牛壓傷、被化學物質灼傷、被刺傷、摔斷骨頭，因為熱氣、快節奏、和煙燻流產或昏倒。……隨著生產線速度在過去十五年增加了三倍，累計的外傷病痛，增加了將近一千個百分比。

工人是我們人類的兄弟姊妹，他們日以繼夜執行這些公司的殘酷行為。**利益被放在最優先的位置，勝過「人道宰殺」——如果真有這種事存在。**例如，「人道屠宰法」沒有任何罰則，也被證實對保護養殖場的動物完全不適用，甚至不包括雞、火雞、魚和其他非哺乳類動物。這道屠宰法一點也無法禁止屠宰場內許多殘酷的行為——抓住不能動彈的豬或牛的腿或頸部拖著走；砍傷或拉扯那些在牲畜卡車邊上凍傷的動物；還有把意識清醒、驚慌的動物吊在生產線上，忍受活生生被剝皮和燙煮的痛苦。保守估計，至少有百分之五到十被宰殺的陸地動物沒有適當被擊暈，所以光是在美國，**每年至少就有驚人的五億到十億的哺乳類和禽類，在意識清醒的情況下被活活剝皮、分解和燙煮。**這種情形，加上工人所做的可怕工作，造成了工人在情緒上非常沉重的負擔。然而這不僅是工人的負擔，我們大家都要負責任（事實上在法庭上，要別人死，付錢給殺手的那個人比殺手的罪刑還重大）。

當然，不只是屠宰場的動物在我們手中受苦。養殖場的工人對動物也施行了一套幾乎是不可思議的殘酷系統。事實上如果我們採用著名的科學家，請他們設計一套系統，僅當做科學實驗，讓恐怖、痛苦、殘酷和不幸擴張到最大，可能也很難設計出比目前企業為了操控賺錢的事業發展出的這個系統更有效率。這套系統把可憐動物身體的各部分，供應給數以百萬計被教養要吃他們的人吃。

在養殖場，工人必須將動物囚禁在一個難以想像的有毒和限制的環境裡，並且在不上麻醉的情況下殘害他們的肢體。「動物福利法」（the Animal Welfare Act）保護狗、貓、鸚哥和其他動物不受人類虐待，卻特別從條款中省略了所有被飼養做為食物的動物。任何作業方式，不論有多殘酷，只要被企業認為是標準作業就被容許。所以，例如砍掉雞鴨的喙；讓雞挨餓、強迫脫毛；截肢、電擊、拘禁、將動物硬擠在一起，都被政府允許，因為這些已經變成被接受的企業常規。小豬大聲尖叫，因為為了方便辨識，他們耳朵被「做記號」；他們肉被切下來採樣，尾巴被剁，牙齒被剪——以免在過度擁擠的壓力下，彼此咬傷。還有把豬的鼻子磨破也是常規，他們的邏輯是，這樣豬比較不會彼此打架！小牛必須承受的痛苦包括：被熱鐵烙印，幼嫩的角被剪子剪去或用酸性物質或用熱鐵燒掉，剪角過程常常造成大量流血。綿羊則必須忍受沒有麻醉的mulesing手術——將他們臀部附近的肉切除，以減少蒼蠅的繁殖——而且剪毛本身也是個殘酷的程序，常常導致痛苦的割傷，而且粗魯的操作方式也常殺死綿羊。當然，在他們的羊毛產量遞減以後，就會被送往屠宰場。年輕的豬、牛、羊，男性幾乎全部被閹割。當他們被割開，扯出睪丸，從不上麻藥。

鵝和鴨，跟雞一樣被去掉喙，他們被迫生產鵝肝醬。鵝肝醬是靠不自然地擴大鵝和鴨的肝臟、傷害肝臟而生產出來的一種昂貴美味的食品。鵝肝醬常被稱為世界上最殘忍的產品，為此之故，鵝肝醬在非洲、以色列和七個歐洲國家被禁止生產。它的製造過程是將鐵管插入禽類喉嚨，透過鐵管用壓力送進大量的玉米到禽類胃部，直到超出他們胃能負荷的程度，以此法強迫擴大他們的肝臟。這種做法經常造成禽類內臟的「爆破」或裂開。等到他們的肝臟被擴大到大原來尺寸的十倍時，他們就會被宰殺，取出病態肝供人類食用。

我們難以想像養殖場工人大規模對無數的動物所施加的創傷。我們大部分人都有過在醫師或牙醫手中受苦的經驗，不過我們知道，這施加痛苦的手終究是善意的，他們做這些痛苦的事是為我們好。我們了解這個事實，使得受苦可以忍受而且有意義。但是想像一下，如果類似他們那樣的手在我們身上執行痛苦的手術，卻完全不考慮我們的好處，只是為了這件事能讓他們獲利，或是這件事他們喜歡做，這種事是多麼恐怖！特別是我們在他們手中沒有任何還手的餘地。當我們把動物放在這個位置上，購買他們的肉、液體和蛋，我們不只是要對他們的痛苦負責，還要對施加這些痛苦、冷酷的手和心負責。

**養殖場像屠宰場一樣，是非常殘暴的地方，它是動物的集中營。在這裡，毫無抵抗力的囚犯要承受各種酷刑。這裡的情況把人心最黑暗的一面帶出來。**暗中拍攝的錄影帶顯示，工人固定的使用踢、打、叫囂、刀刺、棍擊和拖拉的方式，恐嚇動物。他們玩的殘酷遊戲被記錄下來，像是把乾冰塞進雞的肛門，讓雞爆炸；把雞往下丟，像足球一樣踢；用鞭炮炸毀他們；或用力的扭絞雞，讓他們的糞便灑在其他雞上。不是天生殘酷的人，在這種地方也會變殘酷。從小受到虐待，反常地喜歡虐待他人的人，可能會喜歡在屠宰場或養殖場工作，因為那裡有無法抵抗的動物源源不斷供他們折磨、毆打和虐待。例如許多屠宰場或牲畜圍欄的工人，會使用帶來極端痛苦的電擊棒，去驅趕殘廢或倒下去的牛、豬、羊，迫他們能隨隊伍移動到分解的生產線上去。被電擊棒碰到並不是溫和干擾的電擊，那是幾千瓦強大的電壓，被電宛如被刀刺一般。工人被看到，甚至被拍攝下來，拿電擊棒刺進動物的嘴巴和肛門，還有用刀刺動物的肛門或眼睛。在養豬場，尺寸和重量低於標準，無法繼續飼養這種不能帶來利潤的豬，依照常規會被除去。工人在現場殺死這些豬，使用的方法稱為PACing，PAC代表撞擊水泥的意思（Pound Against Concrete）；工人抓住他們的後腿，重重的把他們甩在地板上。

在《屠宰場》一書中，蓋娥・艾茲尼斯（Gail Eisnitz）引述了許多屠宰場工人簽名口供書的錄音對話，描述他們被迫在高速的生產線上「處理」對那些經過擊暈站，還意識清醒、活蹦亂跳的動物所固定執行的殘酷行為，根據一位刺豬工人說：

> 據說在血坑裡，血的味道使你變得具有侵略性。的確如此。你的態度變成，如果豬踢你一腳，你也要回報。你已經要殺豬了，但還不夠，還要叫他受苦。當你看到一隻活豬，你會想，喔真好，我要揍這個笨蛋。
>
> 另一件會發生的事是，你不再在乎別人的痛苦。過去我對別人的問題很敏感——願意傾聽。工作一陣子以後，我變得麻木不仁……
>
> 對令你不爽的豬也一樣，只不過它「正在」刺坑裡，你「正要」殺他，你不僅想殺它，而且變得非常兇猛，用力地推它，切開它的氣管，讓它淹沒在自己的血裡，裂開鼻子。活的豬會在坑裡打轉，向上看著我，我會刺它。當它坐在那邊，我會拿刀子——呃的一聲——把他的眼睛挖出來，這隻豬只能大聲尖叫。

這個工人和其他工人，還說了許多更殘酷和陰森的故事，但最後他們說：「這不是什麼值得驕傲的事。它就是發生了。對動物做這些事殘忍的事，是我排除挫折的方法。」

另一個工人描述心裡如何變得冷酷：

最壞的事，比危害身體更糟糕的事是感情上的損失。假如你在刺豬坑工作一段時間，會發展出一種態度，讓你什麼都想殺，一點也不在意。你可能會注視一隻在血坑裡和你一起走的豬的眼睛，然後想，上帝啊，這真的是一隻不難看的豬。你會想拍一拍他。在宰殺區域的豬會走上前來，用鼻子挨著我，像小狗一樣。兩分鐘以後我卻必須用粗重的鐵管打死他。我不在意……我在殺東西。我的態度是，它只是動物，殺了它！有時候，我也會以同樣的態度看人。我會想把我們的工頭倒吊在生產線上刺他。

那些整天PACing動物，用電擊棒戮動物，痛擊他們的鼻子、用打、殺、刺和砍的方式對待動物的工人，他們如何對待他們的女友、配偶和小孩呢？這些人如何忍受環繞在他們身邊和施加在脆弱無辜的動物身上的暴力呢？

## 過去和現在的工作同根

我們出生的畜牧文化，強迫男孩學習強硬，殘害和宰殺動物。除此之外，為了他們的動物，畜牧者還要與其他畜牧者爭奪珍貴的土地和水。

在《永恆的特雷布卡林集中營》（*Eternal Treblinka*）中，歷史學家查理・派特森

（Charles Patterson）解釋了舊畜牧文化平行虐待動物和虐待人的方式如何繼續進入現代（見第二章）。他把重點放在形成納粹德國的理性民主的文化上，指出**我們控制他人和我們控制食用動物之間有許多驚人的雷同之處**。希特勒（Aldolf Hitler）一直在辦公室掛一張裱框的亨利・福特（Henry Ford）照片，這位極端的資本主義者和種族優越論者的生產線激發了希特勒大屠殺的機制。福特組裝生產線的概念則來自芝加哥屠宰場的分解生產線。在納粹德國，猶太人、共產主義者、同性戀者、精神病患和其他「害蟲」，被當成食用動物對待，他們從牲畜圍欄被牛車送到像現代養殖場一樣的集中營，在那裡被活體解剖，再送進最後的隧道，這個隧道和等待被宰殺做為食物的動物的隧道一般。很諷刺地，「大屠殺」（holocaust）這個字的原始意義是「整體焚燒」（whole burning），是指殺害和焚燒動物做為祭品。隨時間演進，我們對待彼此的方式有些進步。但同樣結構的動力到今天仍然存在。

## 工作成為喜悅，工作成為負擔

左派改革的聲音，經常批評傳統科學和宗教，甚至質疑對自然過度地剝削和對女性的控制。不過目前為止，他們似乎完全沒看見畜牧文化的主要常規——吃動物，和我們具有毀滅性的價值觀和組織的關聯性。不管左派、右派或中間派，大家都同意忽略這個基本根源。例如改革派神學家兼牧師馬修・福克斯（Mathew Fox）在他的書

《再創造》（*The Reinvention of Work*）中，深入探討構成我們工作經驗的價值觀和信仰以，以及我們對工作的態度；他引述了廣泛的經典包括《聖經》、《薄伽梵歌》（*Bhagavad Gita*）、《道德經》，還有名詩人和聖人的作品，像是卡比爾（Kabir）、魯米（Rumi）、里爾克（Rilke）、聖方濟（St. Francis）、賓根的希德格（Hildegard of Bingen）、艾克哈大師（Meister Eckhart）；還有比較現代的聲音：托馬斯·貝利（Thomas Berry）、舒馬克（E.F. Schumacher）、西奧多·羅斯扎克（Theodore Roszak）的論點，熱烈地主張工作基本上應是靈性的。他說，如果我們觀察四周——宇宙、地球、自然和動物，我們會發現無限的行動不斷地展開，每一部分都扮演被分配的不可或缺的角色。每一部分、每一個細胞、每一棵植物、每一個動物、每一顆行星和每一個恆星，在更大的造化中，都必須實現它的功能，這就是它的工作。福克斯主張，**做工作就是參與這個無限宇宙的形成，它是神聖而狂喜的**。「所有萬物存在，」他寫道：「是因為上帝這種『純粹』的喜悅，創造的工作是喜悅的工作，它整個目的是變化出更多的喜悅。它不僅讓我們在工作中找到樂趣，同時賦予我們責任，必須如此做。喜悅是我們工作動機的重要來源。」

福克斯注意到，人類的工作有很大的問題，他指出人類有超過十億人失業。假如我們觀看四周大自然，會發現每一個生命都在工作，都在實現他們的目的，只有人類失業、沒有充分就業、工作過量、不能或不願意工作。**我們是「唯一」一種物種，奴役其他物種，卻把工作視為不愉快的事而想避免，為什麼如此呢？**福克斯歸罪於科學和工業革命造成了我們與大自然和靈性的隔絕，因此他敦促我們在工作上應更有創意、更有愛心和更喜悅，更關心地球和彼此，把工作「再創作」成為它應有的喜悅，成為我們內心目的的表達。

他「沒有」指出的是，畜牧文化最根本的、最具代表性的工作就是殘酷殺害敏感的動物，這實在不容易成為喜悅工作的動機，這是我們困境的根源。每天數百萬人在生產「消費主義垃圾」的工廠，像奴隸一樣工作，換取微薄酬勞；還有數百萬人的工作是士兵——暴力和恐懼的代理人——它的病因就在我們盤子裡。

把動物商品化、拘禁和宰殺和福克斯定義的「工作」是完全相反的。除非我們定義的工作，能從宰殺動物做為食物轉變為保護和關懷生命，我們不可能在我們文化裡「再創作」工作。

**世界和平與和諧需要我們這些在世界村裡處於有力量和富足位置上的人，停止為了動物食品的慾望，控制人類、動物和自然。**

## 使工作復活

創世紀裡，人被逐出花園的重大意義是上帝的懲罰，讓住在地球上的人類必須做許多辛苦的工作。這個比喻是畜牧神話的一部分，非常有啟發性，因為它把工作描述成討厭的負擔，是被逐出花園的連帶懲罰。在花園裡，我們吃完全的植物性飲食，沒有把工作當成獨立活動的概念。我們與動物、地球和諧住在一起。我們的工作，就是生活，就是喜悅，一切都「非常美好」。

許多其他神話也談到這個失去的花園天真與和平的時代。或許這些故事，如同艾斯勒（Eisler）和其他人暗示的，是當代人類學者描述的古代合作關係的文化的回憶，這是在人類捕捉大型動物、畜牧和控制動物和女人以前的文化。**重返富足、天真、自然受到祝福的花園，是西方宗教渴望的目標，然而我們要確實達到目標，必須脫離我們文化所傳播的控制和排外的基本神話。**

無論是個人、文化或人類這一族，都要為貶損和破壞他人和自己的工作，付出相當大代價。若主要為了賺錢而工作，我們就違背了自己靈性的目的，出賣了珍貴的精力與時間。靈性宗派和其教理，都強調**每個人在此生都有一個獨特的目的和任務要發展和實踐，那就是我們的「工作」。工作必須要能淨化和覺醒我們的意識，有創意地為整個生命共同體貢獻，成為祝福他人的手和聲音。**發現內在的召喚，然後盡我們所能完全實踐它，就會發現喜悅與意義，我們的生命將變得非常珍貴，溢滿祝福。而我們個人的進化和成長，將使我們能真正貢獻我們物種的進化，在這些努力當中，我們也會獲得巨大的滿足。

假如不能將時間和精力花在真正的工作上，無論我們多富有、多有權力，都會非常挫折和不滿足。這些挫折匯流、聚集、發酵，變成了炸彈、子彈、有毒的垃圾、癌症、遊蕩的幫派和恐怖主義者。工作像出生和食物，是神聖的，是一種聖禮。畜牧文化以競爭、宰殺、殘酷和剝削褻瀆了工作，為大家撒下了只能結出不幸果實的種子。

古代惡意控制的畜牧文化的現代版，現在以更擴大、高科技的形式表現它的價值觀，變成速食連鎖店、百萬人口以上的大城市、巨大的養豬場、漂流的屠宰場、核子彈頭和猖獗的不公義、不公平及剝削。工作復活的第一要件也是最重要的條件就是，了解把動物做為食物並商品化是一切控制的根源。**我們重新取回生存權與和諧的祕訣藏在最明顯的地方——我們的餐桌上。**我們要自由，必須先釋放那些被我們拘禁的生命；要重新取回我們的目的，必須先恢復從其他生命偷來的目的。**一旦從每日膳食中除去了暴力，我們自然地增加了修復紛爭的能力，可以培養創意和歡樂，恢復美麗和溫和，並且做為孩子敏感和慈悲的典範。當我們更深入地觀察食物，我們的孩子會逐漸復原，工作會重新復活成為祝福的工具，並把喜悅和關懷帶給世界。**

史懷哲擁有神學、音樂、哲學及醫學四個博士學位。他追隨托爾斯泰，尊重生命、保護生命，強烈呼籲人類應要感受動物的痛苦。

第11章

# 從毀滅中獲利

「對動物夥伴最大的罪，不是恨他們，而是對他們漠不關心。這是殘忍的本質。」

——蕭伯納（George Bernard Shaw）

「無數的蹄和嘴，這些年來對植被和土地造成的影響，比水利工程、露天礦場、發電廠、高速公路和土地細分發展加在一起還大。」

——菲力・弗萊德金（Philip Fradkin）於「奧都邦」（Audubon），美國奧都邦協會（National Audubon Society）

「豬和牛和雞和人，都競爭穀物。」

——瑪格利特・米德（Magaret Mead）

## 養殖工業化

很難想像有比我們動物養殖業更浪費、更毒、更不人道、更引發疾病和毀滅的食物生產系統。大牧場經營者、養殖業者、政府機構、捕漁業，把野生動物當成害蟲和競爭者，破壞他們的棲息地、設陷阱、下毒和射殺他們。動物養殖業者，更是奢侈地浪費水源、石油、土地和化學物質，破壞森林和漁場，嚴重汙染土地、水源和空氣，並以巨大的代價使我們的市場充斥著極端毒害健康的產品。

若非將大量的石油注入我們的食物生產系統，今日我們不可能吃這麼便宜大量的動物食品。假如我們注意看過去幾百年人口遽增的曲線，會發現它和能源增加的曲線是一致的。能源增加，使我們能創造大量的食物。**過量的食物造成人口的暴增，也造成被囚禁的牛、豬、雞、魚和其他被養殖、宰殺做為食物的動物的數量的暴增。**

在一九五〇年和一九六〇年代，美國的農業開始工業化，這個過程被委婉地稱為「綠色革命」。現在的食物生產系統，基本上仰賴的就是便宜和豐富的石油和天然氣。工業化的農業依靠天然氣創造了每年美國使用的一千兩百萬噸的氮肥，相當於一億桶的柴油。它同時還需要數百萬桶的石油，製造每年使用在農作物上的一百三十萬噸的殺蟲劑（百分之八十的殺蟲劑用於四種作物——玉米、黃豆、小麥、棉花——這些作物是牲畜飼料的主要組成）。現代化農業為抽取這些農作物所需的上兆噸的水，為啟動養殖場幾乎完全取代人力的機器設備，為運輸和容納每年數以十億計的動物，為經營牲畜圍欄、屠宰場、化製場和冷凍產品運輸系統，消耗掉非常大量的石化能源。便宜的油是所謂的「藍色革命」——漁業養殖場暴增的前提。魚類養殖場的魚既消耗穀物，也消耗其他的魚。巨大的捕漁船隊，過度捕撈地球的漁產，也需要非常大量、難以供應的柴油。**農業的基礎從泥土轉向石油，雖然使得更多的人能吃到比過去更多的動物食品，但人類和其他生命也付出了相當驚**

**人的代價**。現在我們已經進入了一個新的石油減產時代，為了爭取我們雜食習慣所需的珍貴石油，痛苦和暴力的衝突日益擴大和嚴重。

## 泥土、水和石油的耗損

吃動物食品主要的環境問題是，這些動物數量非常龐大，必須吃，而且吃「很多」。美國種植穀物的百分之八十和一半以上的漁獲量，被浪費在養大和養肥數十億的動物，以便宰殺賺錢，或是製造消費者所需的大量的乳製品和蛋。而這些穀物中，超過百分之九十的蛋白質變成甲烷、阿摩尼亞、尿液、糞便，汙染了我們的空氣和水。保守估計，**養一個吃標準美國食物的人所需要的土地、穀物、水、石油和汙染，可以養十五個吃植物性飲食的人**。了解這個含義，對我們的生存是很重要的，因為工業化農業，以動物為基礎，這種農業型式，嚴重地耗損它所仰賴的三個要素——泥土、水和石油。

大部分的人不太了解，用來種植穀物以餵養被囚禁的豬、牛、羊、禽類和魚的土地數量有多龐大。已經有超過五十二萬一千平方英里的森林地被砍伐，這個土地的面積，比德州、加州、奧勒岡州加在一起還大，而且每天還在增加當中。**每年有六千平方英里的森林被砍伐，等於一天一萬英畝，每分鐘七英畝**。這種不間斷的森林砍伐，是建築道路、家園、停車場、購物中心所須砍伐森林量的「七倍」。這意味著野生動物棲息地、多樣化的基因和表土的消失，河川、溪流的破壞和汙染的增加。森林創造表土，產生氧氣，淨化空氣，幫助帶來所需的雨量，提供棲息地給成千上萬的動植物物種。

除了砍掉面積龐大的森林，動物養殖業還必須對更大面積土地的破壞和惡化負責任。幾乎所有大草原的牧草地和大部分西部的乾燥地區，這些一度支撐廣大多元化動植物物種的複雜美麗生態系統，如今都已經喪失，因為這些土地被轉換成飼料穀物單一作物的農地，或用來放牧牛群。將森林、草原和乾燥土地用於動物養殖業，破壞了複雜、互相關聯的生態系統，造成只有一個想要的物種可以在土地上活下來。大牧場的經營者和畜牧業的農夫，把除了他們的牲畜及飼料以外的物種，都視為需要消滅的害蟲。

很少人知道動物養殖業對我們水源供應所造成的巨大壓力。**畜牧業消耗了全美百分之八十五的新鮮水源**。一位人類雜食者一日所需的食物產量，需要超過四千加侖的水；而相對的，純素飲食者，一天只需要少於三百加侖的水。這個事實代表了重大的環境破壞，特別是密西西比河以西的土地，為了供應種植牲畜飼料的穀物的灌溉用水，珍貴的地下蓄水層被耗竭，河川和溪流被迫改道——把水導入灌溉用的運河裡，這些水源改變，造成許多禽類、魚類和其他野生動物的死亡和痛苦。

美國百分之四十的灌溉用水來自地下水，這些地下水必須花好多世紀的時間才能重新補充。事實上分布於大部分北美中部底下的偉大的奧加拉拉蓄水層（Ogallala aquifer），這個需要幾千年的時間才能形成的世界上最大的地下蓄水層，正不斷快速耗竭，每年被抽出十三兆加侖的水，灌溉種植牲畜飼料穀物的廣大土地。而在此同時，大家卻被告知要省水，使用低流量的蓮蓬頭和馬桶。加州大學（University of California）泥土和水的專家估計，**購買一磅加州的萵苣、番茄、馬鈴薯、或小麥，大約只需要二十四加侖的水，但購**

**買一磅加州牛肉，則需要五千二百加侖的水。**約翰・羅賓斯（John Robbins）指出，這比一年每天都沖澡用的水量還多。大部分的水都被拿去灌溉做為牲畜飼料的穀物，這些水是利用石油從很遠的河川和地下水層藉著水壩、運河和抽水站來抽取的，這些設施都是納稅人付的錢，而非從中獲利的動物養殖業者。《卡迪拉克沙漠》（*Cadillac Desert*）的作者馬克・萊斯納（Marc Reisner），他做了結論：「（美國）西部的水源危機和許多環境問題雖然難以置信，但可以用一個字做總結：牲畜。」

動物食品同時還需要大量的石油來生產。例如，雖然生產一卡路里的黃豆蛋白質只需兩卡路里的石油，生產一卡路里的小麥和玉米蛋白質只需三卡路里石油；但生產一卡路里的牛肉蛋白質卻要五十四卡路里的石油！**畜牧業造成了非常不成比例的石油消耗，因而造成空氣和水的汙染，全球暖化，以及為了爭奪日益減少的石油儲存量而引發的戰爭。**

供應漢堡所用的石油，怎麼可能是供應黃豆漢堡的二十七倍呢？它的含意是什麼？農業使用的泥土很容易變成缺氮，因為植物會從泥土中抽取氮，再合成蛋白質。傳統的解決方式是：撒糞肥或鳥糞，使泥土變回肥沃；或種植富含蛋白質和氮的豆類和輪替作物；或讓土地休耕，自己再補充氮回來。但在一九〇九年，德國的兩位化學家發明了一種能收集空氣中的氮氣生產阿摩尼亞的方法，這個方法帶領出後來的科學家，同樣地能從天然氣中生產便宜和大量的無機氮肥。氮在突然之間變得比較容易取得，使得食物的生產量大增，連帶促成了人類和養殖動物在過去一世紀數量的暴增。這個人造肥料也造成了氮「營養豐富」的溢流，進入河川溪流，造成「優氧化」使海藻過度生長，耗竭氧氣，殺死魚群。

除了用天然氣做肥料，**我們的農業系統還需要石油生產大量以碳氫化合物為基礎的殺蟲劑和除草劑，它們的數量在過去的二十年增加了三十三倍。**然而同時，每年卻有更多的作物，由於單一作物的栽培和放棄傳統土地更生的方式而受到蟲害。當大片的土地被用來種植單一作物，這些農地會強烈地吸引靠這種特定作物為生的「害蟲」物種。由於缺乏植物和昆蟲的種類變化，很少鳥類和捕食動物會到這裡來吃東西，使得同一種類的害蟲在毫無天敵的情況下不斷滋生並且演化得更為強壯，所以即使針對這些害蟲設計的殺蟲劑劑量不斷增加，還是無法控制。每一季，相同的作物種在相同的泥土裡，使得能對抗殺蟲劑的害蟲加倍孳生。根據看守世界研究中心（Worldwatch Institute），現在大約有一千種的主要農業害蟲不受殺蟲劑影響，這顯然是大自然頑強抵抗工業化農業單一作物方式的結果。而農業綜合企業為了與大自然打仗，把食物的農地浸泡在毒裡，不只使人類致癌，並且使單一作物的農地變成了毒殺野生動物的場地。

現代密集的農業，無可避免也破壞了表土。表土需要許多的世紀才能累積出來，每一英寸大約需要五百年的時間。由於工業化農業粗糙的作業方式，讓土地表土損壞的速度是形成的三十倍。

每年有兩百萬英畝土地由於長年灌溉而被腐蝕和鹽化。**大規模單一作物操作場所的泥土，礦物質和營養都已耗盡，變成沒有生命的媒介**，農業綜合企業在此傾倒大量的無機氮肥，迫它生產高產量的作物——主要是牲畜飼料，營養價值令人懷疑。

這種密集的農業是無法持久的。它愈破壞土地和水的供應，吸乾地下蓄水層，它需要愈多的石油注入來灌溉、代替養分、防禦害蟲。**除非我們能改變大量吞食資源的動物性飲食，否則我們就必須面對石油供應短缺和遞減的後果。**

理查・海博（Richard Heinberg）在其著作《曲終人散：石油、戰爭、工業社會的命運》（*The Party's Over: Oil, War and the Fate of Industrial Societies*）說得非常清楚：居領導地位的石油專家相信，目前石油的產能是高峰，我們現在正進入遞減時代，因為現有的儲存量正快速的耗竭。我們發現每開發一加侖的油，要先用掉四加侖的油，地球化學和地震科技的進步顯示，尚未發現的石油存量已經很少，而且正快速消失。

然而我們仍繼續擴大消耗量，忽略嚴重的後果，因為我們每天都演練許多次，一天三餐，三次忽略其後果。石油專家坎貝爾（C.J. Campbell）說：「警告的訊號已經飄揚了很久，顯而易見，而世界卻毫不理會，不去閱讀它的訊息。石油對我們的生活如此重要，我們竟然能毫無準備，真令人驚訝。」不過當我們了解，阻擋回饋信息，原本就是吃動物食品必備的統治和隔離心態所不可或缺的部分，可能就不會這麼驚訝了。

不斷攀升的石油需求量和石油愈來愈難取得，兩者間的摩擦隨著石油需求量繼續增加和爭奪有限石油的衝突繼續擴大，將造成石油不間斷的漲價壓力。**隨著石油獲取量的遞減，能取得便宜的動物食物的日子也寥寥可數了。我們可能會開始了解，吃動物食品，是我們在有限的石油供應下，所不能容許的一種浪費。**目前休旅車與一般經濟車比較，他們消耗石油的係數大約是三比一，這種無效率已經引起了許多人的憤怒。然而，我們會對吃牛肉、雞肉、蛋和奶製品的人同樣憤怒嗎？因為這些食物無效率的程度遠遠超過最大的休旅車，它們與植物性飲食比較，石油消耗係數是十、十五甚至二十五比一。但人們看到石油直接倒進車裡，比看到石油倒進起司、雞蛋、炸魚條、熱狗和牛排中容易。

## 畜牧業的毒素

龐大單一作物的田地，多達數百萬英畝被大量浸泡在有毒的殺蟲劑和肥料當中。這些單一作物中有兩項，玉米和黃豆，現在都已被基因改造，變成動物飼料的主要成分。光是這兩種作物就占了美國一半以上的田地。它們被基因改造成能對抗除草劑，所以農業綜合企業通常在這些作物的農地上噴灑比非基因改造作物多二到五倍有毒的化學物質，殺死野生動物，並且更加汙染水源。

這些有毒的農地是我們吃的乳製品和雞蛋，還有牛肉、雞肉、豬肉和許多魚如養殖的鯰（科）魚、鱒魚和羅非魚的基礎。這些農地上的化學肥料和殺蟲劑的致癌殘留物，汙染了河川和海洋。它們集中在我們吃的動物食品上，也集中在我們的肌肉中。另外，用來增加動物飼料「營養」的糞肥所集中的毒素，比集中在動物被迫食用的植物性食物（如玉米）上的毒素更多。

殺真菌劑、殺蟲劑、除草劑、化學肥料殘餘物都集中在牲畜的糞便上。**任何建造房子的人都知道，社區對於人類汙水處理的管制多嚴格，然而動物的汙水處理幾乎完全不受管理。**美國每年有一百億隻的動物被拘禁和宰殺，排出巨大數量的糞便和尿，那不是人類排泄物的兩倍、三倍之多，根據美國參議院的研究，是一百三十倍以上。養殖動物的排泄物集中的程度是人類未處理的汙水的好幾百倍。它的毒性更高，因為有大量的細菌、化學物質和藥物殘留物。例如大量的抗生素從動物的糞便中流進溪流，結果顯示，造成更多河流中不怕抗生素的細菌。**加州中部的養牛場製造的汙水比一個兩千萬人的城市還多。僅僅一家百萬豬隻的養殖場，它創造的汙水就比紐約市還多！**養殖動物的廢水處理比人類的廢水處理還不受到管制，因為畜牧業受到他們在政府機構的朋友以及仰賴他們貢獻競選資助的政治家的支持，能夠對抗法規。這些未受管理的有毒廢水，汙染了地下水、河川、湖泊和海洋。當巨大開放的豬隻排泄物池溢出時，它造成了體表寄生蟲病的爆發，殺死了數以百萬計的魚，嚴重傷害了在下游和海灣的人類游泳者。根據美國環境保護局，**美國有三萬五千英哩的河流，在過去十年被大型的飼育場所汙染。**當養殖場汙染了地下水，通常都是用大眾的錢而不是企業的資金，去清理或控制這些汙染。

住在這些作業場所附近的不幸民眾證實，牲畜的糞便也造成可怕的空氣汙染。臭氣造成附近居民的精神壓力和呼吸道疾病，並且當糞便乾燥以後，它可以被吹到四周好幾英里外地方。**牲畜同時也排放大量的甲烷氣體，甲烷是造成全球暖化的主要因素，因為它比二氧化碳更能保留熱氣。**烤動物的肉造成更多的空氣汙染。研究者發現，許多城市上方的煙霧，不只是車子造成的，成千上萬家速食餐廳和廚房烤肉的煙霧和脂肪粒子，也是造成這些煙霧的原因。

## 治癒地球和經濟

我們似乎不了解，如果轉向植物性飲食，我們的經濟會更健康。吃植物性飲食，我們只需要吃動性飲食所需的一小部分土地和穀物，就可以餵飽全人類。例如研究者預估，二點五英畝的土地可以滿足二十二個吃馬鈴薯的人、十九個吃玉米的人、二十三個吃甘藍菜的人、十五個吃小麥的人或兩個吃雞或乳製品的人，但僅僅能滿足一個吃牛肉或蛋的人。**地球上人人都很容易吃飽，因為我們現在種的穀物，足夠一百億人吃。**現在把穀物餵給數不清幾十億的動物吃，然後吃他們，迫使十億的人長年營養不良和飢餓，另外十億的人則因為吃大量的動物性食品而罹患肥胖症、糖尿病、心臟病和癌症。

對抗上述這些疾病的藥物，我們吃下去後隨尿液排出，流進水裡，也變成另一條汙染地球的主要溪流。這是工業化世界的大都市特別嚴重的問題。毒素——就像其他動物食品，不會因為我們吞下它而消失，它們直接被排入我們的生態系統中，當然還有許多會殘留在我們身體的脂肪組織上。多吃植物性飲食，可以減少對地球汙染，身體也可以比較不受汙染、不生病，並且還可以幫助我們脫離將自己和地球，浸泡在愈來愈毒的化學物質中的惡性循環。這個惡性循環，可以解釋成我們對抗大自然的戰爭的一部分，它是一場永遠不會贏的戰爭。

轉向植物性飲食，將大量減少使用石油和進口品，削減造成空氣汙染和全球暖化的碳氫化合物和二氧化碳的數量。每年可以省下醫療、藥品和保險上千億的開銷；這可以增加個人的儲蓄，因而復甦經濟。**過去種植動物飼料所廢棄的單一作物的農地，也可以用來種**

**樹，帶回森林、溪流和野生動物。**海洋生態系統可以重建，雨林可以開始復原，環境和軍事的緊張狀態也可以紓緩下來。

假如可以停止肉食和吃奶蛋，吸乾經濟活力的軍事預算將可大幅削減。美國的軍事花費是非常可憎的，整個聯邦有一半以上無條件的預算被用於軍事預算。大家都非常清楚，軍事的花費，與教育、環境復甦、人類服務、健保、建築等比較，創造出最少的工作，而造成的非消費性產品，像是炸彈、地雷、武器和武器測試，卻帶來巨大的汙染和毀滅。

## 逃避責任的後果

囚禁動物做為食物造成嚴重環境汙染的相關著作相當多，包括《一座小行星的飲食》（*Diet for a Small Planet*）、《新世紀飲食》（*Diet for a New America*）、《紅色牧人的綠色旅程》（*Mad Cowboy*）、《嚴格素食：新飲食倫理觀》（*Vegan: The New Ethics of Eating*）、《危險年代的求生飲食》（*The Food Revolution*）。這些資訊都是可以取得的，然而這些書或資料並沒有被廣為流傳，因為吃動物食品是客廳裡的大象，大家都裝做沒有看見。

我們的組織反映了雜食主義所需具備的心態。部分的問題出在**這些使用在工業化的農業中的毒素，對於那些富裕和有特權的優勢分子是非常有利潤的，**他們利用在媒體、政府和教育機構的權勢，控制了文化的對話。這個軍事——工業——肉品——醫療——媒體的綜合體系，不鼓勵減少動物食品的消費。因為使用大量的有毒化學品和以石油為基礎的肥料毒害地球，對石油和化學工業是非常有利潤的。這些毒素造成癌症，而癌症對於化學——西藥——醫療體系也是高利潤的。這**世界富有的雜食者，浪費珍貴的穀物、石油、水、土地，餵養肥胖的動物來吃，但窮人卻沒有穀物吃和清潔的水可喝**。他們長時間飢餓、乾渴和不幸，造成了戰爭、恐怖主義和藥物上癮的條件，這些結果也是非常高利潤的行業。全世界最富有的五分之一人口得到肥胖、心臟病和糖尿病，對醫療業而言，也是高利潤。跨國公司從動物食品的消費獲得利潤，大銀行也一樣，他們提供貸款，建造了這整個龐大的綜合體系，要求健康的投資報酬率。這個系統在全球無情的傳播，公司和銀行的報酬率很健康，但全世界的人、動物和生態系統卻病倒了。

畜牧業由於其巨大的經濟資源和在政府各階層神奇的影響力，每年獲得巨額的津貼、價格支持、收入協助、緊急協助、商品貸款、直接付款、配給、免稅、鐵路及飼料補助、放牧特權、乳製品出口獎勵方案和其他政府的服務。沒有這些協助，畜牧業是不可能以現在這種形式存在的。若不是有納稅人支持的灌溉系統、津貼、補貼和無數的政府施捨物，最便宜的漢堡肉一磅至少需要三十五塊美金。例如，美國二〇〇二年的農業法案，在中南美洲的國家掀起憤怒，因為聯邦政府給予畜牧業前所未有的補助——一千八百二十億美金，使得美國肉、奶、蛋和穀物生產者，得以用低價的產品，傾銷拉丁美洲市場，使當地農夫失業。

瑪莉安・奈索在《美味的陷阱》（*Food Politics*）的研究報告中，仔細描述了動物食

品業如何對政府機構及其政策維持鐵腕的掌控，我們的食物生產系統如何被設計成讓主宰它的一些相對較少數的大公司獲得最大的利益。例如，她寫道：

> 我的工作是管理第一份也是唯一一份衛生局局長有關營養和健康的報告的編輯和出版……第一天到任，我就被交代一些規則：無論研究結果暗示什麼，報告都不能推薦以「少吃肉」做為降低飽和脂肪攝取的方式，也不能建議限制其他類別食品的攝取量。因為這類建議會影響到一些食品業者。在雷根政權對企業友善的氣氛中，若這些食品業者對他們在國會中的受益人抱怨，那這個報告將永遠無法出版。

**我們不應該幻想政府單位和權責機構，會努力保護消費者、環境和動物的利益**，因為如同無數的新聞記者和研究者所發現並且指出的（雖然很少在主流媒體上），這些政府機構只會迎合那些不斷施加壓力給他們的有錢有勢的企業。這些企業也經由企業與政府單位間工作互調的「旋轉門」，源源不絕地提供新的人員給政府單位。正如同國防部由武器工業出身的人管理，農業部由肉、奶、蛋企業前任的大牧場經營者、總裁或律師管理。為了動物食品企業的利益，消費者最好被蒙蔽，完全不了解動物生活的惡劣環境，以及這些食物對人類健康和生態系統所造成的可怕的影響。

動物性飲食的製造和銷售，利益了一小群優勢分子。**這些優勢分子，是我們文化控制和排除心態的必然產物，他們控制了農業綜合企業，工業，以及政府、媒體、軍事、教育、醫療和金融組織**。這些組織鼓勵吃動物，因為奴役動物一直是這些優勢分子權力結構的根本，自從大約八千年前他們開始因蓄養動物而掌權，就是如此。到目前為止，他們還是維持傳統的方式，藉著掌握集中的資金和政治力量，從而操縱教育、宗教、政府和其他社會機構，控制思想。

所以跨國公司愈來愈入侵我們公共和私人的生活，並非偶然。這些公司是我們想逃避責任的表現形式（被委婉稱為「有限責任」），它們植根在我們盤子的暴力中。這些暴力隱含的心理創傷、關係切割，最後加上過去幾個世紀收集的動力，以及我們對生命採取控制和商品化的態度，最後化身成為公司，變成了今日這些駕馭我們和世界的巨獸。在過去一個半世紀，他們已經發展得非常巨大，成功地擺脫了前幾代對他們的法律約束。**他們現在被法庭認為是「法人」，但是他們缺乏血、肉和靈魂。**他們僅僅是抽象的工具，其存在只是為了擴大他們的力量和他們投資者的財富。他們不會死，反而愈來愈壯大、愈狠毒。這些巨獸是我們的創造物，反射我們，他們壓迫我們為他們的利益服務，犧牲我們的關係、社區、地球和我們自己。這些公司愈能將成本「歸於外因」，將成本分配到工人、動物、未來子孫、政府、社區和其他人身上，他們就愈有利潤。

我之前描述過，社會和經濟體系，需要大量穩定的生病、麻木和分心的人口。鼓勵繼續吃被虐待的動物的肉、液體和蛋，是保障這些人口最根本的辦法，並且保障了這些公司奉在最高祭壇上的「利益」之神。完成這件事的一個方法，是加強大公司對醫學和科學的控制。今日醫療和西藥企業強調的是基因學。當大公司以對方非常飢渴的資金，為大學研究設備鋪路時，我們可以看到學術界的假設，都追隨著大公司的金錢線走。**研究者受到經費、名望和同儕壓力的鼓勵，都以基因的觀點來看待疾病和健康，因為那對**

**西藥工業是很有利潤的觀點**，並且與構成我們傳統科學的機械論和簡化論的心態一致。

如果疾病被認為是我們思想、生活方式、飲食習慣、感情、行為和回應生命召喚能力的結果，或被看成是我們靈性道路上的信息、教理和機會，那麼我們就有能力可創意地直接回應它們；我們可以藉著我們對內在和外在環境的負責，使自己更健康。這一切對於大公司的控制和利潤是非常不利的。如果我們被大公司、醫學說服，疾病僅僅是因為「基因的錯置」，完全不在我們的控制之中，那麼這些公司就可把我們放在他們希望的位置——仰賴他們的憐憫，然而他們並無憐憫之心。

基因的理論吸引人，是因為它解除了我們對內在態度和外在行動的責任，把我們安全的放在一些大公司手中，**這些大公司因為我們放棄對健康的最終責任而獲利**。處方藥不只為醫療企業和支持他們的銀行和金融組織，創造密集的利潤，同時讓我們變得軟弱，蒙蔽我們的思想、麻木感情、而且減弱我們自然復原的能力。根據西藥工業，美國二〇〇一年醫師開出的處方總共有三十二億件；有百分之四十六的成年人，每天固定服用一種處方藥；這些藥物的銷售量，每年增加二十個百分比。西藥的副作用一直是頭號殺手，這些藥幾乎都會讓人上癮。例如從一九六二年到一九八八年，街頭毒品的上癮增加了三十個百分比，而處方藥呢，增加了三百個百分比！但為什麼我們對毒品上癮聽到得這麼多，處方藥上癮這麼少呢？為什麼我們對藥品的戰爭，只集中在那些不會直接貢獻大公司利潤的毒品上？我們試圖逃避責任，把我們的健康交給醫療工業，卻造成了另外的後果。

植物性飲食不能申請專利，所以西藥集團絕對不會感興趣，不但如此，這種飲食事實上對西藥集團也是個巨大的威脅。他們進行巨型的廣告活動使我們分心，讓我們以為複合式的醣類對我們不好，而動物性蛋白質絕對必要，並且讓我們以為，我們麻木不仁地控制食用動物帶來的糖尿病、癌症和其他疾病可以靠科學解救。**數不清的金額被花費在藥物和其他物質手段的研究上，企圖治療其實是倫理和靈性的疾病。**將疾病和死亡撒在仰賴我們憐憫的動物身上，我們自己也收割同樣的結果。今日許多醫學的研究，希望找方法繼續吃動物食品，逃避我們殘忍不自然的習慣的後果，實際上顯然是絕望的一搏。我們「真的」希望在這方面成功嗎？

只要我們停止與喜歡餵我們血腥食物的控制系統合作，我們就會變得自由。如果動物的血在我們手中，我們可能繼續不智地被奴役著。那些有力量的優勢分子，控制著軍事—工業—肉品—醫藥—媒體集團，他們試圖把控制的繩子拉得更緊，我們用清醒的意識可以在我們四周看到。暴力只會滋生更多的暴力。我們被召喚，針對那些最脆弱被虐待的食用動物，回報以愛，並且將這個信息傳達出去。

我們的生活源自我們的觀念，而我們的觀念則被我們每日的行動所決定。我們的行動，建造了我們的性格，然後變成我們。我們有意識地使飲食變成和平、慈悲和自由的饗宴，將能以最有力量的方式撒下種子，幫助我們的世界復原。

第12章

# 答覆反對的意見

「我們必須與無意識的殘酷對待動物的精神對抗。動物和我們一樣會感覺痛苦……讓全世界知道這一點，是我們的責任。」

——史懷哲（Albert Schweitzer）

「世界上的動物，為了他們自己的緣故存在，他們不是為人類造的；就像黑人不是為白人造的，女人不是為男人造的一樣。」

——愛莉絲・華克（Alice Walker）

「現在第三種族類，黃銅族興起，他們不像之前身形巨大的民族。他們只吃野獸的生肉，生性殘酷，心如鐵石。」

——赫西俄德（Hesiod），西元前八世紀

## 反對意見之養成

本書所呈現的觀點，雖然不複雜或是特別難懂，但因為直接與畜牧文化隱藏的假設觀

點相牴觸，所以一直都沒有被看見，也幾乎不可能說出口。如果對這些觀點的各種深遠影響仔細思考、討論和採取行動，對現狀將具有非常大的顛覆性。我們所討論的比較深入的議題，即使是其他很少在學校或媒體上看見的顛覆性的社會理論，例如馬克思主義，都尚未觸及。這些議題包括：將動物商品化和吃動物食品必然流露的控制和排外的心態，以及這種心態帶來的競爭，對女性特質（feminine principle）的壓抑，以及擁有牛群（資本）的富有階級對較低階級的剝削。馬克思的「全世界無產階級，聯合起來！」從未質疑過控制動物和自然的道德基礎，因此不能算是真正的革命，它只在人類優越論的框架內運作，從不曾挑戰視生命為商品的心態。而純素主義召喚我們團結起來，看清楚：只要我們壓迫其他生命，將無可避免地創造壓迫的文化並且生活在其中。階級鬥爭是畜牧文化統治和排外心態的結果，它只是與吃動物食品有關的不幸結果的一部分。

純素主義致力於有意識地減少對所有生命的殘酷，它的涵意是如此具有革命性，因此經常立刻被駁回，因為它挑起了認知上的不和諧及深層的焦慮。我們從出生開始，就被畜牧文化的心態灌輸，**即使自認是非常先進的人，通常也都沒有準備去質疑食物選擇對動物及人類造成的剝削**。我們天生的同情心，像是被握在水中的浮球想要冒出水面，所以我們必須努力繼續壓住它。我們使智慧和仁慈的球沉潛的方式，不僅是練習斷絕關聯的技巧，同時也醞釀出一些受文化誘導而反對素食的意見，每當浮球開始要衝出水面，我們就不斷地對自己重複這些意見。

## 輕視動物的道德觀

最基本的反對意見之一是：我們給予動物超過他們應得的同情心。主流畜牧文化人士以這樣的看法來矮化動物，嘲笑純素主義者只關心動物，而不顧人類夥伴遭受貧窮、家庭破碎、戰爭、毒癮、恐怖主義、汙染等等。這種看法，只是在重複畜牧文化根本的優越論定位，把控制動物視為理所當然。它的根本態度是動物微不足道，動物在我們手中受苦不算什麼，他們多少是多餘的、可以犧牲的。假如我們可以讓我們的心和頭腦，跳出奴役和宰殺動物文化的關鍵核心習俗所建構的框架，跳出這個絆住我們思想和感情的統治者畜牧心態的狹窄牢籠，我們將開始看見、感覺和了解動物真正是什麼。

我們會了解，**像我們一樣，動物是無限廣大的仁慈智慧的作品**，像我們一樣，他們也渴望滿足他們的本能和慾望，渴望避免身心的痛苦，像我們一樣，他們極度的神祕。假如我們真的對動物有一點點了解，那就我們無法將他們歸入任何目前我們有限的認知所做的分類裡。若注意大自然裡的動物，我們可能會看見競爭、掙扎和暴力，如同許多科學家也被訓練會做出同樣的行為一樣，不過我們也可能看見，如同克魯波特金（Kropotkin）和其他科學家所發現的——合作和互助。另外也可能看見歡樂、喜悅、幽默、關懷和生命形式無限複雜的神奇互動和表達。有一句老諺語說得非常真切，我們看事物，是照我們的樣子看，而不是照他們的樣子看。

我們對動物的了解，可能連邊都還沒摸著，我們怎麼能了解那是什麼？比方，鯨魚住在深海中，不間斷游泳，遷移幾萬里，在水底以歌聲說話，鯨群一起有意識地和諧呼吸；

比方，像鷸鳥成群飛翔，毫不費力地同步翻轉，五十隻鳥如同一隻；比方，土撥鼠精彩築巢，創造複雜的地下社區，有幾乎數不盡的房間、通道和交會口？**我們對非人類的動物的了解，被自己優越感的概念、被自己的文化，不知不覺洗腦了。我們與自然的關係，嚴重被汙染了，汙染的程度遠比我們所知道的還厲害很多。**我們對動物的理論，未來會被看成古怪的胡言亂語，就如同我們現在看中世紀用放血和水蛭治病，和以地球為中心的太陽系統理論一樣。

我們的理解力被我們物化的心態所玷汙，使得我們以歷史上前所未有的速度，滅絕動物、破壞物種和自然社區。若深入觀察，我們會發現，了解能夠帶來愛和喚醒愛，愛也能夠帶來了解和喚醒了解。假如對動物所謂的了解，不能在我們內心啟動愛的動力，允許動物實現他們的生命和目的，不能榮耀、尊敬和珍惜他們，那麼那不是真正的了解。科學在許多方面沒有辦法做到這種真正的了解，因為它常常是大公司的工具，所以追求智慧和復原的力量，最好不要過度依靠科學。

## 人類掠食的迷思

第二個畜牧文化對純素主義提出的反對意見是，吃動物食品是自然正當的，因為長久以來，我們一直都這樣做。對這種反對意見的回應，第一是質疑它本身的正確性。以個人而言，把孩子時代使用的觀念和策略帶入成年，常常產生不良的嚴重後果。我們一直都做某件事，並不代表這件事一定正確或恰當。在十九世紀時，奴役人類的行為也以同樣的方式來抗辯。**如果我們一直維護一些過時的行為和應廢棄的觀念，給予它們不該有的效力，我們如何能夠進步和進化呢？**戰爭、種族滅絕、謀殺、強暴和剝削人類的行為，長久以來一直都在進行，但我們從不敢以它們的「長壽」來辯稱他們是正當的。若我們也用這種方式，辯白對動物的奴役、剝削、謀殺、強暴和滅絕的行為很有力，但完全是似是而非的。這樣的方式只會損害我們渴望智慧成長，建立自由、和平、永續社會的健康本能。

對這種反對意見的第二個反應是質疑它的真實性。什麼是「長久」？我們畜養動物把動物當成商品的一萬年，捕獵大型動物的兩萬到六萬年，相對於現代人（Homo sapiens）出現的三十萬年，以及人類及其祖先（hominids）歷史的七百萬到一千萬年來說，是非常短暫的。與我們最接近現在還活著的親戚是大猩猩、倭黑猩猩、黑猩猩，據說雙方百分之九十五到九十八的DNA一樣。強壯溫柔的大猩猩吃的完全是植物性飲食，倭黑猩猩也一樣，而黑猩猩也以植物性飲食為主。以生理功能而言，我們古代祖先其飲食行為，應可能也非常類似這些猩猩。根據化石顯示，早期的人類：南猿（最早在非洲發現的靈長類化石），植物飲食幾乎組成了他們所有的食物。

**我們自己孕育「人是掠食者」的神話，用來做為根據，辯護吃動物的行為，傳播錯誤的概念**——如同一九七〇年瑞士動物學家古吉士柏（G. Guggisberg）所寫的：「人類從存在開始就是掠奪者和無情的殺手」。為動物飲食找藉口，下面這句也是相同的謊言：「人類是捕食的野獸」（史賓格勒，Oswald Spengler），這種話一直被重複述說，讓我們信以為真，不斷的傳承。吉姆・梅生（Jim Mason）解釋：

有一些非常強烈的價值觀深植在我們文化裡，支持殺害和消費動物做為食物。他們怎麼可能不影響人類飲食、食物收集和進化的學術研究呢？

我們文化中肉食者的價值觀，是誇大狩獵者在人類進化過程中的角色的主要因素，正如父權的價值觀誇大了男性在進化過程中的角色一樣。的確，這兩個文化的偏見，攜手合作，共同促成了人類進化「男人—權力的獵者」的模式。狩獵，是男人的工作，被大部分男性人類學研究者推崇。又因為狩獵提供了肉，所以更受到肉食的研究者加倍推崇。

「獵人創造世界」的神話，也幫忙肉食社會解決了一個非常困擾的問題。一般來說，大家對殺動物做為食物，都不只一點點不舒服，大部分人都不願意自己殺動物，除非在不得已的情況下。即使是北方的狩獵民族，大部分也以儀式包裝他們狩獵和屠宰的活動，以減少焦慮和不安。

人類學者唐娜・哈特（Dona Hart）和羅伯特（Robert W. Sussman），在最近對化石證據及靈長類動物學具有開創性的分析報告中解釋，早期人類並沒有可以吃肉的牙齒，並非掠奪的獵人。他們認為「人是獵者」和我們的祖先本就是「殘忍的畜生」的觀點，主要根據三件事：「西方人對現代人類扭曲的觀點，基督教原罪的概念，和……顯然草率的科學。」

我們必須質疑構成我們文化的一些設想，並了解這些設想如何歷久不衰。沒有人準確地知道我們究竟從什麼時候開始殺動物和吃動物。根據普魯塔克（Plutarch）兩千年前的著作：

> 原始人開始吃肉可能是因為極度困乏造成的。在那個時代，人被迫吃泥巴、樹皮、草芽和根。找到橡果或七葉樹的果實就是值得慶祝的事。假如這些人今日能跟我們說話，無疑地他們會告訴我們，我們多麼幸運有這麼多豐盛美味的蔬菜唾手可得，讓我們可以得到飽足，不需要用肉來汙染身體。他們可能很難理解在這麼富足的時代，人類會有吃肉的奢慾。他們會問：「難道你不認為美好的地球會長養你嗎？難道將地球有益健康的作物與血肉混在一起，你不覺得羞愧嗎？」

關於我們為什麼開始吃肉這個話題，目前有非常多互相矛盾的理論，不過這些理論多少都受到扭曲，因為他們都是畜牧文化的產物。許多人將部分原因歸咎於我們早期從熱帶和亞熱帶地方遷移到氣溫較低的區域，而在這些地方，植物食物不是那麼容易取得。許多的理論，被男性研究者潛在的預設立場所扭曲，他們認為「男人控制女人、狩獵大型動物、彼此爭戰」，人有史以來，一直就是這樣。這些理論顯然不正確，但仍繼續存在，因為非常適合畜牧文化整體的規範，符合其他具有相同錯誤理論者的利益。

彼得・德戴蒙（Peter D'adamo）和他的暢銷書《血型減肥》（*Eat Right for Your Type*）是很好的例子。此人鼓勵大家根據血型吃動物食品。聲稱O型的人最適合吃動物肉，因為O型據說是最老的血型。他的書完全根據過時的人類學的研究，這些研究假設最早的人類（據說是O型血型）大多肉食。德戴蒙忽略了較近期的研究顯示，早期的「獵人─採集者」，其實做採集的工作比捕獵多。大眾文化發展的背景是：強壯的山頂洞人拉扯女人的頭髮拖她四處走、吃乳齒象當午餐，所以一般大眾非常渴望相信德戴蒙，因為他的書主張大部分的人是「比較老」的血型，「必須」吃肉，吃純素飲食不好。這種理論顯然具有大眾魅力，因為百分之四十到六十的人是O型血型。德氏的理論其實是非常不正確的，因為有許多快樂健康的O型純素者，而且血型與我們蔬食的身體結構一點也沒關係，與我們施加在食用動物身上的殘酷更無關。這本書與畜牧文化基本觀點非常契合，所以銷路很好。同樣的說法，可以適用在「高蛋白」、「低醣」和「高鐵」、「高鈣」的飲食上，它們受歡迎是可以預料的，因為都在鼓勵吃動物食品。**植物性飲食給予我們充裕的鈣、鐵和蛋白質，而無殘酷、腎上腺素、膽固醇、飽和脂肪和動物性食物的毒素，已經是不爭的事實。**

面對一些典型畜牧文化的問題，可能很像佛陀對他學生比喻的——那個被箭所傷的人。佛陀說如果這個人想要發現是誰射的箭、為什麼射、在哪裡射等等，是很愚蠢的，他可能在箭還沒有移除，傷口還沒治療，在他試圖追究問題的答案以前就已經流血死亡了。同樣地，我們大家現在可以移除吃動物食物的箭且治療傷口，我們並不需要知道整個歷史，我們很容易就可以看出這是殘酷和不必要的。**不論別人在過去做了什麼，倘若這些行為是基於錯覺，我們就不必模仿。**或許過去的人認為他們必須奴役動物和人才能活下去，且其間包含的殘酷是可以被容許的，但今天很顯然這對我們而言是不必要的，只要我們隨

便走進一家雜貨店就可以很清楚地看到。**我們愈快掙脫人類天性好捕食的舊神話束縛，就愈快在靈性上進化，發現並實現我們在這個地球上的目的。**

今日我們非常幸運，因為吃動物食品最高比例的工業化國家大部分位於北方，有很好的食物配銷系統，能夠不受氣候和地形影響，將植物物性食物帶給所有居民，所以，**今天很容易便可以在任何市場買到水果、蔬菜、穀物、豆類，甚至豆漿、豆腐和天貝等等。今日很少人因為地理的原因必須吃動物食品。**最大的諷刺是，動物性食品生產起來複雜、浪費、殘酷和昂貴，在我們的文化裡卻被認為很簡單，而植物性食品，生產過程既簡單、有效率、便宜、又不殘酷，反而被視為複雜和困難。然而，真理漸漸浮現，隨著更多人拒絕為了自私的目的，把動物當成物品吃和使用，舊規範內部改變飲食的壓力也將愈來愈大。

## 科學的藉口

第三個反對的意見是科學使用動物做實驗帶給大家如此重要的科技進步，若是科學都不質疑控制動物的行為，那我們算什麼？然而，我們可以看到科學總是反映主流文化的基本定位，科學與文化總是互相呼應，互相複製。如同孔恩（Thomas Kuhn）的經典之作《科學革命的結構》（*The Structure of Scientific Revolutions*）指出的，**科學的典範像文化的典範一樣，拒絕改變**。科學的歷史顯示，科學與其說是客觀真知的漸進累積（這幾乎是不存在，因為它以背景決定意義和真理），不如說是一連串訓練的基礎典範的變動。

典範是一些內在的模式，我們透過這些模式來架構知識和經驗，讓這個世界變得有意義，而這些典範是學習得來的。在學校裡，我們學習一些內容的表層（例如生物學、歷史和數學的一些論據和觀念），也透過教育過程本身的形式，學習一些典範層次的東西。這是透過教育的結構傳達的無形學習，例如給予考試、叫學生彼此競爭、將知識劃分為分離的科目、用動物解剖、賦予老師權威以對待學生等等。文化藉著這些典範的學習，複製了自己。**我們的文化和科學，對待自然最根本的典範，就是數量化和商品化；**這個根本的典範也是以這種方式被學得的，然而它現在愈來愈受到更高等次序的挑戰，例如仁慈對待所有生命的純素食和靈性的典範，以及所有生命息息相關的典範。我們現在開始看見這些典範之間的緊張關係，反映在我們文化所有的組織裡。

孔恩強調**挑戰現有科學典範的理論或發現，通常都來自年輕的研究學者或是科學訓練以外的人，因為他們比較能夠跳脫傳統典範的框架自由地思考。**在主流典範內的人的反應，一開始都是先忽略或拒絕新的典範。然後當新典範愈來愈強時，就開始嘲弄或攻擊它。最後，如果新的典範經過時間的考驗獲得信用，它就會推翻和代替主流的典範。在飲食方面，這種壓力繼續在增加，主要來自年輕人或外來者（離開故鄉的人），主流的典範已經不再能忽略純素食的典範。

科學是主流畜牧典範的忠實護衛者，但也可以是推翻它的有效工具。科學公平、公開的應用新典範和公布結果，可以很容易和很清楚證明：植物性飲食遠比動物性飲食健康和永續。然而由於舊典範受到這些控制科學經費的人的保護，科學研究很容易傾向

「證實」支持大公司議程的結論。**目前大公司提供大量的經費給大學，加上政府服務企業的導向，使得國家的兩大企業——食品和藥品業，可以穩定不斷地製造廣為流傳的文宣和研究，使大家不去注意動物食品在病原學上所扮演的負面角色**，這些文宣和研究，也一再聲明動物食品包含不可或缺的營養素。緊跟在這兩個巨大企業後頭的是銀行業，他們投資了數以十億計的美金，支持高科技的肉品和醫療集團，銀行業也需要動物食品和醫療手術穩定和充足的需求量來獲利。因此純素主義對這兩大企業來說是深度危險的。所以這些研究團體承受非常巨大的壓力，要對抗純素主義所代表的、朝向更高意識和同情心的進化運動。

與其仰賴科學確認純素主義的效力和蔬食的生理功能，我們可以做得更好，可以呼籲大家注意宇宙共通的真理：動物無可否認地能夠感受痛苦；我們物質的身體，強烈受到思想、感情和志向的影響——我們若對他人撒下不幸的種子，不可能收割歡樂。我們不自然地奴役他人，自己也不可能獲得自由。大家都互相關聯，這是我們的「心」了解的事。純素主義最終是一種選擇，選擇傾聽內心的智慧。

增進對這些真理的了解，可以給予科學界迫切需要的指引。愛因斯坦是非常正確且有先見之明的，他寫道：「我們的科技顯然已經超越了人性，這非常恐怖。」脫離與其他生命互相關聯的直覺的科學，擴大分離的精神錯覺，會把我們快速帶向自我毀滅。到現在我們應該很清楚，傳統科學事實上是它自己的神話，有一套預先設好、充滿價值觀的根本假設，這些假設就和任何宗教一樣，被理所當然的接受，也如同其他宗教一樣，容易被有錢有勢的人濫用。

## 宗教的藉口

宗教組織常常宣揚我們是靈性的生命體，動物不是；我們有靈魂，動物沒有；我們可以吃他們，因為我們被賦予「管轄」動物的權利。這些反對純素的意見反映了這些宗教組織發源的畜牧文化的定位，然而聖經學者指出，在創世紀裡被翻譯成「管轄」的原始希伯來文，它的字義是「管理」的意思，絕對沒有暗示或是寬容，我們有權可以剝削、囚禁、忽略和折磨動物供我們使用。被視為我們文化主要道德和倫理指南的宗教組織，像科學一樣，幾乎毫不質疑地採用畜牧文化的典範，把動物視為財產物件。

然而，只要眼界一超出膚淺的教條，就可以**發現反對壓迫動物的強烈聲音從頭就存在於基督教和猶太教的傳統裡**，從較晚期的希伯來先知以賽亞（Isaiah）、何西阿（Hosea）到耶穌（Jesus）和他的猶太門徒，到較早期的教會前輩如耶柔米（St. Jerome）、革利免（Clement）、特土良（Tertullian）、聖金口若望（St. John Chrysostom）、聖本篤（St. Benedict），到後來的聲音約翰衛斯里（John Westly，衛理宗的創始人）、威廉・麥考夫（William Metcalf，新教牧師，在美出版的第一本素食主義書籍的作者）、懷艾倫（Ellen White，安息教會Seventh-Day Adventist Church創始人）、查理士及莫托・費爾摩（Charles and Myrtle Fillmore，基督合一派the Unity School of Practical Christianity的共同創始人），這些人士都反對以動物為食。還有著名的猶太教拉比（猶太教的牧師）及作家，如施洛莫・戈倫（Shlomo Goren）、摩西・邁蒙尼德（Moses Maimonides）、柯克拉比（Rabbi Abrham Isaac Kook）、以薩辛格

（Isaac Bashevis Singer），也一樣反對。

以上這些以慈悲、正義對待動物的純素主義理想，許多世紀以來一直都被清楚有力地表達著，它們常常來自宗教體系之內，但非常奇特而且具有啟發性的是，這些聲音竟被畜牧文化完全壓制和忽視。這似乎是一種無意識的反射動作。例如，如果我們閱讀耶穌真正的教理，會發現他熱情地勸導慈悲和愛，但是歷史上的耶穌可能是純素者的概念，對多數的基督徒而言是非常極端的說法。**耶穌勸導我們要彼此相愛，不要對別人做我們不希望他們對我們做的事，這是純素主義的倫理精華**，因為那是以無限的慈悲，容納所有可能因為我們的行動而受苦的生命。

依據這一點，凱斯・阿克斯（Keith Akers）的論點非常引人入勝，阿克斯極具說服力地證實耶穌和他早期的追隨者是倫理素食者（ethical vegetarian，注：此處「倫理」含有道德的意思），他們高於一切的戒律是非暴力及簡單和諧的靈性生活。阿克斯完全引述與耶穌早期的追隨者有關的最早期書面資料，這些早期追隨者是被稱為「伊便尼派」（Ebionites）的猶太人。阿克斯嚴謹的學術研究顯示，耶穌的原始信息如何被竄改和壓制。他敘述了耶穌的追隨者如何因為反對耶路撒冷教堂內不斷以動物做為祭品的習俗而遭受壓迫，這些追隨者後來與早期教會分裂，同時代的人，可以非常清楚地辨識出這些人是「倫理素食者」。

耶穌的信息在當時是非常極端、不能被接受的，因為他傳播革命性的純素主義，也就是對所有生命的慈悲與愛，這個信息直接攻擊了今日我們所處的時代和過去耶穌時代構成畜牧文化的控制和排他心態。**耶穌質疑戰爭和壓迫的根源，在當時和現在一樣，就是宰殺**

**動物和吃動物**。當時，在耶路薩冷猶太教堂裡，牧師執行的牲畜祭祀是猶太教權力結構、財富和名望的來源，也是一般大眾肉食的來源。耶穌在猶太教堂裡趕走那些賣動物來宰殺的人，是對畜牧文化的根本規範——視動物為財產、祭品和食物，做了大膽的攻擊。阿克斯寫道：「我們必須記得當時的教堂，比較像屠宰舖，比較不像現代的基督教教堂或猶太教堂。『清洗教堂』即是解放動物的行為。」如同阿克斯、珍妮特・蕾加娜・海倫（J. R. Hyland）和其他作家寫的，就是因為這個罪大惡極的革命性舉動，耶穌必須被畜牧文化的權力精英釘在十字架上。

阿克斯認為早期的基督教會一直受到分裂主義的禍害，主要是因為保羅和其他人想把教會帶往與耶穌真正的教理完全相反的方向（保羅特別反對純素主義，而純素主義顯然是耶穌教理的核心教義）。阿克斯解釋，新約聖經羅馬書裡有許多篇幅有關保羅（Paul）和耶穌的兄弟雅各（James）的衝突，根據革利免（Clement）、伊皮法紐（Epiphanius）、特土良（Tertullian）和俄利根（Origen）的早期著作可以了解，耶穌、雅各、彼得和一些直接門徒都是倫理素食者，但保羅和巴拿巴（Barnabas）以及其他後來的人不是。阿克斯經由詳細的歷史分析解釋，保羅的非素食運動，如何經常透過殘忍的手段，最後掩蓋了耶穌有關非暴力教理的原始要旨，以及為何原始的基督徒——素食的「伊便尼派」（Ebionites）不能生存的原因。

在宗教裡，如同科學和社會一樣，不能容許主要典範不一致。母文化主宰的典範是剝削，象徵和表現在祭祀動物上，耶穌被那個文化的人稱為上帝和救世主，但他反對祭祀動物的信息卻被隱藏和拒絕。那為什麼他對戰爭、宗教傑出人物統治（論）、犧牲他人尋求自己利益、國家主義、種族主義和許多母文化的基本特徵，革命性的反對意見，被保留並且奉為聖典？這是因為他反對殺害動物的意見，更激烈徹底、更實際、並且威脅到既有的體制；因為他質疑我們的飲食，我們每日生活最切身、經常性的景象。畢竟我們不會一天宣戰三次。這種相同的拒絕模式沿用到今天。就像這本書前面提到的，合一教派的共同創始人查理士及莫托・費爾摩（Charles and Myrtle Fillmore）的熱情教理，他們倡導慈悲對待動物的純素倫理，在不到七十年的時間，也幾乎完全被壓制和遺忘。當合一教派的牧師和聚會者熱烈和尊敬地討論費爾摩有關禱告、形上學及基督療效的書籍和教理時，他們有關純素主義的教理卻被當成「怪癖」忽略或跳過。

許多基督徒仰賴一個有趣的方式反對植物性的飲食，就是引用耶穌的話「入口的不能汙穢人，出口的乃能汙穢人」（馬太福音十五章十一節）。這句話常常被詮釋為准許我們吃任何我們喜歡的東西，而不是指要小心自己的言論。到現在我們應該已經很清楚，這種反對的意見，完全抓不到重點。當我們在一家熟食店、餐廳或市場點了一客雞肉或起司漢堡「那」一刻，我們就是在從事暴力行為，對毫無抵抗力的動物和較不幸的人造成「謀殺」、「竊盜」和痛苦。那一刻，**我們就像一個將軍，下令殺死在遙遠國家的某個人，雖然他沒有看見血或聽見尖叫聲，然而他還是得對謀殺負責**。

許多佛教徒也使用類似的藉口吃動物食物。雖然釋迦摩尼佛明白禁止吃動物的肉，但有些佛教徒說，他允許我們吃「不是專為我們殺的動物」。市場裡的雞肉或餐廳裡的起司漢堡，都不是專門為我們準備的，他們原本就在那裡，但這顯然並不符合我們的情形，因為只要我們一點雞肉或起司漢堡，市場或餐廳的庫存就會由於我們的購買而耗竭，另一隻死雞或起司堡的訂單就會發出來，為了供應這張訂單，動物就會被運送和殺死——專門為了我們。

另一個標準的「宗教」反對意見，是拒絕給予動物我們給予自己的靈魂。控制的心態一直都是一種「排除」的心態，例如消費動物，它甚至延伸至「新世紀」（New Age）運動。有一個很好的例子是蓋瑞・朱卡夫（Gary Zukav）的《靈魂的座位》（*Seat of the Soul*）。這本暢銷書受到許多自認為很進步、心胸開朗、重視靈性的人的敬愛。不足為奇地，在以「靈魂」為標題的那一章，朱卡夫聲稱只有人類有個體的靈魂，動物只是他物種的「群體靈魂」的一部分。「每一個人類都有一個靈魂。人類朝向個人靈魂領域的旅程，是人類王國不同於動物王國的地方。動物沒有個別的靈魂，他們只有群體靈魂。每一隻貓是貓的群體靈魂的一部分，諸如此類。」他還說在動物的群體靈魂裡，有等級制度，海豚和人猿高於狗、狗高於馬，諸如此類。然而他對他的假設並沒有提出任何證據。

這本書顯然是我們文化製造出的文學海洋中的一個波浪，試圖以靈性為基礎為虐待動物的行為進行辯護。朱卡夫著作的讀者，知道他們吃的雞、魚、牛或豬並不是真正有靈魂的個體，只是他們物種「群體靈魂」的一個表現，必然覺得很欣慰。很諷刺地，這本書意圖闡明靈性及提升意識，卻做了相反的事，它降低了讀者的敏感度，使他們對動物必須遭受的實際痛苦視而不見，因為這本書把動物貶低成物體，假設成「群體靈魂」碎片。

這種情形使人想起美國的奴隸時代，當時的宗教領袖手中拿著聖經，使用類似的措詞，聲稱黑人沒有個別的靈魂，他們比較像動物，而不像被賦予靈魂的白人。這也使人想起托馬斯・阿奎納（Thomas Aquinas），他在一千年前聲稱動物和女人都沒有靈魂。雖然黑人和女人最後被賦予了靈魂，但很明顯地，是那些當權者為了自己的目的，決定誰有靈魂。

伏爾泰（Voltaire）有智慧地說：「假如我們相信荒誕的事，就會犯下殘酷的行為。」文化是談話的產物，而我們的談話，仍然被從小接受的剝削的畜牧典範的觀念和假設所主宰。**要阻止殘酷的行為，必須從動物是沒有感覺、微不足道、沒有靈魂的財產物體的荒謬觀念中覺醒**，讓動物受到倫理的保護。這當然意味著挑戰我們社交及宗教生活中心的飲食，以及在這些飲食中「藏在最明顯的地方的」殘酷行為。這些斯瓦米・帕布帕德（Swami Prabhupada）說的話，昭示了一種有別於主流文化規範的替代規範：

**帕布帕德：**有些人說，我們相信動物沒有靈魂。那是不正確的。他們相信動物沒有靈魂，因為他們想吃動物，事實上動物的確有靈魂。

**記者：**你怎麼知道動物有靈魂？

**帕布帕德：**你也可以知道。以下是科學證明。動物吃東西，你也吃東西；動物睡覺，你也睡覺；動物防衛，你也防衛；動物有性行為，你也有性行為；動物有小孩，你也有小孩；你有住的地方，動物也有住的地方；動物的身體被砍，會流血，你的身體被砍，也會流血。這些都是雷同點。為什麼你只否認這個靈魂存在的雷同點？這是不合理的。你學過邏輯吧？邏輯裡有一種東西叫類比。類比的意思是找到許多雷同點，做出結論。如果人類和動物之間有這麼多雷同點，為什麼只否認一個雷同點呢？那是不合理的，那不叫科學。

叔本華（Schopenhauer）在批評基督徒如何對待動物時寫道：「這種道德觀真是可恥，它無法辨識存在於每個生命裡的永恆本質，這個永恆的本質從所有看得見太陽的眼睛裡，神祕地閃耀出來。」

**不論是否相信動物有靈魂，只要知道動物像我們一樣會受苦，宗教人士就有義務讓動物減少受苦。**做為靈性動力及教理的護衛者和工具，我們的宗教組織有非常重大的責任，為所有沒有聲音的弱者說話，若是他們沒有辦法做到這個程度，就是背叛了自己的使命，變成恐怖和壓迫的賦予者。無法保護生命，本身就是一種行動，一種迴避的行動。宗教組織把視線投向別處，忽略無辜動物的苦境，等於是在支持我們的文化中，把動物視為物體的不人道行為，這種行為，還化為我們的日常作息。

宗教組織的迴避，使得暴行繼續下去，也使得一般大眾的迴避變得正當。**這種迴避是我們文化最擅長的一種典範的學習方式。這種學習往別處看的行為，帶來所有學習者靈性的死亡。**宗教組織鼓勵這種行為，顯得他們多麼偏離了熱情的的慈悲和關照一切的仁慈。這些美德，原本是開悟和靈性進化的人的教理和生活方式，由於他們，才促成這些宗教的誕生。

我們互相關聯的靈性教理以及普遍慈悲的純素主義倫理，除了本身很重要、具有改造作用，也與所有世界宗教彼此相愛的核心教義完全一致。這些概念對於現狀是很危險的，因為它顛覆了目前維護迴避、自我誇大和暴力的主要典範。

身為雜食者，會很厭惡純素者提醒我們，我們造成的痛苦。因為我們寧可舒服一點，把所有醜陋的事物隱藏起來，但是我們的舒適與正義和真正內在的平靜是無關的，它是從阻擋和隔絕得到的舒適，為了它，我們要付出可怕的代價。我們可能會說我們一直都很感謝動物的精神，因為他們貢獻身體滋養我們，用這個說法來使我們的飲食合理化。但如果有人把我們鎖起來，折磨我們，偷走我們的小孩，刺死我們，而只要他們感謝我們的精神，我們就會默許嗎？切斷關係和麻木不仁的舒適和內在的平靜是不同的。內在的平靜是清醒的意識的果實，清醒的意識帶來了悟，配合了悟過生活，使我們獲得內在的平靜。

相信荒謬的理論就會犯下暴行，並且傳給子孫，一代接一代。殘酷的行為比平靜的話語，說話的聲音大很多，這是我們稱之為家的畜牧文化的艱難困境。解決困境的唯一方法，是就讓我們的認知和倫理進化到更高的層次，也就是我們的行動不再違背言論，我們不必再無意識地拒絕承認我們的所做所為；**我們言行一致，並且用我們的行動，彰顯宇宙普遍的靈性教理：彼此相愛，憐憫弱者和無還手之力者。**我們都是無限的神祕聖靈的歡樂創作，值得榮耀與尊敬。假如宗教不強調這一點，那是應該換掉的時候了。

## 其他的反對意見

囚禁和殺害動物是沒有任何真正的理由可言的，但由於我們的頭腦一直受畜牧文化的薰陶，可能仍然會用下面這些法寶來對抗純素的行為：植物也會感覺痛苦；素食也是暴力的，因大型穀物的收成，也會殺死老鼠和田鼠；假如我們不吃牛，這麼多牛怎麼辦？動物吃其他動物，為什麼我們不行？我不喜歡這麼嚴格，心胸狹窄，我喜歡正常吃東西；我不想像大部分素食／純素者一樣，好像「比你神聖」；還有，我不喜歡別人教我吃什麼。

這些論調會使許多人繼續把買賣、囚禁、殘害和宰殺動物做為食物當做合理的事，所以我們必須做一些反應。第一，對於植物、老鼠和田鼠，如果我們真的關心他們，我們應該要記得，美國有百分之八十的穀物是用來餵食動物，生產肉、奶、蛋的；**我們轉向植物性飲食，事實上可以解救植物和住在田裡的這些小動物**。因為，每年為了種植玉米、黃豆和其他植物餵養我們吃的數不清的動物，有上億英畝青翠的森林和野生動物棲息地遭到破壞，並且目前還在持續地破壞當中；為了提供便宜的牛肉給美國的速食通路，好幾百萬英畝的熱帶雨林也遭到蹂躪。如果我們真正關心植物和動物，選擇純素飲食是很好的方式，可以幫助生態系統、動物棲息地和動物總數的復原。第二，隨著我們逐漸減少牛群的繁殖，我們國家的大草原、高山和乾燥區域，特別是西部被牛群蹂躪的地區，可以逐漸恢復；溪流、地下水、植物群、鳥類、魚類、土撥鼠、駝鹿、土狼、羚羊，和其他本土的野生動物的數量也會再度增加，使**緊張、被耗盡的生態系統，重新活過來，充滿生機**。

第三，雖然某些動物吃其他動物是事實，但草食生理功能的動物不會吃其他動物（除非被人類強迫），也不會喝其他物種的奶。關於動物的其他行為，我們並不喜歡模仿，例

如有些男性動物會殺死自己的小孩吃。動物行為的類別廣泛而神祕，任何人類可以想得出來的行為，都可以用某些動物身上可看得見來合理化，但我們一定不會那樣做。至於其他的反對意見，假如每次我們要吃某隻動物的肉，我們必須用手握住這隻嚇壞了動物，注視他的眼睛，用刀子刺他，我們會發現這些強辯立刻消失。最後，最後的一個反對意見尤其諷刺，說什麼「我不喜歡別人教我吃什麼」——我們一輩子都被教導要吃什麼，這（幾乎）是我們吃肉唯一的原因。

上述的反對論調，令我們想到另一個反對植物性飲食的普遍說法——吃植物性飲食，實在太不方便和不可口了。這是一個畜牧文化典範幾乎共同的反對意見，它忽略了因為我們吃動物食品，加諸在動物、貧窮不幸的人和未來子孫身上的困難和不便，也忽略了吃動物食品和汙染、恐怖主義、毒癮、慢性病等的關聯性。蓄奴的人也持同樣的反對意見，因為他們放棄奴役人生活也會變得同樣不方便。

還有一個更嚴重的反對意見，和前面的反對意見持相反態度。這個反對意見說：我們不認為採用這種簡單、可口、便宜的飲食，對個人和共同的生活可以有正面顯著的影響力。這個反對意見是受到我們文化暴力心態的影響，認為和平、歡樂、和諧和滿足是很難達成的。當然難達成，如果我們每天飲食的慣例是視生命為物體，無情宰殺他們，並且分裂和麻木自己，把整件事情隱藏起來讓自己看不見。然而，若開始把動物看成獨特的生命，知道動物有他的興趣、感情、欲望和目的，若我們的行為改變開始反應我們的觀點；那時和諧、和平和歡樂，就會很自然地開始在我們生活中展現。

既然成為純素者看起來變容易，為什麼「純素」不能更普遍呢？尤其是在成千上萬致力於靈性成長、社會正義、世界和平、宗教自由和提升意識的人當中？要對我們的身、口、意對他人和自己造成的暴力行為負責，不像把這個世界的暴力歸罪在別人身上那麼容易。以我們的文化裡只有極少數的人成為純素者的情形來判斷，這個「純素」的承諾需要某種程度的突破，而這個突破點不容易找到，因我們從出生開始就浸泡在畜牧文化統治和排他的心態中。純素主義中有某些東西是很不容易做到的，它不在素食本身，而在我們的文化。

純素食本身並非萬靈丹，但它有效地排除了我們通往快樂、自由和靈性開展的基本障礙。它是非暴力、生動而不間斷的表現，是改造我們個人生活巨大而有力的媒介，尤其我們文化如此強烈地反對它。**我們目前的輿論處於昏睡狀態，毫不質疑地順從，允許慘忍和奴役的行為繼續下去，而過純素飲食帶來的生活，能自然地把我們從這種昏睡狀態喚醒。**若能拒絕把動物看成商品，就能看穿許多許多其他的藉口。純素飲食對我們個人是如此具有改造性，如果我們的文化也這麼做，超越把動物僅視為商品的老舊定位，那改造的力量將無與倫比。

這像一艘船被某個長度的繩子繫在碼頭上，當我們出發橫越到對岸去，繩子的長度還夠用時，我們對自己的進度覺得很滿意。但繩子用完了以後，雖然我們一直發動引擎，製造不少煙霧、波浪、騷動，卻不能真正前進。等到我們發現有繩子拉住，解開它，我們前往對岸的計畫才會有重大的進展。這艘船當然代表了我們的生命，對岸則代表我們靈性、創意和智慧潛能的實現，而繩子就是我們受文化影響的購買、虐待、宰殺和吃動物的習俗。解開繩子，就能自由出發，橫越水域，最終抵達彼岸。

若我們文化朝向純素主義的方向發展，巨大的治療和解放力量將洩洪而出。事實上，想像我們文化成為純素主義的文化，真的是在想像一個完全不同的文化。這個一直都在的潛能，在向我們招手。我們每一個人，都是我們文化的代表，是文化根本改造和覺醒非常重要的一部分。**想到教育、經濟、政府、宗教、醫療及其他組織，都以榮耀和保護動物及人類的權利及利益為出發點，是非常令人興奮的。**當整個文化停止買賣動物，一個仁慈、公平、合作、和平和自由的新世界，也將自然地展現在人際關係上。

改變我們個人的食物選擇，反映慈悲的意識，將能改造我們的生活，幫助我們的文化朝正面的方向發展，這種變化將比任何我們能想像的改變都大。緊跟著改變個人的飲食選擇以後，我們必須在我們的關係上練習留心和非暴力，調整我們的頭腦和心智，使它們與互相關聯的真理同步，讓我們能更深入地進入當下，直接體驗生命的神祕、喜悅與美麗。

第13章

# 進化或毀滅

「若有人把上帝造的生命排除於慈悲憐憫的庇護外，那麼這人也會以同樣的方法對待他的人類夥伴。」

——聖方濟（St. Francis of Assisi）

「沒有愛，獲得知識只會增加混淆，帶來毀滅。」

——克里希那穆提（Krishnamurti）

「直覺是唯一有價值的東西。」

——愛因斯坦（Albert Einstein）

## 兩個具漏洞的觀點

從各種不同觀點來看動物性飲食，會發現吃動物的結果，遠遠超過我們一開始想像的，就像一個小男孩被抓到在折磨青蛙，我們的文化含糊地說：「這沒有什麼。」就不管了，但事實上，動物性飲食的後果是非常嚴重的，不只對我們手中那隻不幸的動物，對我們自己也一樣。我們的行動，強化了我們和其他人的態度，這些行動的漣漪擴大成今日震撼世界的麻木、衝突、不公、殘酷、疾病和剝削。

即使是那些承認我們對待動物的行為是大罪的人，可能也覺得這個罪和其他我們世界上的罪惡一樣，是人類缺點的產物，像是無知、驕傲、自私、恐懼等等。依據這個觀點，我們施加在動物身上的恐怖是個問題，但不是我們問題的根本「原因」——並且，因為是動物的問題，動物不像人類這麼重要，所以是比較不重要的問題。

只有能超越「這不算什麼」和「這個問題只是像其他問題一樣」這兩個觀點，我們才能夠踏出我們文化的背景，**看清我們無情虐待動物的整個效應，了解它是全球危機背後，引發全球危機的隱形暴怒**。

## 暴力的循環

今日有許多有關阻止暴力循環的言論，暴力循環通常被理解為「受傷的人傷害人」症候群。被侵犯和虐待的小孩，長大成人以後，很容易侵犯和虐待他們的孩子，暴力會不斷地自己延續下去，一代接一代。我們以阻止虐待兒童的方式解決這個問題，卻沒有看見更深一層的動力。**人類的暴力循環不會停止，除非我們停止潛在的暴力，停止對食用動物所犯下的無情的暴力行為**。我們以一種文化許可的細微的、無意的、但有力量的方式虐待兒童，教導小孩吃動物並且麻木不仁。我們的行為決定我們的意識，強迫孩子吃動物，對小孩造成很深的傷害——孩子必須與他們盤子裡的食物、自己的感情、動物和自然切斷關係；這對孩子非常不利，會為他們的未來種下疾病和防禦心態的種子。傷口繼續下去，傳給下一代。

強迫孩子吃動物食品，帶來了「受傷的人傷害人」症候群。**受傷的人在每日飲食儀式中傷害動物，我們的胃裡、血液裡和意識裡都帶有暴力。把它掩蓋起來，忽視它，並不會讓它消失。**愈是假裝、隱藏，它就像陰影一樣，更黏著我們，纏著我們。人類暴力的循環，就是這個陰影的不斷投射。

## 陰影

根據榮格學派（Jungian）的措詞，籠罩我們文化最巨大、最棘手的陰影，就是殘酷和暴力的對待動物，它要求、演練、吃，並且嚴密地隱藏和否認。如同在第一章提到的，根據榮格的理論，陰影的原型代表那些我們不願意承認的自己的面向，那些我們想斷絕關係的自己的某些部分。對我們的文化而言，陰影不是它自己。在這裡，陰影指的是我們否認和壓抑的殘酷和暴力。我們告訴自己，我們是善良、正義、仁慈和溫和的人。我們只是正巧喜歡吃動物，沒有關係，他們是準備給我們使用的，我們需要蛋白質。然而，我們飲食底下極端的暴力和殘酷是無法否認的，所以我們共同的陰影，愈是否認它的存在，它變得愈大。

榮格強調陰影在心理治療上，「可以」被聽見。這是為什麼對動物做的事，最後會對自己做的原因。陰影是有生命的不能拒絕的力量，它終究不能被壓抑。每天囚禁、殘害和宰殺數以百萬計的動物，並且使整個殘酷的血腥屠殺被壓制和看不見，這種行為具備的巨大心理力量，分兩方面運作，一方面它使我們麻木、麻痺和武裝自己，降低我們的智慧和溝通能力。另一方面，它使我們透過投射的方式，做出我們壓抑的行為。我們為了宣洩殘忍、暴力和專橫，這些我們拒絕承認在我們身上的品質，我們選擇一個可以接受的目標來憎恨，然後攻擊它。**當我們了解，我們隱藏性的對動物的極端暴行，以及這個行為所創造出來的難纏的陰影，就很容易理解為何全球會有五萬個核子彈頭的存在。**我們對抗恐怖主義「永無止盡的」戰爭，不只可以理解，而且是無法避免的；我們對生態系統所做的可怕毀滅行為；對世界上窮人的猛烈剝削；和毀滅無數人類生命的自殺、毒癮及疾病，都如出一轍。

陰影是為我們做骯髒工作的自己，它讓我們可以在自己眼中看起來比較善良、比較滿意。愈是壓抑和切割自己，我們會承受更多內在的困擾，所以必須把它們投射在外在的邪惡力量上——敵人或是某種代罪羔羊，以便宣洩被我們否認的暴力。我們會視這些敵人為罪惡的本體，因為他們代表了某些我們不願面對的自己的層面。在設法消滅它們的過程中，我們被驅使建造了最恐怖的武器。幾世紀以來，我們不斷發展這些武器，到今日我們已經有能力消滅比現有人類多幾百倍的人口。吃愈多動物，投射愈多敵人、創造比過去更多的武器。每一分鐘，我們的屠宰場殺死兩萬隻的陸地動物，五角大廈花費了七十六萬美金。這筆用來發展傷害和摧毀其他人類的巨大費用，是人類吃動物造成悲劇性的智慧泯滅最壞的表現。美國二〇〇四年的軍事預算為四千億美金，占了全球軍事預算九千五百億美金的百分之四十，而花費這筆軍事預算的全美人口，只占全球人口的百分之五。這是浪費在暴力和死亡上的巨大資源。據估計，每年只要兩千三百七十億美金的經費，連續十年，就可以——提供健康照護給全球人口、根除飢餓及營養不良、提供乾淨的水和遮蔽物給每個人、拆除地雷、消滅核子武器、停止森林砍伐、預防全球暖化、預防臭氧外洩和酸雨、免除開發中國家麻痺的債務、預防土壤酸化、生產安全乾淨的能源、停止人口過剩和根除文盲！然而，我們卻缺乏建設性地使用這些資源的意願和體認。相反地，我們繼續瘋狂地擴大原本已經膨脹的生化武器、化學武器、核子武器、心戰喊話器和祕密高科技武器的數量。**這些武器使用者和他們想殺害的對象之間的分離關係，也刻畫了我們殘酷的宰殺和虐待動物的實況。**

投彈駕駛員、將軍和從政者，他們決定和操作武器，從沒有真正看到武器造成的恐怖和極度的痛苦。我們整個的文化非常曉得如何與我們施加在別人身上的痛苦分開，因為每天吃動物食品的時候，都在練習這個技巧。在某個地方，由於我們的決定，一隻被虐待、害怕的動物，就會被攻擊和刺死。在戰爭中和食物生產過程中，我們使用類似的修飾言詞，像是「收割」動物，或是「雙邊損失」來保護自己避開屠宰場或被轟炸的鄉村或城鎮的大屠殺罪名。我們會避開對動物的暴力罪名，自然也會消毒和掩飾我們對其他人類的戰爭暴力。我們的媒體說：是邪惡的敵人使我們必須做這些轟炸和殺戮的行為，我們不只同意戰爭，並且由於飲食習慣造成的巨大陰影，我們還無意識地煽動它、要求它。

每天，我們造成三千萬隻的禽類和哺乳類，以及四千五百萬隻的魚類遭到致命的攻擊，好讓我們能大快朵頤。這個現象通常被認為是給好人吃好食物。**我們用這些食物餵養我們的陰影，讓它變得愈來愈強大無恥，因為它吞噬了我們壓抑的憂鬱、罪惡和反感**。非常奇怪地，陰影變得愈大、愈有力，卻愈難看得見，雖然事實上它不只是當著我們的面，還進駐我們的鼻子和所有細胞裡。在心理治療上，大家都知道，看到自己陰影的原型是非常解脫的，但我們很不容易看見它，以及了解它是如何運作，因為我們本能地想拒絕自己的陰影，這是為什麼觀看在養殖場暗中拍攝的虐待動物的影帶者，大部分是不吃動物食品的純素食者。陰影在定義上是我們主動壓抑的東西，所以我們一定會想避開引起它進入我們意識的經驗。即使是花費時間寫陰影的榮格派學者，也都無法看見這個最大的陰影，因為他們通常和其他人一樣，也吃動物和剝削動物。**我們要獲得精神和心理上的自由，必須看清和接納自己陰暗的層面**；而只有停止吃動物食品，不再封鎖意識的需求，我們才可能看清和接納自己陰暗的層面。解開動物的枷鎖，就是解開我們的枷鎖。

## 目的和手段

所有的有情眾生都有權益。我們創造了複雜的社會和法律體系來保障我們的權益不受損害，儘管我們保障權益的能力，可能會受到種族、階級和其他特權因素強烈的影響。身體受到拘禁，蒙受痛苦和損害的攻擊，遭受飢餓或被偷竊，被殺害，或是被迫做出降低品格、不自然的舉動，都侵犯了我們的權益，任何人對我們做這些事都將承擔法律和社會的責任。然而，我們現在卻用這些方式對待動物，而不受懲罰。**我們希望自己的權益受到保護，卻不在乎他們的權益，這是我們不願面對的陰影，也是暴力循環的真正原因。**我們必須超越這個暴力循環而進化，不然就是走向毀滅。我們的毀滅，雖然悲哀，但對地球上大部分的動物來說，卻是極大的祝福。這個深度困擾我們的思維，應該會激發我們檢討自己，做出改變。

只有體認到飲食是形成意識的中心力量，我們才能存活和茁壯。**食物被吃下去，變成意識的物質載體，意識從它自己，選擇將什麼納入自己。我們栽培和吃下去的是恐懼還是愛？**是驚恐的動物還是被培育的植物？我們不可能用殘酷的磚塊堆砌愛的高塔。

甘地和其他靈性成熟的人，都強調使用的手段和達到的目的是一體的，一樣的，它們絕對不可能不同。誠摯的和平主義者穆斯特（A. J. Muste）曾說：「沒有通往和平的路，和平本身就是路。」進化靈性的法門就是專注在當下的法門，我們本身必須是我們渴望在世上看到的進化和正面的改造力量。**要和平地過生活，本身必須和平。要享受甜蜜的愛，本身必須有愛心。**

愛，要「成為」真正的愛，必須以行動表現，實踐它。發展愛的能力不只是進化的手段，也是目的。當我們充分體現愛，將能領悟到我們與所有生命同一體的真理。我們真正的本性，未來的自己，非常誘人地向我們招手，它就是內在的召喚。**同情心可以被視為愛的最高形式，因為它是神聖的整體分布給它各個部分的愛，**這個愛也反映在各部分彼此間的愛上。同情心既是進化的果實，也是它背後的動力。愛渴望更大的愛。

進化是生命的本質，所有生命都要進化、成長和轉變，所以進化的驅動力，滲透在我們的生命當中。我們依靠在感情、藝術、智能和靈性方面成長的機會，得以茁壯。我們的生命是非常珍貴的，因為它是這樣的一個機會。我們的生命，隨著我們回應這個共同、無法拒絕的進化的呼喚——愛的呼喚——的程度，而有意義。

進化的涵意，不只是改變而是轉變。在神話世界裡，主角拒絕離家踏上進化的旅程時就生病了。對我們整個文化而言，也是一樣。我們的身心必須擺脫舊有停滯和舒適的隔離環境，擁抱內在進化的催促，喚醒同情心和直覺的智慧，根據所有生命息息相關的真理生活。完成這種轉變，是指我們實踐了愛的真理，真正理解我們互相關聯的關係，而不只是談論它。

## 直覺的課題

這是相當基本的功課，假如我們不能停止吃動物食品的殘酷行為，怎麼可能發展敏感度、靈性意識和自由創造的能力？我們的進化需要發展直覺，即發展更高等的、超理性的認知，它能從部分看見整體，使我們脫離只關心自我的牢房。直覺是一種不受自我是分離個體的幻覺所影響的直接認知，它帶來復原的力量，因為它見到更大的整體，那是單獨的自我透過邏輯分析所無法看見的。理性和分析一向只能依靠劃分和比較；只有從屬於直覺的直接了解的智慧和同情心，才能變成有用的工具。**沒有直覺，理性和分析變成非常不理**

**性，它們變成剝削和衝突的工具，變成混淆的自我毀滅之媒介。**沒有直覺引導的同情心和互相關聯的感覺，理性和分析很容易變成歇斯底里的恐懼、侵略和投射代罪羔羊的工具。這些負面情緒會一直出現，只要我們還在買賣和吃動物。

不出所料，理性和分析在學術界和教育機構受到重視，而直覺卻被忽略和壓抑。直覺能解放、連接和啟發我們，並且威脅畜牧文化殘暴地壓迫動物和女性的基礎典範。直覺把陰影看得一清二楚，它擁抱陰影，使陰影放棄武裝，但不姑息陰影。直覺看得見藏在熱狗、冰淇淋和蛋餅裡的動物，感受得到動物的哀傷和恐懼，以愛擁抱他們。**直覺打開療傷止痛的大門。**直覺不會把任何生命當成物體使用；直覺把所有的生命，都看成無所不在的神性獨特完整的作品，榮耀、尊敬、學習和讚美他們。直覺是索菲亞，我們渴望尋找的、鍾愛的智慧。

進化的課題是直覺的課題。直覺是靈性成熟的果實，它靠同情心的練習來培養。同情心是神聖的男性品質。**我們能夠離開只關心自己的觀點，從他人的角度看事情，便能產生同情心。**經由這個過程，我們學會了離開囚禁我們的孤立物體的幻覺，進入了解所有生命互相關聯的狂喜。這種覺悟，使我們了解，生命是意識，意識在本質上永遠自由、完整、光亮和平靜。我們的本性是如此的潔淨和光輝。

**我們並非天性好掠奪，而是被最有力的方法教養成如此：從出生被養育，就吃得像個掠奪者。**我們就這樣被啟蒙進入掠奪文化，被迫在內心深處把自己看成掠奪者。養殖動物只不過是另一種修飾和乖張的掠奪型式，然而這種行為不會光止於針對動物，我們的經濟體制就有掠奪的品質，我們的組織，也是建立在競爭的基礎上。這種掠食行為在地球的優

勢社會裡，不是那麼明顯，但我們的文化、公司和組織，對於那些較不工業化、較不富裕、較不能保護自己的人採取的方法，即可以被形容成掠奪。**如同我們掠奪和「收割」動物，我們也利用和掠奪人**，只是會依情況使用各種較委婉的說法，例如「外援」、「民營化」、「廣告」、「傳播佳音」、「資本主義」、「教育」、「自由貿易」、「貸款」、「打擊恐怖主義」、「開發」，和其他無數令人愉快的措辭。這些東西困擾著我們非掠奪本性的溫柔愛心。雖然我們的愛心被我們所受到的訓練掩蓋，但它還是不斷地閃著光芒，仍然可以激發靈性傳統所詳述的無私的布施、慈悲和開悟。

## 直覺和同情心的傳統

雖然我們的宗教組織，通常反射普遍的文化典範——視動物為商品，因此沒有辦法真正為動物解除痛苦，不過世界上的宗教中，存在著一些靈性教理和傳統，規勸我們要放棄掠奪的心態，培養對動物的同情心。**這些靈性傳統基本上都強調，直覺或直接的內在了悟是靈性訓練和修習的重要因素**。不只是東方的宗教如各種形式的佛教、印度教、耆那教和道家，還有一些較隱密的西方宗派如蘇菲教派、猶太神祕哲學者、基督教的神祕主義者和其他宗派也是如此。這些傳統通常鼓勵他們的追隨者培養直覺，透過直覺的啟示所激發的同情心，可以發展靈性並且獲得智慧。

這些靈性傳統，基本上都同意，直覺是由雙重的訓練培養出來的。一方面是有意識的培養同情心，使它成為我們外在生活的主要動機，並且把它當成德行來實踐。另一方面，是在我們內在的生活裡，練習靜觀、保持清醒的意識並發展安靜地接受的能力。這兩者被認為相輔相成，可以引導我們通往靈性的智慧。

培養靈性的第一個共同的層面，就是同情心和它所反映的合乎道德的行為。宗教基本上關心的是人類品行的美德，因為那是靈性本能的寶庫，它的精髓不只讓我們與我們的來源——「無限神祕」連接，並且與這個來源所有外在的示現——「我們的鄰居，人類家族和所有生命」也連接在一起。真正的靈性教理必須教導仁慈的美德，因為它反映了我們互相的關聯性，以及我們給出去的都會回到我們身上的真理。它帶來和諧的關係，這不只是社會進步的必要條件，同時也是個人內在平靜和靈性進步的必要條件。

靈性培養的第二個層面：「內在的寧靜和靜觀」，同情心和合乎道德的行為也是它不可或缺的因素。如果因傷害其他生命而必須武裝自己，我們將無法達到真正生命所依靠的輕鬆、覺醒、全然感知的狀態。如果虐待其他生命，然後靜坐反省，禪坐，禱告，希望感受或加強我們內在寧靜的經驗，我們會發現頭腦一直被不間斷的自我導向的思考擾亂和攻擊。**內在的煩亂是傷害其他生命必須付出的代價，它阻礙我們直覺的發展，因為直覺來自內在的寧靜和同情心。**

通常一個文化愈壓迫動物，它內在的困擾和麻木就愈嚴重、愈外向、愈喜歡控制。這和西方文化缺乏打坐有關，西方人不習慣靜坐。安靜、開放的沉思，可以使我們飲食中虐待動物的罪惡感和暴力浮現出來，然後被治療和釋放。這個對畜牧文化最有利益的行為，卻最故意被避免。我們的文化不計一切地追求噪音、分心、忙碌和娛樂，因為這些行為可以使我們吃下去的暴力，被掩埋、封閉、否認和正當的投射。

人類渴望進入非常明亮和寧靜的意識狀態中，在這個狀態裡，我們經常焦慮和強迫的思維會消失，退入背景中。這種渴望產生了各種不同的打坐方式，幫助大家更深入地進入當下，甚而再進一步，去經歷了形而上的真相——我們稱為上帝或神性。在這種經歷中，隔開我們與其他生命以及世界的圍牆開始瓦解，我們直接看見，我們與其他生命在本質上不是分開的，閃耀在我們裡面的光，也閃耀在其他生命裡。這種直接的直覺認知，加深了我們的同情心。

**直覺和同情心的關聯，在東、西方靈性傳統裡都受到確認，它不只延伸到其他人類身上，也延伸到動物身上。**例如在佛教傳統裡，直覺的智慧是神聖的女性，而同情心是神聖的男性，他們彼此相生，互相滋養，住在所有人裡面，是我們的本性和潛能。大家都知道，因為如此，和尚和尼姑戒吃動物的肉，尤其是在打禪閉關期間。基本上這在印度教、耆那教、錫克教、巴海大同教和道教裡都一樣。天主教的修道院傳統是最重視沉思的，例如西妥會僧侶（Cistercians）和特拉普會（Trappists），他們也都要求僧侶禁食動物的肉，特別是在長時間的禱告和淨化期間。

## 三摩地和齋戒的例子

打坐不是什麼神奇或特殊的活動，它是人類很基本的潛能，就是指讓我們的心停留在當下，開放、輕鬆、意識清醒。打坐可以藉著各種事物誘導和發展，例如吟誦、唱歌、靜坐和注意呼吸、專心在大自然中散步、舞蹈、旋轉、彈奏音樂、跑步、重複禱告、園藝等等。一些我們喜愛的活動，很自然地可以把我們的心完全帶到當下，因此變成打坐的練習。

禪宗三摩地和齋戒的概念裡，可以見到練習打坐和對動物的同情心之間的關聯。雖然這個例子來自特定的宗派，但它基本的原理是共通的，可以適用在大家身上，不論什麼宗教背景的人都一樣。三摩地是指深入的禪定，在三摩地裡，我們的心超越了它通常矛盾、焦慮、忙碌和吵鬧的狀況，安靜下來，變得清楚、明亮、自由、輕鬆，安詳地停在當下這一刻。齋戒是「宗教的戒絕動物食品」，它依據宗教「不暴力」的教理，練習避免對其他有感覺的生命造成痛苦。齋戒和三摩地被認為是互相產生效應的，齋戒淨化身心，讓我們有機會體驗增進靈性的三摩地，當然並不保證。

某些禪宗的傳統裡，教導兩種型式的三摩地：「純粹三摩地」（Absolute Samadhi），指的是內在專一、放鬆和明亮的意識，在這種形式的三摩地，身體是靜止的，通常坐著，心完全沉浸在當下這一刻，一般的內在對話全都停止。「正心三摩地」（Positive Samadhi）則是根據「純粹三摩地」的體驗，身體在現實世界裡正常運作，如走路、園藝、烹飪、打掃等，但把心完全放在每一刻升起的經驗上。這是類似「靜觀」的練習，類似道家的「無為」、「不行動」，在這種三摩地裡，實現當下潛能的那一刻，單獨做事者的幻覺完全消失了。以基督教的措詞來說，這類似「練習與神同在」，類似練習「不間斷的禱告」；而純粹三摩地，則近似一種深沉的與神合一的狀態。

純粹三摩地和正心三摩地超越宗派或名稱的細節，兩者都是人類共同的潛能。它們深度的治療身心，使我們與本性重新連接。然而由於我們都曾經經歷恐懼、羞恥和創傷，因此不是很容易達到和練習，必須要下很深的功夫，不斷辛勤練習，在內在培養它們。要進入寧靜的三摩地，必須要有耐心，一直使注意力回到當下，內心必須不受到外在的干擾。這是為什麼齋戒精神——將動物視為主體，而非被吃和被使用的商品，在靈性進化的路上是如此重要的原因。

**齋戒的精神是同情心，允許他人自由，練習齋戒以後，可以使我們從伴隨吃動物食品的心理狀態中解放出來。**這些心理狀態——煩亂、擔憂、恐慌、絕望、悲傷、憂鬱、緊張、侵略、憤怒、疏離、失望、遲鈍、模糊和恍惚，如果我們是雜食者，是無法避免的，這些心理狀態會隨著我們吃進去的食物被帶進身體裡，變成振動頻率。這些負面的心理狀態通常使打坐變成負面的經驗，使我們無法真正靜下心來，或達到更高的靈性開悟。所以，首先我們必須淨化我們的行動，停止傷害沒有抵抗能力的動物。這需要細緻的同情心，即古代齋戒的精神，它也是純素主義的基礎。

要有效率，要馴服內心，我們就必須確實實踐同情心和非暴力的精神。不然心會太不安定，無法進入三摩地。內心的安靜和安詳是靈性生活的核心，無論我們堅持什麼宗教或無宗教，都必須要有意識清晰的純潔內心。因為它可以使得擋在這邊的「我」和那邊的「世界」間的舊有心牆裂開瓦解，讓我們能深刻體會，所有生命永無止盡的互相關聯。

齋戒和純素食主義非常重要，因為它們培養靈性成熟所需要的內在平靜。它們是內在和外在形式的訓練和戒律，為禪定的探索奠下基礎。而禪定引領我們了解，生命互相依存的真理。這是為什麼齋戒對三摩地，以及純素食主義對深度的禱告、打坐和靈性覺醒如此重要的原因。**表現於外的同情心和內在的寧靜，彼此餵養。**齋戒和純素食主義，除去了我們靈修路上的根本障礙。

雖然純素食主義通常被主流的西方宗教組織詆毀和反對，但如同史蒂芬・羅森（Steven Rosen）、諾姆・菲爾普斯（Norm Phelps）、凱斯・阿克斯（Keith Akers）、珍妮特・蕾加娜・海倫（J.R. Hyland）、安德魯・林基（Andrew Linzey）、托尼・坎波洛（Tony Campolo）、史蒂文・韋伯（Steven Webb）和許多其他作家指出的，純素食主義的精神，事實上是造就這些宗教組織的基礎。例如羅森報導，穆罕默德（Mohammed）就被公認是非常嚴格的素食者，**在可蘭經和穆罕默德的教理中，有許多篇幅都敦促必須避免殘酷的對待駱駝、牛、禽類和其他動物。**

許多從猶太教與基督教觀點來處理這個主題的作家做出結論：在聖經的教理以及其相關的評論中，和具有重大影響力的猶太教徒和基督教徒的生活及言行中，都傳達了一個強烈的命令，就是將純素食主義的同情心，擴及到非人類的動物身上。例如諾姆・菲爾普斯在《愛的管轄》（*The Dominion of Love*）中指出，在舊約和新約聖經中包含了兩個他稱之為「主要指令」（Prime Directives）的教理——「愛上帝」和「愛我們的鄰居」，這兩個主要的靈性教理，是猶太教與基督教所共有的靈性傳統的精華。因為上帝是無限的整體，我們在這個整體裡得到生命，但因為上帝完全超越我們，我們沒有什麼方法能具體的對上帝表達我們的愛，所以緊跟著，**愛上帝就是愛和關心上帝創造的萬**

物。這直接引導我們到第二個主要的指令，愛我們的鄰居。我們沒有任何理由不論根據聖經或其他經典，可將動物排除在我們的鄰居外，因為他們是我們在地球上的鄰居，我們知道他們受苦也知道他們有感情。因此具體地愛上帝，意味著關心和愛護上帝創造的萬物和我們在這世界上所有的鄰居。而抽象地愛上帝，是透過打坐和禱告內在安靜的感受（三摩地），直接體驗上帝的存在，這種體驗可以使我們成為上帝在世上慈愛的手和聲音。

## 薩滿教是答案嗎？

人類的福利、動物的福利和環境的福利，全都緊密結合在一起互相關聯。正如畢達哥拉斯、耶穌、佛陀、普羅提諾（Plotinus）、甘地、史懷哲及其他無數人所大力闡述的，我們解決困境的程度，將依據我們是否能真正了解這一種關聯，並喚醒普遍的同情心而定。薩滿教的傳統雖然包含許多有價值的教理，在某些方面比西方傳統的科學和宗教，顯現較多面化的世界觀和人類潛能，然而他們仍然是狩獵和畜牧文化的產物。雖然他們通常沒有像我們的文化那樣輕視動物，但他們似乎也把動物當成食物和禮儀的用品。薩滿教常常藉植物，誘發意識狀態的改變，這是黃教徒能行走於不同世界間，表演特殊技藝及治病的主要力量。

非常諷刺的是，吃動物和用動物做為衣服、娛樂和祭祀品的文化，不論是工業化的畜牧文化，或是較原始的薩滿教文化，顯然都把植物性食物當成藥物，用來逃避平凡的現實。最明顯的例子是使用海洛英和其他麻醉品，例如，裸蓋菇素（psilocybin）和其他菌類、死藤水（ayahuasca）、烏羽玉（peyote）、大麻、菸草、古柯鹼和其他來自水果和穀物釀造的酒精品等等。這些植物性物質的使用者，忘記「心」是經驗的來源，他們依賴這些植物的誘發，直接進入幻覺和不同的意識狀態。

虐待動物是靈性的問題，它反映了把生命貶低成物體的誤解。薩滿教的傳統文化雖然不像我們的文化如此明顯地剝削，但仍然把動物當成物體使用，宰殺做為食物、衣服、醫療儀式和其他用途。他們或許能教我們比現在更尊敬動物一點，教導我們不要從地球取用超過我們需要的東西，但這種過度概括一個廣大的主體的冒險舉動，似乎使薩滿教傳統很容易傾向狹隘的教區制度，也就是它只為特定的族群或人類群體的福利做貢獻——為人類，而比較不為非人類著想。受到「高貴的野蠻人」及對現代文明幻想破滅的刺激，我們可能會想回到較原始的類似美好過去的生活，那種在養殖場、動物園、機械化生產、核子武器等出現以前的生活。

然而跨出去的路，不是退回去，而是要通過，我們必須向前走。有一點要注意，原始文化常常不是像我們把它浪漫化的那樣，例如有些美國印地安文化是食人族，他們與其他種族互相打仗，用恐怖的儀式對待其他族群的俘虜。另一點，薩滿教的傳統可能也會被虐待動物的企業所吸收，例如，我們看到牛肉生產業者，將吃肉與平原的印地安人浪漫的形象聯結在一起，還有日本的捕鯨企業，利用太平洋西北部的馬卡族印地安人捕鯨，破壞全球暫停捕鯨的措施以及為他們的捕鯨作業辯護。

這並不是說薩滿教傳統對他們的人民沒有幫助，或是他們沒有深刻的道理可以教導我們。雖然美國印地安人對「我所有的關係」關心的觀點在靈性上和實際上有缺陷，但在某些方面，它趨近大乘佛教高貴的菩薩理想：藉著達到完全的靈性開悟，奉獻自己的生命，利益和服務眾生。兩者都是將廣大的同情心，帶進靈修動機的核心。

然而，今日參加美國印地安人聚會，我們會發現，死動物被當成食物，這些食物很可能來自供應基督教和猶太教機構食物的同個供應商——並且我們會發現，在任何這些活動裡，參加者都準備強烈地為他們的飲食辯護。

## 純素主義的課題

世界上許多主要宗教的核心教義都支持純素主義所呼籲的文化和靈性的改造。世界上所有主要宗教都有他們自己的「黃金戒律」做為核心教義，教導仁慈對待他人。他們都了解，動物是有感覺的，而且無法抵抗我們，我們應該將動物納入我們行為的道德範圍。所有傳統裡也都有強烈的聲音，強調我們仁慈的對待其他生命，應該基於同情心。這不只是感受別人的痛苦而已，它還明顯地包括「採取行動」解救他人痛苦的衝動。因此**我們不只有責任，避免傷害其他動物和人類，同時還要盡我們所能阻止他人傷害他們**，並且創造環境，教育、鼓勵和幫助他人，以仁慈、尊敬的方式對待其他生命過生活。這是世界上智慧傳統的核心教理中最高的訴求。它是進化最重要的課題、靈性的課題、同情心的課題，並且事實上是純素主義的課題。純素主義生活背後的動機，就是同情心，**同情心是宗教組織和一般世俗的組織都倡導的共同的靈性原則。不同之處在於，純素主義堅持我們必須確實實踐這個同情心。**一九四四年創造「純素主義者」（Vegan）這個詞的唐納德・華森（Donald Watson），清楚解釋了這種實踐的態度，值得一再重複提出：

> 純素主義代表一種哲學和生活方式，它的訴求是盡可能、實際地排除對動物一切剝削的形式和殘酷，不論為了食物、衣著或任何目的。更進一步，為了人類、動物和環境的利益，促進無動物成分的替代品的發展和使用。

巴克敏斯特・富勒（Buckminster Fuller）常常強調，文化轉型的方式不是打擊毀滅的態度和行為，而是看清他們已經廢棄老舊，再提供正面和較高層次的替代方案。古代畜牧文化競爭、暴力和商品化的心態，在我們這個核子武器、全球息息相關的時代，完全過時不適用，這些舊文化吃動物食品的行為也一樣，因為這種行為對我們的身心和星球珍貴的生態環境極端不健康。**吃動物食品是另一個時代站不住腳的剩餘物，我們必須超越它而進化。**現在純素和素食的烹飪書籍，以及純素食品愈來愈豐富，像是豆奶、豆製冰淇淋、米漿、豆腐、純素漢堡等等，以及新鮮有機栽培的蔬菜、豆類、水果、穀類、堅果、麵條和穀物片等等，這讓我們可以看到各種替代品大量增加。書籍、影片、網站、素食或純素的餐廳和菜單的選擇、動保團體和純素食主義者組織，也都隨著我們回應純素食主義的迫切課題而倍增。

了解我們有組織地以暴力對待動物所造成的問題，我們就可以融會貫通並解決它們。要真正解決問題，我們必須把自己提升到較高的層次，事實上，是以我們的認知超越它。

## 對男孩錯誤的感情教育

有一本暢銷書叫做《該隱的封印：保護男孩的感情生活》（*Raising Cain: Protecting the Emotional Life of Boys*），是兩名有經驗的心理學家的著作。此書對我們文化中男孩遭受的巨大痛苦有非常豐富的認識，但他們沒有處理，也無從處理這些男孩受苦的根本原因，也就是我們的社會允許殘忍對待食用動物。作者金德倫（Kindlon）和湯普森（Thompson）建構了一個非常強而有力的案例，顯現**我們文化裡的男孩子，在感情上受到男性冷酷典型的傷害**，這些傷口不只造成他們的不幸，並且扭曲他們的人生，也對女性造成痛苦。

兩位作者將文化強加的男性冷漠無情的形象，視為男孩痛苦和壓力的根本原因。他們以文件佐證並且討論，男孩如何被文化從各方面教導，斷絕感情：父母、老師、文化團體、媒體和彼此。他們稱青少年男孩的文化為「殘忍的文化」。

本書呈現了男孩憤怒、痛苦、絕望、羞恥、無望、消沉、麻痺和孤獨備戰的經驗，並將這些內在的感情折磨與青少年自殺（第三大致死原因）、酗酒、吸毒、不正當的性行為、暴力和殘酷等外在的問題連貫起來。他們認為解決的方案應是，「為男孩子提供正確的男性英雄楷模，超越陽剛、自私和過度簡單化的英雄行為的典型」，我們不應當使用太嚴格的紀律，應該鼓勵他們表達和溝通他們的感情。

《該隱的封印》所做的貢獻是我們生活的畜牧文化可以接受的，因為它並沒有把對男孩「錯誤的感情教育」與它真正的原因連貫起來，也就是吃動物。非常諷刺，這兩位研究者為了與他們一起工作的男孩建立良好的關係，還帶他們出去吃漢堡。這些雜食者和他們的雜食文化，似乎還不能將我們加諸在動物身上的暴力和對年輕人，特別是男孩「錯誤的感情教育」做較深入的聯想。他們也沒有發覺一個非常表面而明顯的關聯，例如，這些男孩通常被迫吃比女孩子較多動物的肉——因此把自己看成捕食者和特權階級。還有**男孩子通常更容易受到鼓勵從事打獵和釣魚的活動，欺騙和攻擊動物，使他們變得比較冷酷**。即使作者看出這些事的關聯性，也不會把他們知道的寫在他們和他們的出版商希望能名列暢銷書的書裡。殘酷的動物食品的陰影似乎太巨大、太危險了，我們文化的大眾意識，到現在還無法直接面對它，雖然為了我們文化整體的進化，這是必須做的事。

金德倫和湯普森在《該隱的封印》的整個證言，深刻和明顯的證實了迫使我們的男孩去剝削動物的畜牧文化的心態到現在還安然存在。這樣的心態，讓男孩像他們的父親和父親的父親一樣長大，包括學會：殺害其他競爭的畜牧者；經由牲畜和資金的累積，爭奪權力；每天結束的時候，吃他們囚禁和宰殺的動物的肉和分泌物做為慶祝儀式。究

竟是什麼力量一代又一代驅動著這個無情的企業，讓我們不只沒有力量挑戰它，連辨識它和討論它的智慧都沒有？我們施加在動物身上的酷刑，一直纏繞著我們的男孩，循環一直繼續。

## 超理性意識的誕生

目前我們還陷在雜食主義、自我利益優先和切割式的分析思考方式裡。這些方式雖然使我們的科技進步，但阻礙了感情和靈性的發展，為我們、我們的子孫，帶來痛苦。

超理性的方法可以被稱為本能的。許多人都喜歡相信，我們發展複雜的象徵語言，使我們能抽象地思考，所以我們已經進步地超越了本能——因此也超越了動物。馬修・史考利（Matthew Scully）在他的著作《管轄》（*Dominion*）中指出，一些科學家和理論家，例如作家布迪恩斯基（Stephen Budiansky）、約翰・甘迺迪（John Kennedy）和彼得・卡魯瑟斯（Peter Carruthers）主張，我們人類的語言給予我們思考的能力，若沒有語言和因此而產生的思考能力，我們會沒有意識。我們必定很納悶，他們如何解釋愛因斯坦（Albert Einstein）下列的論點：

> 影像的互相作用是思想的來源。我們寫的和說的語言文字，似乎在我們的思考機制上不扮演任何角色。似乎做為思想元素的物質的實體……是可以自動複製和結合的

清晰的影像。

我們可以辯駁動物大部分是沒有意識的，然後決定因為動物似乎缺乏複雜的語言，能像我們一樣以文字建構思想，因此他們痛苦的經驗對他們而言沒有這麼深刻和強烈。然而，這種相同的思維，我們也可以運用在辯護傷害人類嬰兒和老人的行為上。只要任何東西，任何生命，缺乏分析處境的能力，他們就必須在我們手中受到比我們更強烈的痛苦。只要我們繼續把自己囚禁在自我導向的思維迷宮中，我們就很容易為自己對其他生命的殘酷辯護，姑息我們冷酷的眼光和優越主義的姿態。

靈性的健康需要內省，需要我們平息我們無法控制的語言思考的混亂波潮，直接接觸一直在我們內心閃耀的生命真實本質。缺乏這種內省的練習，我們的頭腦如脫韁野馬，依照它被灌輸的思考方式自己行動，無法停下來，或甚至見證它「以自我為中心」的根本錯覺。我們誤以為這種情況是「意識」，而事實上是徹底的「無意識」。我們還聲明，因為我們能「思考」（無法控制地對自己喋喋不休），我們是有意識的，而動物不能，所以他們必定沒有意識。

減少吃動物，連帶減少對鄰居造成的痛苦；練習靜坐和安靜地反省，最後將能把我們的意識抽離強迫思考的刺藤，開始理解意識真正是什麼。我們會發現，**根據我們體驗當下及停留在寬廣的內在寧靜的程度，我們將能超越忙碌心思的內在對話，體驗純粹意識「光亮和充滿喜悅」的寧靜**。超理性的直覺認知因此誕生，讓我們感受到我們與所有生命互相關連。我們不再是一連串被灌輸的思想，繞著一個單獨的自我感打轉。我們可以深深感受到生命的本質，開始了解線性思考限制以外的東西。

隨著這種進步，我們會了解我們的本質不是罪惡的、受限制的、自私或瑣碎的，而是永恆、自由、純潔和愛的精華。當我們從清明的狀態，降低振動力，再度開始「語言的思考」，我們會了解，我們的心在忙碌於受環境影響的思考時，永遠也無法達到它靜止下來時傾注的了悟能力。

所以我們是什麼？動物是什麼？我們的概念只顯示了我們受到成見框架的限制。我們是鄰居，是神祕的事物，是無限意識永恆的光的示現，這個無限意識產生和維護我們所謂的宇宙。但能將這些真理顯示給我們的直覺的認知，通常不容易獲得，因為我們的文化是外向的，它無法培養這種能讓我們接觸到深層智慧的內在資源和素養。**我們的心和意識幾乎是完全沒有被探索的領域，因為養育我們的畜牧文化基本上不喜歡內省。**我們的科學公然地忽略意識，把它當成不可接近、不能量化、不能打開的「黑盒子」，它使我們把注意力放在可以測量的現象上。我們的宗教不鼓勵靜坐，把禱告簡化為二元的漫畫，向一個外在的、謎樣的、投射的男性實體，請求和祈求。

由於畜牧文化的定位，以及由於每日飲食的不幸所造成的無法緩和的罪惡感情結，我們將我們自身與我們生命無限愛力的源頭的神聖關係，扭曲成一件諷刺的事：我們把自己比喻成羊，祈求牧羊人的憐憫，但因為我們自己不願施捨憐憫，心裡害怕自己也得不到憐憫，因此生活在無可避免的死亡恐懼中。我們討價還價，可能過度自信地聲稱我們已經獲得救贖（無論我們對動物和外人做了多殘酷的事），也可能因為宗教太多荒謬平庸的想法，乾脆拒絕整個宗教的教條，而依賴科學的物質主義而活。無論如何，真正的問題是我們靈性的動力被吃動物的罪惡感壓抑和扭曲了。

整個科學和神學的立論，對人類意識的了解很少，因為身為雜食文化，人並不是很喜歡自己，我們已經與內在學習的動力失去了聯繫。我們必須學習保持安靜和長時間不受打擾，才能跨越概念思考的狹窄範圍，接觸到更偉大的光和智慧。我們需要內在的寧靜，才能直接體驗進入當下的喜悅、和平與奇蹟。這種練習，既利益他人又利益自己。要達到清楚的意識，我們必須停止會擾亂頭腦的傷害別人的舉動，練習內在的寧靜。

身為一個即興演奏的鋼琴家，我可以用個人的經驗證實，思想會阻擋音樂創意的流動。只有當我能夠全神貫注，超越思想，集中在當下，讓音樂自動流出，才能創造出最有創意和靈感的音樂。一般人現在稱呼這種狀態是在「禁區」，它被認為是「登峰造極的演出」的必要條件。強迫式的語言思考關閉了禁區的流動，限制了意識。或許動物一直在禁區裡。如同約瑟夫・坎貝爾（Joseph Campbell）曾經說過的，看鳥快速的穿越網狀的樹枝，從不會擦到翅膀尖，**動物可以毫無錯誤地住在一個區域，完全專注於生命，他們的方式是我們塞滿概念的頭腦無法完全理解的。**

在三餐實踐同情心的真理，我們將能創造慈愛和自由的場域，讓這個場域在世上傳播，默默、巧妙地祝福他人，並且鼓勵他人內心長養同樣的同情心品質。我們會發現可以用心「思考」，而不用語言，我們可以學會欣賞動物的意識，和開始謙虛地探索他們的神祕。我們可能有許多可以向動物學習的地方。**動物不僅有許多現代科學完全無法解釋的力量，而且是我們在這個地球上一起朝聖的夥伴**，他們在我們居住的世界上貢獻他們的存在，以許多重要的方式豐富我們的世界。事實上，沒有這些被我們無情宰殺和控制的謙卑的蚯蚓、蜜蜂和螞蟻，我們地球的生態系統會故障和瓦解——這一點，我們「當然」是無法用來標榜自己的！

**我們是誰？在地球上應扮演怎樣的角色？我認為只有先認真思考純素主義的課題，實踐對其他動物的同情心，我們才可以開始找到答案。**然後彼此之間才可能有和平，也才可能較深入的了解復原、自由和愛的神祕。

蕭伯納是素食者，他自己說吃素是受到素食的著名英國詩人「雪萊」之影響。蕭氏活了九十四歲，靠寫作賺進少見的財富。

第14章

# 轉變之旅

「首先，過慈悲的生活，然後你會明白。」

——佛陀

「敬畏生命，我們將與世界產生靈性的關係。」

——史懷哲

「邪惡的枝葉有千人砍，但根部只有一人砍。」

——亨利・大衛・梭羅（Henry David Thoreau）

## 旅程的珍珠網

我們如何讓自己的文化覺醒，讓自己的文化更有智慧、同情心、更平和滿足？這件事每個人都有一塊獨特的拼圖可以貢獻，它和我們獨特生命旅程中，內心的夢想、願景和渴望相關。

能體會生命的奇蹟和潛能之後，對別人，我們也會有同樣感受。我們會尊敬、了解他們，願與他們合作，支持他們，這是我們神智清醒的正常表現。

我們珍惜自己的生命，便會珍惜其他生命；**渴望自己活著能對其他生命有利益，便成了再自然不過的事**。假如覺得自己的生命索然無味，那很可能也會貶低別人生命的價值。

不過，我們可以藉著改吃慈悲的食物、靜坐和肯定我們生命和所有生命的珍貴來改變這種情況。加強與萬物的關聯感之後，同情心就會增加。當我們變得愈來愈自由，愈感激生命，我們自然就變成了正面改變這個世界的力量。

仔細檢查我們的生活，從我們的過去，發現那些像綠色嫩芽般正要衝進我們意識裡的隱藏種子，可以幫助我們更了解我們生命旅程獨特的本質與力量。小而不受重視的種子，一旦被辨認出來且受到尊敬，可以在我們生命的花園裡長大成為強壯美麗的大樹。我提供這一章，當是這個過程的一個謙卑例子，鼓勵大家仔細察看自己花園裡的泥土，尋找隱藏種子。這顆種子，可能已經萌芽，正整裝待發，準備變成美麗有益的植物。尤其是，如果能進一步去發覺內在純素主義的種子，我們可以培育它，以便更能了解我們能為治療這個世界做點什麼獨特的貢獻。這樣做，會接觸到許多人，因為大家的旅程是互相關聯的。

大乘佛教的華嚴宗有一個中心教理的隱喻，被稱為珍珠網教理。它不只是一個教理，而且是一個可以用來禪坐的圖像，它能使我們對生命的真理有更深的洞察力。這個宇宙像張無限的網，巨大的網上，每一個結都有一顆珍珠，宇宙間的每一個法則，每一個生命，每一樣東西，每一件事情，都是其中的一顆珍珠。因此**在無限的時間與空間裡，每一個生**

**命，每一樣東西，每一件事情，都與其他的生命、東西、事情連在一起。**不僅如此，只要更深入觀察，我們會發覺，這張巨網的任一顆珍珠，都反射了所有其他的珍珠！任何個別法則都包含了所有法則。假如我們真正了解其中一個，就了解全部。這個珍珠網隱喻其所賴以衍生的古代教理，也是讓這個隱喻繼續傳播的教理，它以說明所有現象，都是順緣而起、互相貫穿、互相依存而著稱。每一件事都互相依賴，沒有一件事單獨存在，每一小顆粒裡，都包含整個宇宙。我們深深地、徹底地連在一起。

我們會發現我們的故事和旅程也親密聯結，每一個旅程雖然是獨一無二，但神奇地，都包含了所有其他生命的旅程。我們彼此學習，雖然在最深的層次裡，最後沒有別人。我們都來自同樣的來源，我們自己所建立的互相分隔的圍牆，也都是幻覺。我們不斷進化，幻想的牆便開始瓦解；**我們對所有生命互相依存愈了解，我們的同情和自由，會愈增加。**這種所有生命互相緊密依存的教理，不只存在於佛教中，許多宗派、許多文化都有明達之士直覺地能感受這些道理。這種互相依存的見解與另一個普遍存在的教理是分不開的，那就是「靜觀」，它訓練我們做任何事時，把心放在當下，並了解我們的行為與其影響之間的關聯性。「靜觀」增進清明的意識，為我們帶來自由與洞察力。我們的意識愈清明、愈警醒，我們愈自由。

吃，是人類文化中每日神聖的舉動，為了解吃所造成的持續擴大的痛苦波網，為了解這個能讓自由、同情和愛長大，照亮我們世界的互相關聯的網，我們必須開始我們的旅程。

靜觀之旅也是一趟朝聖之旅，因為它具有靈性的意義——可以增進清明的意識，增加

愛和了解的能力。目前我們的文化正處於轉型旅程躊躇的頭幾步，這趟轉型之旅，我們大家都有分，都能以我們各人獨特的個人旅程協助它完成。它必須及時展開，它將幫助我們更清楚地了解這個更大的整體。它是我們共同的朝聖之旅，這趟旅程中「靜觀」是必備的條件。

## 靈感的種子

我個人質疑普遍虐待動物為食的旅程，以不太有希望的方式起程。我出生和長大的家庭及社區，對植物性飲食毫無興趣。在我人生前二十二年，就像大部分的美國人，吃大量的肉、奶、蛋食品。不過，我的確曾碰到一些靈感的種子，它們起先冬眠，後來開始活潑萌芽。這些種子屬於我個人的獨特旅程，不過或許可以為其他人照亮一些半隱藏、待發芽的種子。

對我而言，有一顆種子在麻薩諸塞州的康柯爾城出生長大，這個地方是兩起美國所謂的革命的家鄉：一七六〇到一七七〇年代的政治革命，和一八四〇到一八五〇年代的文學革命。我在康柯爾出生長大，使我覺得我與這兩個革命之間有非常親密的關係，身為他們的子孫，我很想詢問他們，是什麼力量給予他們動機，又將這種動機傳給我？我相信這兩個革命也促成了目前正在興起的純素革命，在最深層的意義上，純素革命也是使我們文化恢復健康的文化革命。

革命戰爭四月十九日於康柯爾的老北橋（Old Nopth Bridge）發動，使得政治革命達到了最高峰。住在康柯爾和波士頓附近其他小鎮的農夫和村民，他們奮力抵抗英國帝國主義，抗議英國東印度公司和其他跨國公司不公平的經濟控制，這些公司當時受到英國政府支持及以法律保護。這次革命最後使得美國脫離大英帝國而獨立，產生了壯麗的民主、平等、多元文化以及個人自由的美國實驗，吸引和激發了世界各地的人。

非常值得注意的是，再過來一個世紀的文學、哲學革命，也以康柯爾為基地，當時住在康柯爾的美國「超越經驗主義」理論家的生活和作品是這個革命的源頭。愛默森（Ralph Waldo Emerson）、亨利・大衛・梭羅（Henry David Thoreau）、布朗森・奧爾科特（Bronson Alcott）、露意莎・梅・奧爾柯特（Louisa May Alcott）、威廉・艾勒利・簡寧（William Ellery Channing）、納撒尼爾・霍桑（Nathaniel Hawthorne）——還有許多其他的人，像是華特・惠特曼（Walt Whitman），受到這些超越物質、超越經驗主義的理論家的感召，前往拜訪他們。我們特別敬重這些思想領導者，主因在他們對傳統的價值提出深刻質疑，並給予我們藝術、文學和靈性的靈感。愛默森的哲學著作，像是〈自然〉演講稿，像是〈哈佛神學院演講〉，還有詩作，都是開創新局的作品。愛默森將東方哲學思想初次引進美國，使他成為一個活的傳奇人物，他像磁鐵一樣，吸引了來自四面八方的作家和思想家，他的影響力直到今天仍然很大。愛默森鼓勵對自然的尊敬與愛、自我探索，以及欣賞萬物靈性的本質。他強調真正的智慧超越物質知識，自然世界也是神性的展現。惠特曼曾寫過：「我慢慢地燒、慢慢地燒，愛默森讓我燒開。」

梭羅受到愛默森強烈影響（愛默森也受梭羅強烈影響），在某些方面，梭羅影響力甚

至超越了他的良師益友愛默森。梭羅切身的實驗——獨自住在康柯爾的華登湖畔，「吸吮生命的精華」，激發了許多靈性的探求者。他大力的開拓，將向內傾聽的種子種植在美國極端外向的文化土壤上。**康柯爾的哲學家們非常了解他們的文化少了一個內在的元素，過度強調外在的征服與成功。**梭羅當時擁有美國最大的東方哲學圖書館，他的書《公民抗議》（*Civil Disobedience*）（目前仍然是非暴力抗爭的重要索引文件，揭示了個人對抗不公的政府政策的權利與責任）歷久彌新，深深影響了托爾斯泰、甘地、馬丁路德和無數人的生命。

布朗森・奧爾科特對於孩童教育極端先進的觀念，現在被重新發掘，終於受到了重視。他是一位倫理素食者，也是「果地」（Fruitlands）主要創建的力量。果地是一個不太可能的實驗素食社區，位於康柯爾郊區。康柯爾的超驗主義理論家是第一批研究道家、佛家、耆那教、吠檀多著作中高貴、精湛思想的美國人，他們將這些思想納入西方思想中，架起了進步的橋梁，其中包括尊敬自然、強調人性的善良本質及廣大潛能，探索非暴力、簡單、冥想的生活。

美國認真質疑食物和希望與動物建立較慈悲關係的哲學基礎，可以追溯至十九世紀中聚集在康柯爾四周的先進作家。梭羅曾經寫過：「無疑的，這是人類逐漸進步的命運的一部分，他們必定會停止吃動物，就像野蠻人，當他們接觸到較高的文明時，停止吃彼此一樣。」愛默森的「你剛吃飽，雖然屠宰場被小心、得體地隱藏在幾里外遠的地方，但共犯關係仍然存在。」顯示了令人敬重的康柯爾聖人能將躲得最遠的東西都連貫起來。布朗森・奧爾科特的女兒露意莎・梅曾寫過：「蔬菜飲食帶來甜蜜的睡眠。動物飲食帶來噩夢。吃果園摘下的果子，強壯身體，別吃屠宰場奪來的肉。不吃肉食，就不會有流血戰爭。」她將吃動物存在的暴力、噩夢和人類將暴力轉向自己的噩夢，做了明顯的連結。

也許是孩提時代，我在森林中漫遊，沿著康柯爾的街道和我學游泳的瓦爾登湖（Walden Pond）湖畔閒逛，使我感受到這些靈性拓荒者高貴及勇敢的思想。雖然外在的世界沒有什麼誘因，讓我去質疑我生來就開始的殘酷飲食習慣，也許是這些先賢的思想和感情，隨著我探索外在世界和內在世界，透過內在世界滲透進來。**我相信每一個人都有一些這類種子經驗的記憶，雖然有些模糊不易辨識，但現在正逐漸在意識中展開。**我們彼此學習，彼此為對方播種；透過榜樣、行動、言語、表情、作品和姿勢，彼此接觸，有時非常深刻地接觸。尤其是孩提時代，我們非常敏感，可以受到很大的祝福或是傷害。

還有幾顆特別突出的種子造就了我的行程，其中之一是陪伴我長大的一隻高貴溫柔的牧羊犬。家中三個孩子我排行老大，我一歲時，家裡養這隻俾斯麥小狗，直到我青少年時期他過世為止，這隻狗一直是我忠實的伴侶，他往生，對我們全家是一個非常悲傷的損失。我們經常到新罕布什爾（New Hampshire）和佛蒙特（Vermont）山區露營和登山，他都陪著我們。我父母不喜歡虐待動物、宰殺動物，所以我們固定到戶外踏青時，從不釣魚或打獵。我父親除從小灌輸我享受戶外生活的概念，他還教我彈鋼琴，探索音樂舒壓、提升和表達深刻感情的神祕力量。他是一個半專業的鋼琴家，對音樂與和聲的喜愛一直鼓勵著我。我永遠記得他怎樣教我和弟弟在山上練習和聲。

出生在報業家庭，是我生命之旅另一個重要的種子。我出生的時候，父母親在康柯爾

附近買下一家小週報。我就在整行鑄字機、印刷機、促銷活動、每週截稿日、絡繹不絕的地方政客及商人的漩渦中長大。父親連載的社論和故事、母親的畫作和圖像，以及不斷成長的小報社是我們家庭生活的中心。這份報紙《燈塔》（*The Beacon*）愈來愈興盛擴大，使得父親能在康柯爾附近其他城鎮購買和創立新報紙。我高中時，我家已經擁有十三家連鎖報紙和幾百位員工，我們也搬到鄰近城鎮阿克頓（Acton）新的大建築物裡。我看見第一手報紙的神奇力量，議員、國會代表及地方政客如何到家裡來請求父親的支持，商人如何要求廣告。我同時也了解，我們的報紙需要商人，因此會積極地保護他們。由於我家直接參與了地方上的會議、議題和地方政治，因此我對我們社區發生的事有一種了解內幕的感覺。

另一個種子是一直遍布在我們生活中的感覺：我們是真正的美國人。我父親極端愛國，喜歡引用派屈克・亨利（Patrick Henry）的話和懸掛國旗。我母親的親戚是一六二〇年搭「五月花號」（May Flower）來的英國國會教難民，而我們「塔托」家族的祖先則是一六三〇年搭「栽培者」號（Planter）前來的清教徒。每年的四月十九日，數千人聚集在康柯爾的老北橋慶祝和重演「響遍世界的槍聲」——康柯爾革命戰爭的爆發。那天我父親都打扮成獨立戰爭時的民兵，從阿克頓遊行約十公里到康柯爾，然後遊行隊伍折返原路，並模擬、重演戰爭。我長大的過程，一直都很清楚自己是美國國父和清教徒的子孫，因此特別覺得自己與美國的夢想聯結在一起。我很喜愛、很珍惜美國所代表的理想，也很喜歡革命思想。英國國會教難民和清教徒，就像愛默森和梭羅推崇簡單的生活、社區，並且將生命視為靈性的追求。這些種子萌芽後，改變了我的看法，我開始將生命視為朝聖之旅，比較不把注意力放在獲取和競爭上，而放在朝聖的目的上。同時我也開始發現，我這樣的觀點，被認為有些顛覆性。

## 挑戰營的有機酪農場

另一個孩童時代的種子經驗，至今栩栩如生，我很感激它喚醒了我的內心，那就是在田園詩般的佛蒙特酪農場（*Vermont dairy farm*），親眼見到乳牛被殺。

我大約十二歲時參加格林山（Green Mountains）夏令營，此營被稱為挑戰營，它的哲學和「實做」是以正面的方式挑戰男孩子。我對這些挑戰有許多的記憶：困難的急流獨木舟探險、五日在高山上搜索食物、一次在戶外住幾個禮拜、用營火煮我們所有的食物、在冰涼的溪水裡盥洗、甚至一個人獨自在荒野裡過兩天，裝配只有三根火柴、一把刀、一個鉤子跟釣線。

這個營隸屬於在我們下頭山谷裡的有機農場，有時我們會到那裡幫忙綑綁和除草。在一個地點，所有男孩都被叫過去，並且被告知要抓住其中一隻在那裡自由閒逛的母雞。我們被示範，如何把母雞的頭放在地上一塊板子上的兩個釘子之間，一隻手抓住它，另一隻手拿斧頭把她的頭砍下。我很高興自己是少數能一刀就把雞脖砍斷的男孩。我看著這隻無頭的雞，像其他不幸的雞一樣，在穀倉旁的場地，噴著血到處亂跑，直到斷氣。

我們要學如何將屍體放進沸水、拔毛、將內臟取出，接下來許多天，伙食都是雞肉。

整件事情我感到有點不舒服，但我是一個訓練有素的肉食者，在十二歲的年紀，我只知道我必須堅強，某些動物就是生來給人吃的。我們必須吃他們，不然會不健康。

幾個禮拜後，我們再度到下面的農場。美麗的藍天之下，有許多馬、母牛、豆田和麥田。我們被帶進穀倉，木質地板中央獨自站著一隻母牛，湯姆（夏令營和農場的主人兼主管，一位英俊的達特茅斯學院畢業的戶外生活者，我們都非常崇拜他）告訴我們，這隻母牛無法生產足夠的牛奶，故得當成肉品使用。他手裡握著來福槍，瞄準牛頭部一個點，子彈必須射中那個點，她才會倒下。他問我們幾個比較大的男孩，有沒有願意嘗試射擊。一個男孩舉手，拿起槍對準頭部，近距離平射，其他人站在一旁觀看。母牛搖了一下，繼續站著。湯姆把來福槍再交給另一個想試的大男孩，他也對著母牛頭部開一槍，母牛受到衝擊再度搖晃一下，還是繼續站在那裡眨眼睛。

湯姆接過來福槍射擊。我非常震驚，母牛立刻倒下，糞便和尿液從她的臀部噴出，噴到離我很近的地方。湯姆抓起一把長刀，跳過去跨在她俯臥的身上，用力一砍，把她的頭幾乎完全砍斷。我非常吃驚，看到母牛的血，受到仍在跳動的心臟推動，從打開的脖子噴出，射得那麼遠，一條長弧形的紅色液體，高高的飛進空中，然後灑在我們四周，而她的身體在泡著血的地板上扭動。我們都靜靜觀看，當她停止動彈和流血，我們許多人都必須擦拭被血濺到的手臂和腿。我站著，對我看到的事情覺得很震驚和恐怖。湯姆擦了一下眉毛，冷靜解釋，若是母牛的心臟沒有把肌肉裡的血全部排出，肉就會不好吃，會濕濕的，變成沒有用。

接下來一個多小時，我們把時間花在清空她的身體，掏出不同的器官，辨識它們，並且把它們握在手裡。我注意到這時木質地板上的血池，凝固成了一大顆、一大顆的膠狀的血珠。湯姆把我們叫到一個地點去，給我們看他手上拿的部分的母牛解剖結構。她的卵巢顯然有問題，他指出缺陷給我們看，告訴我們她為什麼必須被殺。結束前我們把所有能吃的部分放在卡車後頭，送往屠夫那裡；接下來的一個月，我們都會吃她的肉。有些男孩子拿了一些紀念品：乳頭、尾巴、眼睛、腦。

其後的夏天，我再度參加了挑戰營，雖然我很喜歡登山、駕獨木舟和戶外生活，不過，幾個禮拜以後，當課程進入這一節，我有點焦慮，湯姆又告訴大家走到下面的有機酪農場去。在燦爛的夏日裡，一隻母牛又被挑出來，站在穀倉前。這是她最後的一天，她看起來非常不舒服。湯姆說，今年他不想在穀倉裡做這件事，我們要把她帶到幾百碼外一個比較平坦的草地區。我們用繩子繞住她的脖子，企圖拉她走，跟我們一起上一個小斜坡。她用力抵抗，我很驚訝她力氣這麼大。我們有三十幾個小孩拉繩，竟然沒辦法移動她。湯姆一見不行，拿一條比較重的鍊子綁她的脖子，另一端固定在四輪傳動的卡車後面。小孩都坐在卡車後頭或步行跟著。

她仍然奮力抵抗上坡。一件不可思議的事情發生了，接近平坦區的時候，母牛仍然用盡力氣抵抗，輪子穩定的轉著，突然之間，鍊子斷裂，卡車向前翻，我們在卡車上的全都摔倒了。母牛站在路當中，歪著頭看我們。我看見她站在那裡，無聲地、如此深刻地表達自己，我真希望我們能把她放了，讓她活下去。但還是一樣，我仍相信她是「食物」——這是她唯一的用途。

要把她看成生命還是看成肉，兩者之間關係非常緊張。之後的事情，我不太記得了，

反正開始射她、放血、挖她的肚子、送她到屠夫那裡去、再連幾個禮拜吃她的肉。我不再震驚，因為已經看過。我已經喪失了我的感覺。

## 了悟的種子

有九年時間，我繼續大膽吃動物的肉、奶、蛋。我簡直不知道，不吃這些東西可以活下去，我從來沒有碰到吃植物性飲食的人。當我到緬因州念科爾比學院聽到素食主義，內心某些東西被點燃了，但是我所繼承的肉食主義的輸入程式仍然太強，我無法去質疑基本的飲食習慣。

一九七四年，科爾比大三時，我聽說了田納西州的「農莊」，一個剛剛形成、共八百人的社區，主要成員來自舊金山。我接觸到有關「農莊」的事情愈多愈迷惑，最大的迷惑的是那裡的每個人都是素食者。事實上它是一個純素的社區（當時「純素」這個字還不常用）。他們都不是為了健康吃素，而是為了道德和靈性，他們不吃任何動物性食品，甚至蛋、奶製品和蜂蜜。當時在我的生命的這個點上，我未認識任何素食者，而我竟在「農莊」出版的書上，看到他們的照片，一群快樂、健康模樣、非常有創意的人生活在一起；他們共同的使命是展現更永續、更和諧的生活方式。我大四的論文，以農莊的組織性行為為題，研究這個以合作代替競爭，分享代替占有，同情代替壓迫為基礎的社區，討論他們的理論與實務。研究他們的生活方式對我而言，是一個大開眼界、打開心胸的企劃案。對他們來說，成功與否，是以靈性的價值而非物質的價值來評估。**生活品質和對人類、對所有生命的奉獻，遠比財富累積重要。**他們的目的說得很清楚：「我們來此幫助拯救世界！」

我在柯爾比最後兩年，感到內在巨大的改變產生。我渴望能與大自然和靈性更深入地溝通，開始探索禪坐以及東西方的靈性傳統。十九世紀末有一本書非常出色：巴克（R.M. Bucke）的《宇宙意識》（*Cosmic Consciousness*）。這本書對我影響很大，作者介紹一種概念：雖然大部分的人都以他所謂的「自我意識」——只想自己、不滿足的狀況——在運作自己的生活模式，但有某些人卻已超凡脫俗，達到了他稱之為「宇宙意識」的等級。巴克繼續說：這種較高意識層次的特徵是，道德提升，智能大開，具有靈性智慧，不再對死亡恐懼，這是人類進化的下一個階段。當我讀到這些文字，畢業後等待我的各種事業，對於生命真正的目的而言，似乎變成了陰暗、不能滿足的分心事物。生命的真正意義應該是達到較高的意識層次，而非狹隘地追求身邊我看到的個人利益。當我和弟弟談到這些觀念，他完全同意。所以我們決定一起採取行動。

## 離家出走

一九七五年的夏末，我從柯爾比學院畢業，弟弟艾德和我，一個二十歲，一個二十二歲，決定啟程踏上靈性的朝聖之旅，帶著小背包和大渴望，我們離開了父母在麻薩諸塞州的家。我渴望在靈性的層次上能更深入，直接發覺自己的本質，並且經由靈性的戒律，有意識地逃脫自我意識的牢籠，更完整的了解自己在地球上的生命。

我們找到一本介紹拉瑪那・瑪哈希（Ramana Maharshi, 1879-1950）的教理及生平的書，一位南印度的聖人，他推薦以不斷的沉思「我是誰？」，做為達到靈性開悟的方法。這種修習方式的理論依據，是我們應體認我們不僅僅是這個物質的身體、感情、思想或信仰，而只要我們針對我是誰或我是什麼的問題，詢問得夠深、夠真切的話，**我們可以經由超越外在的環境、幻覺和肉體的死亡，直接體驗到自己的本性**。

這是我們橫越鄉間往西走的重點，或許到加州去——我們這麼認為。幾個禮拜以後，我們走到了水牛城，我開始體驗到打坐和自我詢問的新效果。我愈深入的詢問，愈能深刻感受到我與樹木、小鳥和我所見到的人之間的關聯，愈能感受到我和他們的親密關係。「究竟這個『我』是誰？為什麼它一直須要被保護和滿足？」我不斷地詢問，「並且把自己視為被分開的個體？」

在水牛城，我們決定往南走，不搭任何車子，每天只步行約二十到三十公里，從一個小鎮到另外一個，把我們自己盡可能的完全交給宇宙照顧。我們沒有錢，大部分都在經過的小鎮的教堂地板上過夜，然而食物總是及時出現。由於每天實際上都有一些像是偶發事件的小奇蹟出現，還遇見像天使般的人，我愈來愈相信「先尋找上帝的天國，然後一切都會加給你」的真實性。很好笑，我們碰到的人也把我們當成天使。我們的安全似乎來自我們的完全不設防，或許是我們專注的詢問力量磁場在幫助我們。

我發覺我的心開始對他人敞開，不斷的想幫助他們。有時那種幫助是在學習接受，有時是大方跟別人分享我們的時間和精神，幫助那些自動向我們吐露心聲，尋找忠告的人，替他們出主意。我們每天花幾個小時靜坐、冥想、詢問這個似乎無限和不可能的問題：「我是誰？」，在我們連續走幾小時路的時候，仍然一直充塞我的內心。為什麼我認為我只在這個身體裡，而不在那個人或在狗的身體裡？像我一樣，他們都有自己的喜好，想要得到喜歡的東西，避開不喜歡的。我發覺自己開始放鬆了過去緊握不放的概念：「我是單獨的個體」，而開始在別人身上看到相同的「我」。我可以看穿他們的眼睛，了解他們的觀感，體會他們的感情。這開始有了結果。

在某個地方，有一個友善的人指溪上一間奇怪的小木屋，他說如果我們願意，可以在那兒靜靜地待幾天。我們在小木屋安頓下來，但是沒有食物。我們找到許多野生胡蘿蔔和香蒲，兩樣都不是很可口，由於那裡有釣魚竿，我在挑戰營學過釣魚，我決定抓一些魚。

外頭下著毛毛雨，我把釣到的第一隻魚放進雨衣口袋，很有自信它不久就會死掉。第二隻魚我放另一口袋，然後回小木屋煮晚餐，對自己感到很得意。

香蒲和野生胡蘿蔔在鍋上煮著，我去清理魚，非常驚愕兩條都還活著，痙攣性地翻動著。我了解我正在殺他們，但是他們還沒死，舊模式啟動，我抓起一隻，用力摔到地板。像是從惡夢中驚醒，我不敢相信我正在做的事，然而我也不認為我能停下來。魚仍然活著，在我能夠清理他們、煮他們、把他們當晚餐以前，我又再摔了兩次，另一隻也一樣。

我可以感受到他們的恐怖和痛苦，和我對這些不幸的生物做的事有多麼暴力，我發誓

永遠不再釣魚。這種自我的詢問，開始無情的暴露出我的反射行為和偽善。舊的輸入程式「他們只是魚」開始消失，我以新的眼光重新看發生的事，我以暴力和欺騙的方式進入他們的世界，意圖傷害他們，我正在靈性的朝聖之旅中，全心全意想了解生命的真義，但我卻做相反的行為，先是以藏著殘酷刺勾的魚餌騙他們，然後殺害他們。

第二天，艾德和我繼續往前走。雖然我對做為素食者知道得很少，但我開始認為那是一種比較好——甚至是必須的生活方式。我們沿著荒僻的鄉間小路，穿越紐約南部進入賓州，然後跨過賓州到西維吉尼亞。幾乎每天傍晚，我們都找到地方上的牧師，在教堂過夜，有時甚至連晚餐一起供應。我們也在救難中心、監獄、公社、收容所、田野或森林過夜。感謝強尼・艾波西（Johnny Appleseed）（注：把蘋果樹大量引進到美國俄亥俄等數州的人，此人同時也是位素食者），他總是讓我們的小背包裝滿蘋果，偶爾我們也會在廢棄花園裡找到小胡瓜。我發覺有人給我們肉吃的時候，我開始盡量避免吃，雖然我有點擔心，如果完全不吃，我的蛋白質會不夠。

沿著鄉間小路走，狗有時候會是個威脅，可能他認為我們入侵他的領域。某天早上，我們路經西維吉尼亞鄉下的一間房子，出現了一隻很大的牧羊犬，他沒有叫，只是跟在我們後頭。當我感覺到他的鼻子碰到我的後腿時，我不禁發抖。我們走了許多公里，他一直跟著，一隻漂亮的動物，友善而且精神飽滿，他多數在前面跑，儼然像保護者。我們在路上山坡停下來吃午餐，吃了一些蘋果，然後像平常一樣開始打坐半小時。狗就靜靜坐在旁邊，警覺地望向遠方，散發出深沉的和平與力量之感。我們對這隻狗非常敬畏！他顯然是一個很有成就的打坐者。我們繼續走，繞過一個彎，看到路上頭山坡上有一間房子，一隻大狗立刻從山坡上朝著我們衝過來，看起來像是玩真的；我們很興奮地看見我們的牧羊犬，當時在我們後面幾百碼的距離，竟一下子越過了我們奔向山坡，在那隻狗抵達以前就將他撂倒。那隻狗被嚴厲叱叫幾聲後，夾尾跑回家去了。我們三個繼續往前，非常喜愛彼此的陪伴，一直到這隻偉大的狗終於注視著我們，轉過身去，慢跑回家。我很納悶為何有人無法感受到這個生命的靈魂，如果他被關在籠子裡，像在中國那樣，被當成肉吃；或被看成土狼或野狼，當成討厭的動物射死；那麼他的存在和個性就完全看不見了。

我們向南繼續長程步行，穿過西維吉尼亞的山丘進入東肯塔基，然後進入田納西州。別人認為我們在遊歷世界，但對我們而言，它是一趟內在之旅。打坐和自我詢問是我們每天的重心，我們總是回到當下這一刻，努力地接近宇宙意識。我很確定較高的意識層次，那種比我所體驗和在別人身上看到的更高的意識層次一定存在。靈性的導師和一些詩人，都曾非常清楚和熱情地說過它。

幾個禮拜過去了，我們東西開始一件一件放棄。多餘的鞋子和衣服都一一捐出去，逐漸減少背包的重量。我們也放棄一些比較不笨重的依賴物品，像是記載全國各地我認為我們可能去拜訪的一些朋友的通訊錄。這本通訊錄早在紐約上州，我們把我們的「緊急救濟金」——塞在背包暗袋的四張五十元鈔票送給人以後，就被我丟了，我覺得有一種很棒的解脫感。我也把我的眼鏡脫下來，收起來，這對我是很大的考驗，因我的度數很重，比較好的那隻眼睛，裸視是〇・〇五！有幾個禮拜世界變得很模糊，但是隨著我的眼睛和心，逐漸恢復自然的視覺，世界很明顯地開始變清楚。我開始了解，是我戴眼鏡和隱形眼鏡的習慣使我的視力衰退，使我成為光學企業終生的客人。雖然剝下這些我與世界之間的人造屏障，一開始我有點害怕，但愈來愈覺得解脫，到今天為止，有二十五年的時間，我不曾再戴矯正視力的隱形眼鏡。

金色的秋天來臨，我們繼續向南，我開始感覺到從未有過的活力，宛如層層盔甲被剝下。單純喜悅的波浪會突然掃過我，讓我感到滿心歡喜。這種喜悅似乎與我過去認為會帶給我快樂的東西一點關係都沒有。我們沒有錢，沒有任何財產，也不知道下一頓飯或歇腳的地方在哪裡。為什麼這些波浪會如此生動地從內心冒出來呢？有一件事非常確定：我們在過「我們」想過的生活，而不是媒體形象、父母、老師、親戚或權威人士要我們過的生活。可能是因為我們忠於內在進化的感召，**生命本質的喜悅自然而然生起。它似乎在我們四周創造了一個自由和祝福的場域保護我們，我們幾乎可以觸摸到它。**

追求了悟，對我們來說就是一切。我們似乎了解，我們不該依賴任何東西。我記得某一個禮拜天，在西維吉尼亞的小鎮，我們被邀請教主日學的小孩。我們告訴小孩，我們發現耶穌教我們的真理：「先尋找上帝的天國，然後一切會加給你」。後來教堂收集了一些特別捐款，在我們要前往下一小鎮前送給了我們一個驚訝的禮物——三十元美金。第二天，我們用這三十元的意外之財買了兩個五元的午餐後，就把剩下的二十元都當小費給了女服務生。口袋空空，心裡萬般自由。有一次，我們已經有一陣子沒有吃東西，袋子裡沒有任何存糧，我看見前面路邊擺了一個塑膠袋，竟然是一個新鮮的三明治！我們每一口都盡可能吃得很慢、很感恩。在步行的幾個月裡，我們幾乎沒有真正餓過。

## 種子社區

我們終於被引導到肯塔基中部一個十幾人的小社區。他們熱烈歡迎我們，所有人都是素食者，是田納西農莊的分支。我們學會了如何煮黃豆，也第一次聽到叫「豆腐」的東西。主人說，他們都穿植物做的鞋子，盡量減少造成動物的痛苦。我隱約知道雞在過度擁擠的工廠裡互啄對方的眼睛、小牛被上烙印和閹割、豬在屠宰場尖叫，我也看過載滿牛的卡車，但對細節不詳，也不知道如何準備健康的植物性飲食。在小社區開放和關懷的氣氛中，我們談論了這些事情。我們一起工作、吃飯、遊戲和靜坐。拿動物的肉當晚餐似乎變成非常野蠻的行為，這樣想之後，我在內心發誓要成為素食者。

很快地，我們向南前往田納西的農莊，繼續朝聖之旅。我們終於抵達農莊，在那裡住了幾個星期。在這兒的經驗，使我更確認了終身吃素的決心，它真的非常值得我們那幾個月的長途跋涉。他們有將近一千人，大部分是已婚的夫妻和小孩，住在自己蓋的房子裡，在一大片美麗遼闊的農場和森林地上創造了一個社區。農莊的人留著長頭髮，代表自然的生活方式和反越戰的精神。它是一個合法設立的修道院，一個避免傷害動物、人類和環境的純素組織。這個農莊有自己的學校、電話系統、豆漿廠、出版印刷公司、搖滾樂團、主日崇拜的儀式和「富足」（Plenty）計畫；「富足」計畫是一個蓬勃發展的擴大服務的計畫，提供純素的食物和健康照顧給中美州和北美的貧民區。他們的精神領袖斯蒂芬・蓋斯金（Stephen Gaskin）是禪學大師鈴木大拙（Suzuki Roshi）的學生。

食物非常好吃，這裡的氣氛我在別的地方從沒有感受過。大家都很友善、很有精神、很開朗，大家一起分享、尊重彼此、也尊重地方社區。**農莊的人有很強烈的使命感：一起努力創造一個比較好的世界。**

他們的豆漿廠做豆腐、豆漿、豆包和「冰豆」——最早的黃豆冰淇淋。小孩上課的地方都供應純素餐點。這些從出生就吃素的小孩，個個長得又高大、又壯、又健康。花園、農場和溫室提供食物給每個人，大家做不同的工作，建築、修理、烹飪、教學、農耕，共同使農場能完全自給自足。我在印刷廠工作，幫忙把農場極受歡迎的《靈性助產術指南》（*Spifitual Midwirery Guide*）從印刷機上拿下來。婦女從全國各地到農場的靈性接生中心來，由農場有經驗、有愛心的助產士，幫忙他們把小孩子生下。一些考慮墮胎的婦女被告知，假如他們在農場生下小孩決定不養，可以給農場裡的夫婦認養。雖然許多婦女來的時候都有這種打算，但是經過農場助產士細心的照顧整個生產過程後，沒有一個婦女決定放棄她的嬰兒。

**農莊的人彼此之間表現的關懷之情，以及整個社區展現出的勇氣，敢與大社會的價值觀背道而馳，都深深令我感動。**他們像我一樣，是在統治的文化下長大的，為了食物、衣著、娛樂和研究，宰殺和虐待動物；強調競爭、私有財產、消費主義，和大公司的有限責任。我們被教養得為了自己的利益，視地球、動物、甚至人類為供市場利用的商品。農莊，是一個純素食主義的活典範，強調溫柔、同情、尊重生命。他們甘於平淡、使用合宜科技、共同分享資源；他們的快樂不是經由自我擴張而獲得，而是依靠穩固健康的家庭及社會關係，依靠幫助他人，依靠靈性的成長和創作有創意的作品而獲得。對我來說，這些人過的生活比主流宗教，更接近耶穌奉行的教理。他們實踐的理想，是所有生命都是神聖的；他們的企圖，在於有意識地創一個社區和生活方式，以反映這種理想。這對別人也是一種鼓勵，也是永續生活的一種楷模。

不用說，銀行、法人和政府機構，對農莊都非常有敵意。雖然農莊至今都還很強盛，不過它的規模縮小了，沒像它在一九七〇年代和一九八〇年代初期的全盛時期那麼激進。

雖然我們曾認真考慮加入農場，不過最後還是接受直覺的引導，繼續向南走，前往阿拉巴馬州的亨茨維爾市（Huntsville）。我們抵達那裡，發現當地的禪修中心可以全心全意靜坐，一天坐八小時；我們還可以一邊幫忙中心的一些修護工作，這對我們是很理想的，我們能夠集中精神專心靜坐，同時能受到很好的教導及指引。接下來的幾年，我繼續住在佛教的禪定中心，先是亞特蘭大，後來是舊金山，但比較沒有嚴格地遵守純素（植物素）的飲食方式，因為大部分在這些禪修中心的人都吃蛋和奶製品，而我在這時候也還不知道這些食物有多殘酷。

一九八〇年，我住在「噶舉・佐敦・滾洽」（Kagyu Droden Kunchab，意為：教傳・利生・遍在），在舊金山的西藏佛教禪定中心我很幸運地碰到了達賴喇嘛。我將我幫中心翻譯和出版的藏語吟誦文本呈給他看。當天稍早，達賴喇嘛為我們主持了一個儀式，我們都發菩薩誓，這是密宗禪定練習的基礎——我們發誓為了使眾生得到最大利益，我們要達到完全的靈性開悟。我和其他許多人感到非常矛盾的地方是，我們都是素食者，而許多我們向他請益的西藏喇嘛卻定期吃肉。甚至連達賴喇嘛自己，他雖鼓勵西藏人和西方的佛教徒吃素，但自己也隔一天就吃肉，據說是醫生建議的。也許這些理由也包含政治的因素，因為身為最高最顯眼的西藏傳統的宗教領袖，他必

須要有足夠的勇氣才能脫離一般喇嘛的習慣，遵從原始佛教教理囑咐的倫理素食。很幸運的，在二〇〇五年四月，他展現了卓越的政治勇氣，新聞報導：「達賴喇嘛說他最近已經改吃素食，呼籲大家停止殺生和傷害動物。」由於達賴喇嘛是著名的和平典範，這對我們大家都是好消息，還有一些令人鼓舞的現象，如許多在印度的年輕喇嘛也開始朝相同方向邁進等等。

## 松廣寺

一九八四年，我第二次有機會住進純素社區，這次是在南韓一家古老的禪寺。我到那裡旅行，加入了僧團，參加為期三個月的暑期密集閉關。每天我們清晨兩點四十分起床，開始打坐，練習安靜與簡單，吃純素餐點，有飯、湯、蔬菜，偶爾有豆腐，晚間打坐結束，九點就寢。在松廣寺（SonggwangSa Temple）用餐必須保持安靜，每個人都有一套碗，總共四個，三個碗用來裝飯、湯、蔬菜，第四個碗裝茶，用來清理其他三個碗，然後喝下去，所以一粒米飯都不浪費。

這個社區大約有七十個和尚，還有一些在家人，在這裡幫忙一些工作。這裡吃素的傳統已經根深柢固。許多世紀以來，這個寺廟都過著相同的生活，打坐和過非暴力的生活。衣著上沒有任何絲製品或皮製品，雖然我在那邊是夏季蚊子最多的時候，但沒有人會想殺蚊子或任何生物。我們只在打坐的大殿掛蚊帳。經過幾個月的安靜和打坐，雖然每天似乎只是無止盡的靜坐，但我感受到一種深沉的喜悅從內心升起，感受到萬物同一體，而且能敏感地感受各種情況的能量。

四個月之後，我回到美國忙碌的生活中，我感覺內心產生了巨大的變化。過去九年我採用素食方式，突然間，很自然地我變成了純素，純素主義的根已經伸展到了我內心的中央。到那時為止，我還以為我每天購買的純素食物和衣服等等是我個人的選擇。現在我則很清楚了解，不把動物當商品並不是一種選擇，因為動物根本就不是商品。吃、穿動物或為虐待動物找理由，都是不可思議的，就如同吃、穿人類和為虐待人類找理由一樣。完全明白和了解這個道理，我感到非常輕鬆，而且覺得有種力量在我內在增長，不可言喻。

在前往韓國之前，我已取得舊金山州立大學的碩士學位，從韓國回來之後，透過拿碩士學位時的關係，我得以在舊金山灣區一所學院教授人類學和哲學課程。我授課六個月之後，決定申請進入柏克萊教育研究所攻讀博士學位。為了申請進入柏克萊，我必須參加性向測驗和美國研究生入學考試（GRE）。非常有趣的是，考試結果成績居然非常高。門薩（Mensa）智商測試告訴我，這分數相當於所有人口中最頂尖的百分之零點二五的IQ。在我年輕時，當我還吃肉，不打坐的時候，我參加這種測驗成績從來沒有特別高過，不過我想這是可以理解的。**純素飲食不只讓我們的身體系統變得比較乾淨，更重要的，它釋放我們的心，使我們有辨識關聯的能力，而這就是智商的基礎。**另外，固定的安靜打坐使我們的心智放鬆，能與直覺潛能的源頭溝通，這似乎也可以增加我們辨識關聯的能力。所以遵守純素飲食和練習內在的安靜是非常有力的結合！我發現我同時能夠在學院

教很多的課，也能在柏克萊修很多課，我一次都承擔八到十個課程。不僅教學非常順利，在六十個學分的博士課程裡，成績也都是A，甚至$A^+$。我的博士論文〈直覺在教育中扮演的角色〉還被提名「最佳論文獎」。我個人並不會為了這些覺得驕傲或有什麼功勞，因為這只是無數人類驗證這個根本原理的實例之一，這個根本的原理是：**只要我們了解，而且根據我們本能的天性生活，我們都可以發揮巨大的潛能**。這個原理的主要障礙，來自我們所繼承的食物造成的心態——競爭和排外，它使我們思想不集中、麻木、無法辨識有意義的關聯。

我非常喜歡學院的教書生活，但六年之後，我覺得受到指引，決定開始過遊歷的生活，到各處舉辦音樂會，表演原始創作的鋼琴曲，以及舉辦發展直覺的研討會。雖然學院願意加薪留我，但我覺得受到強烈召喚，想走回開放之路。在這些年裡，自從從新英格蘭踏上朝聖之旅後，我感到令人開心的旋轉新音樂開始透過我傾注在鋼琴上；我愈專心於音樂並公開表演，它變得愈強烈，愈受到熱情的歡迎。透過音樂，我感到內心和內在的視野打開了，能感受到令人鼓舞的靈性能量，使我與地球、與動物和人類家庭的苦境連在一起。這種由靜心的神祕力量所湧現的音樂像是交通工具，能載運提升、治療的能量和直覺的了解。

一九七五年，當我在農場改吃植物性飲食時，我沒有有意識地感覺在幾千英里外的瑞士，有一位年輕的畫家叫梅德蘭（Madeleine）也做了類似的決定。一九九〇年，我在歐洲舉辦音樂會時，在歐洲的小村莊偶然遇見了梅德蘭，從此以後，很幸運的，有她陪伴，成為我終生的伴侶和愛人。

## 團體的力量

我們長大的社區，我們稱為家鄉的地方，對我們影響非常深遠。我們了解這一點，就可以明白為什麼我們會視動物為商品，而且這麼困難改吃素食和改變生活方式。因為剝削動物為食的習慣已經滲透了我們整個文化，成為文化的特徵。

雖然文化很自然地傾向複製自己，但它們能進化，也會進化；另外若受到外在壓力，它也可能會被迫改變。理安・艾斯勒（Riane Eisler）著的《聖盃與劍》（*The Chalice and the Blade*），收集了許多資料，說明畜牧文化的傳播從中亞到地中海和中東，再從那裡到歐洲，花了幾千年的時間，靠體力、壓迫婦女、對兒童洗腦而完成。傑理米・理夫金（Jeremy Rifkin）的《超越牛肉》（*Beyond Beef*）則提供了佐證，證實牛肉文化如何從歐洲到北美洲。由於歐洲（特別是英國）對牛肉的需求，歐洲人在美國的養牛場做大量的經濟投資，提供資金推動我們這個年輕的國家和它的經濟。林恩・約克伯（Lynn Jacob）所著的《西方的浪費》（*Waste of the West*）收集的文件顯示，西方的放牧土地已經完全遭到破壞；印第安人、北美野牛、北美的草原土撥鼠、狼以及其他非飼養牲畜的「討厭」動物，都幾乎被根除。直到今天為止，聯邦和州行政機構，像是美國農業部的「野生動物服務處」，每年仍然以毒害、射殺、驅趕和設陷阱，對付數百萬計的動物，這些動物包括了土狼、山貓、野馬、土撥鼠、野牛、海狸、浣熊、燕八哥、獾和熊。這是一個悲劇，其間的痛苦，難以形容。

當我在韓國時，對那些聚集在山谷裡及爬上斜坡的稻米梯田很好奇，它們很有效率地

生產足夠的稻米餵養韓國人。這裡和美國不一樣，我每天都可以看到韓國人在田裡照顧稻作。然而，隨著歐美投入資金，韓國文化也在改變，美國食品公司、電視節目和廣告入侵，創造了韓國對西方奢侈食品的需求，特別是牛肉。德州的畜牧業者到韓國旅行，藉機會向投資者說明，如何將稻田轉變為養牛場。一塊土地，不再餵養許多人，只用來餵少數富有的人吃牛肉，米價被提高，高得窮人吃不起，創造了典型的畜牧業所帶來的環境惡夢和汙染。畜牧業傳播到韓國，得力於基督教傳教士的協助，因為他們在當地已經有相當可觀的基礎。也許受佛教僧團、教理和他們純素及慈悲的典範影響，這種改變可以減緩，不過減緩的程度，要看這些壓力不斷增加的人們是否尊敬佛教的理念，還有佛教理念是否和他們有切身關係而定。

畜牧文化的傳播已經進行了許多世紀，至今威力不減。它的富有和它樂意使用金融壓力和身體暴力的方式，使它難以抵擋。當它一傳播，壓迫、不公、暴力、競爭和掙扎，也一起傳播。這是一種剝削和掠奪的文化，它對它所有的成員都加強核心訓練——畜養和吃商品化的動物。

**要在畜牧文化敵意的環境中存在，純素團體必須非常堅定和有決心。**大部分純素團體，像是「農場」和「松廣寺」基本上都是靈修團體。純素的生活方式是他們整個大修行方向的一部分，他們強調慈悲的生活方式、培養內在的和平與寧靜、致力於人類的道德重整。然而現在素食團體也可以在其他地方遇到，這使得改吃素食變得比較自然和容易。素食和純素團體的數量不斷增加，主要原因是非西方靈性宗派不斷增加。有許多的治療中心和宗教的閉關中心，他們為了健康和靈性淨化也強調素食或純素主義。也有一些是暫時性的素食團體，像是動物權和素食聯盟。

還有一些地方性的素食協會，提供這方面的知識和靈感。某一類型的團體支持是很重要的，尤其是在剛開始採用較不殘忍的飲食和生活習慣的階段，因為它提供了背景、範例和實際的指導。

種子產生和它同一類型的果實。「農場」和「松廣寺」是兩千五百年前智慧和慈悲的人種下的種子，連同許多世紀以來無數奉獻的人，在經常非常險惡的環境中，協助養育和改種這些種子，今天才能開花結果。

**未來人類和動物的子孫，要靠在我們共享的文化花園裡，盡我們所能地培養非暴力、慈悲和智慧的種子，他們才能繼承一個健康的地球和以自由及關懷為基礎的生活方式。**我們每個人，都可以是一個自由的場域，藉著我們的典範和企圖心的力量，我們可以使我們周圍的人，比較容易做和我們相同的事。這個場域會一直擴大，擴及我們整個文化，成為一個慈愛的革命。

雖然，我在這裡敘述的旅程是獨一無二的，正如同我們每個人的旅程一樣，但我相信，它的根本型式大家都一樣。我們大家都出生在把動物當成商品的畜牧文化裡，我們都受到殘酷、暴力、掠奪式競爭的影響，因為我們的食物要求我們如此做，我們的文化是這些行為的化身。大家都被教導多少要忠於我們的文化，不要批評它。我們毫不在意的繼續大規模的恐怖行為，忘記這些行為對於我們個人和共有的各個生活層面災難般地影響力。我們大家都看到了相同的證據，並且聽見了慈悲和正義的呼喚。

藏在我們內心的覺醒與慈悲的種子，可能現在已經萌芽。**我們個人轉變的旅程和靈性**

**的進化正呼喚我們，要我們去質疑，我們究竟是不是別人告訴我們的那個人或那種品質。**當我們如此做，我們旅程的網，就在我們的文化裡交織在一起，交叉施肥，互相播種。當我們從盤子裡根除了排除和控制的心態，慈悲的種子就可以自由地開花結果。**這整個的過程，主要要仰賴我們給種子澆水，和貢獻我們個人獨特的旅程。**我們互相依靠，當我們解放了那些我們稱為動物的生命，我們將恢復我們自己的自由。愛他們，我們將學會彼此相愛，也會完整地被愛。

梭羅，和本書作者塔托一樣，出生在美國麻省的康柯爾。梭羅的文章〈公民不合作〉（Civil Disobedience，一八四九年），影響了印度的聖雄甘地。梭羅「保護生命」的哲思，也影響了臺灣的徐仁修。

第15章

# 實現革命

「我的目標不平凡。我相信此時此刻最需要的只有人類的改變。」

——吉娥·柏絲（Jill Purce）

「世界上每天有四萬個小孩，因為缺乏食物而死。而我們在西方飲食無度，還把穀物餵給動物吃以製造肉，我們是在吃這些小孩的肉。」

——一行禪師（Thich Nhat Hanh）

「人類真正的善行，完全純潔和自由，只有在接受者是毫無力量的生命時，才彰顯出來。人類真正的道德考驗，最根本的考驗，包含他對那些任他處置的動物的態度。在這方面，人類顯然全盤潰敗，由於敗得太嚴重，其他災難也接踵而至。」

——米蘭·昆德拉（Milan Kundera），《生命不可承受之輕》（*The Unbearable Lightness of Being*）作者

## 親筆書信

選擇吃動物食品的漣漪效應非常廣泛而複雜，深深影響了我們基本的態度和信仰體

系，也影響我們彼此之間的關係，以及我們所創造的次序。不論從哪一方面來看，我們都會發現：我們文化現行的飲食習慣，實在令人麻痺和盲目，並且限制我們。奴役動物和吃動物的行為，無情地汙染了我們的身體和心理的環境，這種行為讓我們的心變得冷酷，感情和知覺遭到封鎖；並且在我們的關係裡，煽動恐懼、暴力和壓迫的氣氛，糟蹋我們的星球；另外，我們恐怖地折磨和屠殺無數動物，也使我們的靈性變得遲鈍，天生的智慧和認知聯結能力被阻礙，嚴重地喪失了力量。

要解決人類多方面的困境，必須解決我們飲食要求的壓迫心態。**如果像長期以來那樣不去正視它，我們的存在和我們的計畫，會變成諷刺，不只欺騙自己，並且帶來毀滅和自殺。**我們只有看清飲食習慣的真面貌，回應心靈的召喚，去了解我們行為的結果，才能領悟慈悲、智慧和自由，體驗所有生命息息相關的真理。這裡面，暗示了一個非常正面的革命，也就是靈性的轉變，它可以使我們的文化如量子躍進一般，急遽地進化；**從強調消費、控制和自我利益優先的文化，進化到培養創意、解放、包容和合作的文化。**我們都準備好參加這樣的靈性革命了嗎？如果我們拒絕了，隨著人類不斷增加的人口以及剝削性的科技之增長，我們面對的紛爭、壓力及毀傷，勢必日益嚴重。毛毛蟲何時準備好蛻變呢？最明顯的徵兆，是它不再貪食，由於內在的催促，它的注意力已經轉往新的方向去了。

這個呼喚我們的靈性和文化的革命，必須從飲食開始。食物是我們與地球、地球上神祕的一切、以及與我們的文化的主要連結。它是經濟的基礎，也是我們生命內在靈性的中心隱喻。我們的飲食若都能從暴力及壓迫，轉向慈悲與溫柔，這種集體靈性轉變的規模，將大到無可限量。純素主義的祕訣在於身體力行，沒有人可以只是個理論上的素食者！純素主義不像許多宗教教理，以理論和內在為主，它非常實際。純素主義的動機是同情心，它關心的不是個人的淨化或個體的健康和救贖，除了這方面可以幫助別人，否則不在它的考慮範圍內。純素主義是具體、可見的生活方式，它出自於關懷和互相關聯的觀念，並且加強這個觀念。

我們即使已經麻木到不能關心動物的痛苦，只關心人類，還是可以很快地了解：光是人類吃動物來源的食物，對人類同胞造成的痛苦，就需要我們選擇植物性飲食。人類飢荒的問題，宰殺和囚禁動物造成的感情傷害，水、土地、石油和其他有效資源的浪費，動物食品生產體系基礎上的不公和暴力，都催促著我們必須放棄這種受教化影響的飲食習慣。當我們開始做這些認知上的聯結，坦然地接受回饋的信息，我們將愈來愈清楚，**我們能給予這個世界、人類家族、未來子孫、動物、我們自己和我們所愛的人的最偉大的禮物，就是變成純素者**，以及貢獻我們的生命鼓勵其他人也這麼做。

要做到這一點，我們必須質疑一些我們文化基礎的假設及態度，將自己從理論及實際中解放出來。「離家」的內在行動，在許多方面需要靈性上的突破。最重要的行動，就是不要掉頭而去，不理會我們的食物選擇加諸在別人身上的痛苦。願意去看、去了解、去回應，並且與我們的鄰居重新建立關係，知道彼此息息相關，這樣自然可以激發我們在選擇食物、娛樂、衣著和產品時，盡量避免對這些脆弱的生命造成痛苦。當我們如此做，我們會變得比較留意自己的行動在世界上造成的漣漪效應，我們的靈性也將更深入轉變，並且因為敏感度增加，我們會更渴望帶給其他生命幸福，變成那些沒有聲音的生命的代言人。

一旦成為純素者，我們會堅持下去，因為我們的動機不是為了個人和針對自己，而是基於對他人的關心，基於我們與其他生命不可否認的關聯性。

**這種表現憐憫和保護弱者的衝動，深植在每個人的內心裡，雖然畜牧文化一再壓抑它，還是有龐大數量的證據顯示，事實上大家都渴望表達它。**例如，如果我們知道一隻動物需要救贖的故事，我們的同情心和智慧會因為與動物的溝通被喚醒，我們會集體捐贈數百萬美金，僅僅為了幫助一隻動物。我們愈是溝通，愈是了解，就愈有愛心，這種愛會激勵我們，不只離開家，還質疑我們文化統治和排他的態度，也會幫助我們返家，為那些脆弱的生命說話。

**愛的相反不是恨，而是冷漠。**當我們揭開面紗，看清飲食習慣所造成的痛苦，開始了解那些毫無抵抗力的生命因為我們的食物選擇受苦的實況，我們的冷漠會瓦解，它的相反：同情心，會出現，催促我們為那些受苦的生命採取行動。這個動作主要的危險，在於我們可能會離開家，不再回來，也就是，我們能夠從文化買賣動物的傷害中覺醒，但無法將這種覺醒帶回文化中，為那些生命說話。假如我們的認知，不能以對我們有意義的方法有力的表達出來，它可能會被禁錮在我們裡頭變酸，變成譏諷、憤怒、絕望和疾病。這對我們或任何人都沒有好處。

在此人類進化的時刻，我們每個人都有獨特的禮物，可以貢獻給這個最迫切的任務：透過解放食物用的動物，轉變我們承襲的統治者心態。它的關鍵要素在於，採取純素者的生活方式，教育我們自己，發展靈性的潛能；並且加入團體，在團體中找到自己能貢獻的位置，再去幫助、教育其他人。**靈性的革命，需要大家參與，不分宗教信仰、種族、階級**

**和其他差異點。我們每一個人都可以貢獻一塊拼圖，**整體的成功，仰賴每個人發掘自己的才華和熱情，持續不斷地貢獻。

## 受害者、掠奪者和旁觀者

當我們開始吃純素，比較輕鬆地在地球上生活，會發覺龐大數量的雜食同胞的飲食習慣對我們的影響非常大。雜食者任意吃各種非人類動物，在許多方面限制了其他生命的自由。例如，我們會發現，河川和池塘被動物養殖業汙染了，我們無法再享受它們，包括在裡頭游泳。空氣和地下水也被虐待動物的企業毫無必要地汙染。我們必須忍受看見我們的朋友被獵人和漁夫捕捉的痛苦，並且觀看廣告看板上動物肉被烹煮的噁心照片。我們的錢被政府拿去支持大牧場、酪農場、養殖工廠、飼育場和掠奪者控制的事業，讓他們毫無必要的殺害更多我們的朋友。我們能夠享受的森林也被破壞，用來生產製造牲畜飼料用的廣大、荒涼的單一作物。

我們買到的產品和服務的價錢，遠高於實際價格，因為他們不只包含政府以稅金補助動物食品，還包括公司為他們的雜食員工負擔的龐大保險費用，這些都變成較高的價錢，再轉嫁到消費者身上。雜食者需要的心臟病、癌症、腎臟病、肥胖等昂貴的醫療手術，使得保險費率提高到低收入者不能負擔的程度。

美國戰爭的機器也被強加在我們身上，我們不只要負擔它的費用，還要看它為了提供便宜的石油，摧毀窮人的生命；而這些便宜的石油，卻被浪費在動物食品需要的穀物和能源上。當我們成為純素者，對於食物系統的暴力會變得很敏感，也會了解，雜食者本身也是食物系統的受害者。

有許多方式可以使我們成為解決方案的一部分，而非問題的一部分。當我們購買動物食品和吃他們，我們自己就成為我們文化行使非必要恐怖暴行的代理人。假如我們不太確定這一點，可以看一下列在此書附錄的短片清單，窺見冰山的一角。這些一直在進行的恐怖行為，是如此的巨大和驚人，會把我們整個的心都淹沒。

在公開犯下的暴力罪行中，通常有三個角色：一個是掠奪者、一個是受害者、另一個是旁觀者或證人。大家都知道，掠奪者會希望旁觀者保持沉默，眼睛往別處看，而受害者則希望旁觀者能站出來說話、採取動作、參與此事，做些什麼來阻止或勸告掠奪者停止他們的傷害行為。關於吃動物食品有許多掠奪者和受害者，但只有少數的旁觀者。掠奪者總是互相鼓勵，以懷疑和敵意的眼光對待旁觀者，讓受害者的聲音聽不見。

我們深入觀察，可以發現掠奪者本身也是暴力的受害者——這是他們為什麼變成掠奪者的原因——他們的暴力，不只傷害動物，也傷害自己和旁觀者。這三個角色痛苦地糾纏在一起，而**其中真正有力量的是旁觀者**。旁觀者可以轉身看其他地方，給予罪惡默許，他們也可以見證，將第三方面的意識和覺悟帶進受害者和掠奪者所捲入的無望的暴力循環裡。旁觀者可以提供非暴力的典範，為那些沒有聲音的受害者說話（在更細微的程度上，也可以說是替掠奪者說話，因為掠奪者也是他們自己行動的受害者）。掠奪者也許會怪罪旁觀者判斷他們，使他們覺得自己很壞、有罪，但其實旁觀者僅僅是將掠奪者的意識表現出來，請他們為了大家好，清醒一點，停止暴力。掠奪者對於他們暴力的行為感到的罪惡和羞恥，主要是出自於自己仁慈和關懷的自然感覺，只不過他們封鎖和違背了這些感覺。他們對旁觀者的態度甚至是憤怒的：「假如你要做個素食者，那很好，但不要告訴我們怎麼做。」雖然一開始我們會臉紅，覺得似乎合理，不過很快的我們就會了解，這是存在於我們文化中的隔閡和偏見造成的結果。掠奪者不敢說：「假如你不想捶打和刺傷你的寵物狗，那很好，但不要告訴我，我不能捶打和刺傷我的狗。」我們都了解，我們沒有權力這樣對待其他生命，特別是那些沒有還手之力的生命，不論我們喜不喜歡，大家都有權利制止我們。

身為掠奪者，一些關心和善於表達的旁觀者所建立的真理磁場會強烈地挑戰我們。最後，我們可能會回應，檢查自己的態度，了解我們的行為在道德上站不住腳而停止它，甚而加入旁觀者的行列。而如果是旁觀者，我們也受到深度的挑戰，該如何有創意地以愛心、了解、有技巧的方式回應情況，並且努力地完全依照同情心、誠實和正直的價值觀過生活。我們的生活愈是與我們的價值觀一致，**我們散發的真理磁場將愈強大，我們的言語、姿態和行動，對掠奪者也就愈具有分量**。沒有任何人是無辜的，就某個程度而言，我們都是或曾經是這三個角色。做為非純素者，我們受到靈性和道德淪喪的挑戰，開始放慢腳步，停下來，注意看，重新做認知的聯結，擁抱我們不願意承認的陰影，以及開始復原的過程。做為純素者，我們面對認知與行為不一致及害怕被批評的挑戰，我們隨時留意，努力使我們的身、口、意與生命互相依存的認知一致，加深復原和覺醒的過程，更完全的體現和平和勇敢的愛。培養清醒的意識，是實現快樂、和平與自由不可或缺的條件。

那受害者，動物呢？這些生命是誰，他們沒有一點抵抗能力，也不能報復，為何被人類為了利益和自我滿足所創造的機械化系統如此無情地懲罰？

## 我們與動物的關係

雖然我們出生的文化強調我們與動物不同，但經驗告訴我們，並非如此。我們只有把動物排除在我們用來定義自己的範圍外，吃動物才會心安理得。但我們與動物的差異性，遠比我們的飲食習慣強迫我們相信的小。例如，有動物同伴的人毫無疑問的都知道，動物有獨特的個性和喜好，有感情和衝動，他們能感受心理和生理的痛苦，並且懂得避免痛苦。除了大量傳奇故事的證據顯示，動物對待他們物種的成員及其他物種以外的動物的利他行為外，也有臨床證明，例如在典型的殘酷實驗中：猴子若是願意電擊其他猴子，會被給予食物，但研究者發現，這些猴子寧可自己挨餓，也不願意電擊其他猴子，尤其是那些早先受過電擊的猴子。研究者對於猴子的利他行為非常訝異（或許有點羞愧？），雖然這是人類的本性，但有人會懷疑人類是否有這麼高貴。

動物除了有同理心，也能感受心理的痛苦，當我們對待他們的殘酷行為，迫使他們患精神病時，通常他們會展現一些固定的行為模式。這些因為食物、毛皮和研究，遭到嚴密拘禁的動物，會不斷地重複同一種行為，而這些行為是他們在自由生活時不會做的。黑猩猩和豬，會連續幾小時，用頭不斷地去撞籠子的鐵欄杆，大象會不斷地搖頭和抬腿；在毛皮農場裡，囚禁在擁擠的籠子中的狐狸，會急躁地兜圈子和可憐地搖擺，因為不能實現他們天生的目的被逼瘋。我們人類和這些動物一樣，當我們變得紊亂，與生命原有的目的失去了聯繫，也會重複一些固定的動作。

隨著我們對動物了解得愈多，可以看見，一些我們聲稱人類特有的屬性，例如使用工具、創造藝術、體驗「高等的」感情、有幽默感和使用語言等等，如何在這些證據下瓦解。當然我們有一些獨特的屬性和能力，但每一個物種都有他們獨特的屬性和能力。吃動物讓我們在潛意識裡非常緊張，使我們神經質地過度強調自己的獨特性和與動物分離的關係。因為只有這樣，我們才可以把動物排除在我們關心的範圍外。

動物除了在外在的空間與我們分享這個美麗的星球家園，也與我們分享，或者說分擔衰亡的弱點，以及這個弱點所衍生的一切。**在過去幾世紀和幾千年人類奮勇的努力下，人類的生活是否真的改善，實在很難下定論。雖然我們得到了祖先夢想不到的舒適和各種可能性，但同時也經歷了他們難以想像的壓力、疾病和挫折。**對動物來說，無論如何，他們的情況是每況愈下，尤其是在人類的最近幾代。隨著食品生產業者將家禽和家畜送進集中營，極端的畜牧型式，也就是大家知道的養殖場就出現了。而目前新極端型式的養殖場，正透過基因工程而興起，動物在基因的層次上就被改造，使他們失去了生物的完整性和身分。另外雪上加霜的是，野生動物的棲息地，遭到前所未有的破壞；野生動物也被大規模滅種，只為了滿足人類野味、西藥、研究、娛樂和其他用途的需求。動物從自由自在不受人類打擾，到偶爾被捕獵，到被畜養，到被囚禁，最後竟被迫滅種或改變基因，變成專利產品供人類使用。

我們的文化似乎仍然非常愚昧，我們避免犯下暴行，只為了害怕受到懲罰或報復——動物既不會報復，也不會懲罰我們，所以完全不受到保護。目前動物遭到的冷酷、無意識的新極刑，需要我們採取更徹底的誠實態度，針對暴力心態的根源解決問題。雖然對主流文化而言，倡導完全拒絕買賣動物的純素主義革命，似乎非常極端，但只有這樣外表極端的行動，才能夠矯正我們現在虐待動物的極端行為。事實上，**純素主義從我們天性上來看，並不極端，因為我們的天性，渴望的是愛、創意和靈性的進化。**

天堂和地獄是我們自己撒下的種子。我們身處的文化毫不在意地剝削動物，鼓勵強者、男性、富者、特權者控制弱者。這樣的文化自然會創造政治、經濟、法律、宗教、教育和其他的組織工具，保護那些當權者，免除他們的行為責任，並且讓維持這個系統的暴力和不公合法化。

許多世紀以來，我們的文化發展了一個複雜的科學和宗教架構，在許多方面，以簡化論和物質主義否認後果的連續性。他們拒絕承認，我們的意識可以經歷許多空間和生命的概念，尤其不能接受人類的意識可能重生成為動物的意識的概念。這些概念被我們的畜牧文化為了明顯的理由盡力封鎖，但許多不像我們的文化如此惡意和有系統的虐待動物的文化，在過去的八千到一萬年，就一直認為這些概念是符合邏輯而且真實的。

掠奪者和受害者，據了解，以數不清的細微和明顯的方式，彼此不斷的替換角色，暴力的循環所涵括的範圍，遠比我們畜牧文化願意承認的還大，許多智慧的傳統都確認這個道理。在我們有能力從最高的境界看下來以前，我們最好遵守每個時代每位開悟的靈性導師所給予我們的勸告：仁慈的對待彼此。

## 離開和回歸健全的心智

我們出生的文化，建立在錯誤和過時的概念上，若不質疑和改變這些概念，這些概念將使我們的文化陷入更深的瘋狂狀態，正如目前我們對被我們無情宰制的動物所做的事一樣。我們能看出這些行為和概念的瘋狂是治療和覺醒的第一步，也是最重要的一步。這些徵兆很明顯：在數百萬人飢荒而死的時候，我們還生產和使用大規模破壞的武器；我們野蠻地攻擊居住的地球，使短短二十五年間滅絕的物種，比過去六千五百萬年加在一起還多；我們擾亂有機體的基因，不考慮這些人造的生命，對住在此星球精緻的生態社區裡互相關聯的生命族群會產生什麼後果？

經濟和媒體強大的力量阻止我們看清這些怪狀，繼續在世界各地散播畜牧文化以及畜牧文化過時的壓迫概念。一些以虐待動物來賺取利益的跨國公司就是個例子。這些跨國公司包括了巨型的零售商和大型的動物養殖企業集團，**他們持續地在比較不工業化的國家，擴建養殖場及屠宰場**。因為通常這些較不富裕的社會，每個人吃的動物較少，對企業而言，代表了有利潤成長空間的市場。化學品、殺蟲劑和西藥公司也從中獲取利益，鼓勵相同的擴張。另外，慈善機構像是「小母牛專案」（Heifer Project）將動物養殖業引進開發中國家，往往也直接助長了同樣不人道的心態，因為他們教導當地人把動物看成「小母牛專案」所謂的四個「M」：肉（meat）、奶（milk）、糞肥（manure）和錢（money）。「小母牛專案」只不過是另一個殘酷的鐵腕控制的先鋒，它將畜牧文化統治及虐待的政權，盡可能地傳播到更遠和更多的地方，使當地的小孩變得像它一樣冷酷。還有一些外援計畫，像是世界銀行（World Bank）和國際金融組織（International Monetary Fund），**美國政府透過這些計畫，成為強大動物養殖業的經紀人，購買動物養殖業的產品到國外分發，製造貸款和方案，強迫貧窮國家接受這種以石油為基礎的美式工業化農業**（使美國的銀行和石油公司獲利，提供市場給美國的肉、奶、蛋、化學、西藥和醫療工業）。美國有三分之二外銷的穀物是拿去餵牲畜，而不是餵飢餓的人。

雖然有許多令人振奮的高貴運動、組織和努力成果，致力於促進和平、社會正義、平等、環境保護；幫助貧困、弱勢和邊緣人解除痛苦，但不幸地，幾乎所有這些成就，都沒有解決人類控制食用動物的根本問題。不過，隨著大家對吃動物食品的後果有更多了解，我們可以看到，愈來愈多的個人和團體，採取有創意的行動，提升關於這方面的意識，協助解決飢餓、殘酷、汙染和剝削的問題。

例如，「要食物不要炸彈」（Food Not Bombs）這個機構，他們組織義工和捐贈食物，在美洲、歐洲和澳洲一百七十五個城市提供有機純素飲食，給飢餓貧窮的人吃。他們刻意分散人力，以網狀的組織進行工作，讓各地方單位獨立作業，籌辦個別的慈善活動。

另外，擁有數十萬學生的著名越南靈性導師清海在世界各地的追隨者，也在許多城市建立純素餐廳，並且在世界各國貢獻純素食品、衣服、避難所和援助，幫助災區難民、囚犯、孩童和老年人。雖然清海要求學生每天打坐兩個半小時，發誓不吃肉和蛋的產品，戒絕酒精以及毒品，並且不做剝削動物和人的工作，但她的運動卻不斷擴大。這個例子顯示了從靈性方面著手的效率，因為在短短不到二十年的時間裡，她成為數十萬人轉向純素飲食最主要的原因。她堅持學生減少飲食中的暴力，不但沒有阻礙她的運動，反而更促成了這個運動。很顯然，在意靈性成長的人，是有能力接受生活的徹底改變的，並且歡迎這個機會。

這是兩個慈悲、正義和平的純素主義革命在我們的文化和世界生根令人鼓舞的例子。**儘管統治和暴力控制的既有力量想壓制它，正面的動力無疑地正在蓄積能量。**像是誕生或變形新的神話正掙扎著透過我們出現，要取代過時的畜牧神話。這其間發生的變化，比表面看見的更大、更有意義。雖然它被大眾媒體忽視和打折扣，但這個看起來似乎是小改變的東西，當臨界質量到達時，將會突然蓬勃發展。最重要的是，我們大家都應該為這個正面的革命盡一份心力，因為它是未來對我們的召喚。

## 進一步的研究與對談

我們對食物選擇的意義有愈多完整和公開的研究和討論，可以讓我們的文化愈了解吃動物食品對健康、經濟、環境和社會所造成的負面影響；也可以讓大家更明白，自然的植物性飲食方式的多重利益。事實上，我們不斷地有機會做進一步的研究和公開討論，這可以讓我們更了解買賣動物和吃動物的習俗，讓我們探索更多正面的替代方案。

例如，我們可以進一步研究植物性飲食對健康的利益；例如，也可擴大範圍研討，轉向植物性飲食在改善空氣和水的品質上、增加窮人的食物上，以及減少對石油、抗生素、藥物、化學品、資源的需求上所代表的意義；再者，植物性飲食可空出數百萬平方英畝——目前被用來放牧牲畜和種植牲畜飼料的土地的含義；還有，廣大生態系統的復原以及野生動物再生的潛力，和經濟、社會、醫療、心理、靈性方面的改變，也都可以納入討論和研究。

虐待和宰殺動物，和對人類做同樣的事，兩者在心理上的關聯，已經有人做過研究和發表報告。從這個角度，我們還可以進一步探討，吃動物食品和肥胖、青少年懷孕、家庭破碎、疾病、壓力、感情麻木、焦慮和自殺等的關聯。有一個特別令人矚目的矛盾理論，也應該進一步探討，就是關於活體解剖的假設：我們可以破壞其他生命的健康，讓自己變得更健康嗎？事實上，**我們的福祉與所有生命的福祉是連在一起的，我們不可能在其他生命上撒下疾病和死亡的種子，自己收割健康**。我們以改善健康為名，拘禁、折磨和汙染動物，不只傲慢而且愚蠢，且也出現不好的後果——新的疾病不斷地出現，舊的疾病繼續擴散。雖然我們使用的藥物破壞性一直加強，但還是無法控制這些疾病。另一個可以研究的例子是，探討動物食品和毀滅性藥物的擴大使用和濫用的關聯性，包括酒精、麻醉劑和西藥。在一九一五年戒酒運動時代，這個運動最後帶來了全面的禁酒時期，查理・費爾摩（Charles Fillmore）曾寫道：

> 這樣的斷言已經有，並且沒有聽到不同意的聲音，那就是沒有吃素的醉鬼。所以

素食對酗酒遠比藥物治療更有效。斷絕肉食會帶走我們對烈酒和刺激性飲料的需求，像是啤酒、威士忌、水果酒、茶和咖啡，每個人都可以自己試驗一下。停止吃肉一個月，我們吃肉的時候會出現的不自然口渴會自動消失。這有一個生理上的原因，肉類總有某種程度的腐敗，當它進入胃部以後，腐敗的程度會加速。愛吃肉的人舔在嘴上的多汁的牛排，充滿鹹鹹的尿液進入胃以後，會對飲料產生需求。生理學家說，牛排裡的汁液是動物的尿，這些尿液是在進入腎臟的途中被攔截下來的。人吃這種髒的東西，不只把他的系統變成動物腐肉的排水溝，也在胃裡放進了刺激物，胃會立刻要求清涼的溶液。

有腐肉一直在胃裡發熱，它一直呼叫清涼飲料，如此一來，這個人若能夠避免酗酒，真是件奇蹟。人若戒絕肉品，很快就可以不喝酒，不需要任何法案的實施。我們吃大自然為我們準備的自然食物，不會有想喝烈酒的慾望，甚至連咖啡和茶都不會想喝。因此解決喝這類飲料的習慣最好的治療方式是停止吃肉和所有動物製品，包括奶油和蛋。穀物片、蔬菜、堅果和油，已經具備了維持我們身體所需的所有元素。

除了費爾摩所描述的吃動物食品和渴望強烈飲品在生理上的關聯，在我們文化對抗藥物和酒精上癮的嚴重後果的戰爭中，還有一些可能的關聯性，可以更廣泛的研究和探討。前面我們討論過一些相當明顯的心理上的關聯性。畜牧文化的本質是虐待孩童的，它強迫孩童與他們所吃的動物斷絕關係，遠離自然的同理心。**這種虐待，加上連帶的冷**

**酷和隔閡，必然是造成藥物濫用和其他病狀的重要因素。**動物食品裡所包含的藥物、荷爾蒙、人造色素、防腐劑和有毒的化學物質，也可能促成酒精和藥物的上癮。而且動物食品充滿了憂鬱、痛苦、無望和絕望的振動力，這些振動力很容易使比較敏感的人變得濫用藥物和上癮。另外，因為我們必須收割我們撒在別人身上的東西，我們會發現自己無法避免地必須收割誤導我們的動物「研究」實驗的後果，也就是更多的人類上癮。最後，還有養生的觀點，動物食品在對身體的衝擊上是極端的「陽」，會收縮能量磁場，使身體自然的渴望極「陰」和有舒張性的食物或藥物。這些極陰的食物是酒精、白糖、各種藥物、香菸和咖啡因。穀類、豆類和蔬菜通常都不會極端的陽或陰，比較平衡，所以創造的渴望較少。我們吃極端的食品，使身體不斷在兩極之間迴旋，輪流地渴望收縮的食物像是肉類、起司、蛋和鹽，然後舒張的物質像是甜點、咖啡、酒精、藥物和香菸等等。

如何能使這些關聯性在公開討論的場合受到注意？例如受歡迎的「十二步驟」計畫，若是他們能認識吃動物食品具有引起心理、感情和生理上想消費酒精和其他有害物質的欲望的潛伏力量，這個計畫將更有效率。戒酒協會、戒毒協會、戒吃協會的「十二步驟」和一些類似的計畫，基本上都依據一個亙古不變的原理——依靠其他志同道合的人創造一個不間斷的支持團體，和依靠「一個比我們自己更強大的力量，幫助我們恢復健全的心智」。「十二步驟」計畫之所以有效率，是因為它從靈性方面著手，鼓勵大家將心理和靈性提升到一個較高的意識層次，超越他們創造問題的層次。它鼓勵內省，謙卑地承認過去的行為對他人造成的傷害，並且向那些受傷者道歉；它也鼓勵增進與更高的力量的意識接觸，鼓勵不倚靠個人意志，而以實現更高力量的意志為願望。

很不幸，動物沒有被包含在前述「傷害良心」的行為名冊上。為什麼參加戒酒團體、企圖戒酒的人，被教導他們永遠是酒精中毒的病人，須提高警覺，一小杯都不能喝。主要的原因，我們認為是如果這些有酒癮的人還繼續吃動物，潛在的壓力一直都存在，身體、心理仍然渴望酒精、藥物、甜點、極端的陰和分散注意力的東西。將動物包括在我們的行動傷害的相關生命範圍內，我們可以深入這種毀滅性的上癮的底部，在我們文化中許多人都受到毒癮的折磨，以上說法並不是說採用純素導向的生活方式，所有上癮的行為模式都一定會消失，但它是非常有力量的一個開始，內在的除草、正念和培養內在的寧靜、耐心、慷慨和感恩，也都是靈性健康的重要層面。

如果我們減少以剝削動物做為食物的行為，我們會發現我們的疾病、心病、環境和社會的破壞程度也同樣減少了。我們不再蹂躪地球的身體和大量滅絕和監禁她的生物，相反的，我們與地球聯合，變成創造美麗、散播愛、同情、喜悅、和平和歡樂的力量。當我們以輕鬆的眼光看待大自然，我們可以看見生命之美純粹、無法壓抑的歡樂。**大自然中的動物是歡樂且不可思議的**。他們嬉戲、唱歌、奔跑、攀爬、跳躍、呼喚、舞蹈、游泳、一起居住，並且以無限神祕的方式彼此交接。

解放動物，人類將能重返歡樂，並且也以愛和創意貢獻出歡樂。當我們重新獲得天生的敏感，自然不會再競爭和剝削他人。當我們停止殺害魚類和海中動物，不再以奢侈的方式汙染和浪費水源，我們的地球自然會復原。森林和野生動物也會回來，因為吃植物性飲食，我們需要的農地會大大減少，人類雜食所造成的地球無法承受的壓力也可以紓解。**我**

**們將脫離阻礙我們的癱瘓狀態，有創意地解決日益嚴重的石油耗竭問題以及其他挑戰。**

這種意識上的改變，將帶來自畜牧革命——約一萬年前開始畜養山羊和綿羊以後的第一次革命。畜牧革命迫使我們離開花園進入生存的分離感，它鼓勵競爭，並且發展了分離的簡化論及唯物論的科技。而現在進化的軌跡顯然朝著完全不同的方向發展，新的方向是整合、合作、同情、包容和發現所有生命同一體。當我們研究、討論、愈深入了解身心的關係、人類——動物的關係，以及我們與生養我們的更大的整體的關係，我們的靈性目的將變得非常清楚。

## 特權與奴役

我們文化透過飲食的儀式注入我們的信息，基本上是特權的信息。身為人類，我們自認比動物優越，把動物看成供使用和娛樂的物體，加以奴役和殺害。這種以特權姿態對待動物的牧者心態，使我們無可避免地創造了其他的特權類型。財富、性別和種族，決定了我們在人類階級制度裡特權的程度，一邊是富有的白種男人，另一邊是是非白種的婦女和小孩。而即使是貧窮的人類跟動物比也有特權，無論如何，這種普遍、明顯、理所當然的階級和權威的社會結構，就是買賣動物和吃動物的結果。

富有的精英透過各種社會組織，運用特權和權威，以食物做維持控制的方法。由於食物的品質直接與心理和生理的健康以及生活品質有關，所以**食物品質的低落，使**

**我們比較容易生病、虛弱、分心、殘暴、緊張、吸毒、混淆和無能。**這也許是一些惡意的行為，背後真正的用意；這些惡意的行為包括：促銷動物性食品，降低有機食品的標準，利用輻射、基因改造和添加人造染料以改變食物等等。另外，包括在市面銷售、散播有害的提味劑（如味精）、化學防腐劑、有名的致癌物質如甜味劑阿斯巴甜（aspartame）、危險的基因改造荷爾蒙如人造激素（rBGH）和致癌的生長荷爾蒙也算是這種行為。這些最有特權的人藉著控制食物，以及散播垃圾食物及動物來源的食物，使所有人口都混淆和生病，特別是那些弱勢、沒有受教育的人。我們食物品質的低落與新出現的病狀像是「注意力缺乏與過動症」（attention deficit disorder）之間的關聯，已有許多佐證的文件可以證實。

我們必須進一步探索這些關聯和討論它們，並且確實地看清楚我們自己濫用特權的地方。我們通常無法將我們加諸在其他生命的痛苦與自己的特權地位連結在一起，這些其他的生命，可能是魚、雞、巧克力農場的奴隸。**我們拒絕控制動物，就可以做根本的認知聯結，打開內在了解的通道，拆除我們生活中濫用特權的地方。**正義、平等、純素主義、自由、靈性的進化和完整的同情心，都是緊緊相連的。

只要我們統治其他生命，就會被統治。即使是金字塔最頂端、擁有最多特權的富有白種人，很諷刺地也被奴役。他們種下恐懼及統治的種子，無法獲得內在的寧靜、喜悅、愛和快樂。痛苦、毒癮、自殺和精神錯亂在最富裕的家庭中比比皆是，正說明了這個明顯而無法逃避的真理：我們互相關聯。我們必須在每天的生活中都實踐這個真理，才能獲得靈性的健康。我們給予他人幸福，自己才能得到幸福；尊重生命，不把他們當成物體，我們的生命才能獲得解放，變得多采多姿。

## 吃動物的最後時日

究竟人類大家族到什麼時候才能轉向慈悲的純素飲食？這主要與教育及臨界點的達成有關。在這個最重要的任務裡，每個人都扮演了重要的角色。主流文化反對的強度，可以從他們永遠有用不完的反對方式得知。除了普遍存在的奴役動物和吃動物的習俗，所有媒體和文化的支持，也必然使這種習俗更風行；加上科學和宗教順應文化製造的各種藉口，主流社會可以預期地會使用政府或法律的手段，保障動物食品集團，使他們不受到質疑。美國許多州，由於強大的肉、奶、蛋利益團體的堅持，已經通過了「食物毀謗法」（Food Disparagement），這道法律，事實上就是不許大眾批評食物，並且視批評食物為犯罪行為！那些擁有最強大的動物養殖業的州還正在推動立法，將未經業主同意，在農場、製奶場、飼養場、漁場和屠宰場內拍攝照片判為重罪。顯然有很多事要隱瞞，而我們生活在一個被認為是開放的社會，對這些力量而言是重大的威脅。這些力量會繼續延續我們的雜食主義，阻擋所有對雜食主義後果的討論、質疑和了解。還有一些地方通過法律：除了有執照的營養師外，一般人公開討論食物為非法行為！例如，一位哥倫比亞的教育家，最近被俄亥俄州營養協會的州調查員通知，她不得公開播放「新世紀飲食」（Diet for a New America）的影片，因為「那可能會被解釋為營養學的常規，有些人看了電影，可能因此改變他們習慣的生活方式」。

除了強硬的手段，還出現了一些細微的反對方式，最近「美國進食障礙協會」（National Eating Disorders Association）增列了一種新型的飲食障礙，被稱為「健康食品症候群」（orthorexia nervosa）：

> 「健康食品症候群」雖然在臨床上不被認為是進食障礙，但有些專家逐漸相信，病態的堅持吃適當的食物，執著於「正直地吃」，最後會被視為需要治療的症狀。

很顯然，任何人毫無疑問地吃殘酷和有毒的「標準美國食物」——速食漢堡和熱狗，心理健康專家會認為他在心理上是健康和正常的，而凡是拒絕如此做的人就被認為是「病態地堅持吃適當的食物」和「執著於正直地吃」，可能必須接受某種「治療」。實在難以預估，轉向植物性飲食對於既有的統治和排除心態具有多大的顛覆性，以及我們的文化會阻擋和壓制公開討論和質疑它的特徵儀式到什麼程度！

雖然面對文化繼續推動吃動物食品的巨大慣性，我們很容易感到挫折，但了解它本身攜帶了自我毀滅的種子，可以幫助我們減少這種挫折感。因為以它破壞我們星球生態系統、資源及我們精神的健全和智慧的速度，它無法維持太久。這段時間很可能是人類吃動物的最後時日。

## 地球上的生命電影

我們只要記得我們是誰，就可以從文化昏睡的雜食主義中覺醒。我們在心理和生理上都沒有掠奪和宰殺的本質，但由於文化不斷灌輸每日飲食必備的心態，人類吃得簡直像個掠奪者。我們變得麻木、排外和物質主義，忘記了自己的本質是意識在時間和空間中的展現。我們是永恆、自由、仁慈的意識，與其他展現的意識是互相連在一起的。在更深層次上，我們都是同一體，都來自同樣的源頭。這個源頭是無限的智慧和意識，它到處瀰漫，展現成所有現象界的實體。要解放被虐待的動物，我們必須從本質分離的錯覺中先解放自己，同時做外在的工作：教育、分享和幫助他人，和做內在的工作：發覺自己的本性。

我們都是地球上生命電影的一部分，雖然看起來是螢幕上的影像，但在更深的層次上，我們都分享同樣的傳承，都是使這部電影能夠呈現出來的光。「光」是意識，是我們的本質，它從無限、不可思議的源頭散發出來。**窺見這個我們與眾生共享的品質，不僅加深我們紓解他們痛苦的渴望，同時也可以增進我們做這件事的效率。**了解受害者和掠奪者不只是他們扮演的角色，而在電影幕後，兩者都具有完美和完整的靈性，對我們是非常具有療效的。如此一來，我們會了解，沒有敵人——沒有真正的壞人或完全無望或毀滅性的情況，相反地，我們一直都有機會成長、學習、服務，一起努力提升意識，將慈悲和了解帶進呈現在我們四周痛苦和不正義的情況裡。**當我們了解彼此息息相關，我們就會知道，我們能給予其他動物和人類最大的祝福，就是看見他們的美麗、天真和正直，並且對他們**

**裡面的這些品質說話。**

我們看見的世界是我們的思想以及看法的產物。深入注視盤子裡從動物得來的食物，我們可以看見巨大的痛苦、虐待的雙手和冷酷的心。更深入看，我們則會看見這些手和心，本身也被虐待和傷害，渴望獲得安慰和愛，也希望表達安慰和愛。了解虐待者自己也總是被虐待，我們比較不會想論斷，比較會去了解和保護弱者免於受到虐待。若醫治了我們的傷口，停止吃動物食品，我們會比較有能力為我們文化的康復做出貢獻。我們會了解，我們不太需要做判斷和懲罰的事，因為時機成熟，故意施加的痛苦，都會再回到施加者的身上。我們需要做的是，慈悲、幫助和療癒。

**一旦了解與所有生命互相關聯的關係，我們的目的自然變為幫助和祝福他人，這個角色是我們可以承擔，而不會憤怒和精疲力盡的。**我們看見的可怕的痛苦必然會困擾我們，使我們非常憤怒，但憤怒會轉變成慈悲和創意，而不是生氣、絕望或懷恨。我們的心一邊須面對地球殘酷、冷漠和痛苦的海洋，一邊要超越痛苦和絕望，是非常不容易的。所以必須發展智慧和同情心——一方面，以內在安靜的感性，與生命永恆的真理連結；另一方面，以外在的行動服務和幫助他人，賦予我們的生命意義。我們創造個人和平、仁慈、喜悅的場域，可以幫助整個星球建立，反射這個大意識的慈悲場域。

若堅守這個生命的真理，了解慈悲不可抗拒的力量，在日常生活中實踐這樣的認知，並與他人分享，我們便創造了仁慈的場域，撒下文化轉型的種子。**我們沒有敵人，因為我們彼此互相關聯。**我們了解我們都是永恆仁慈意識的展現，就會了解動物和人類的靈性關聯。承認這種互相關聯的關係，並且和諧地配合它生活，我們的生命將變為慈悲和治療的

禱告。正面的解決方式是非常重要的，因為它可以動員我們靈性的資源、激發我們的熱情，並且將喜悅和愛帶進我們的世界。

如同波浪是海洋的展現，無法與海洋分開，我們既是讓電影可以呈現的光，也是被光照亮在螢幕上的影像。每個人都是獨特的，可以貢獻聲音、熱情和精神給這個展開的故事。有了這種了悟，我們可以過著幫助他人和祝福他人的生活，既能感受到應有的迫切性，也能敞開心胸，不責備或攻擊他人。責備和攻擊只會招來抗拒，並且加強分離感的錯覺。人類靈性的進化是一種召喚，召喚我們解放自己和解放被我們困住的動物。它建立在因果相連的認知上：無論我們在意識裡撒下什麼種子，都會在我們生活中收割。古代的教理一直都很靈驗：「恨不是靠恨止息，而是靠愛。這是永恆不變的律法。」最後，如同甘地所強調的，我們必須自己成為我們希望在世上看到的改變。

## 駝鹿的信息

一九九一年八月一個晚上，我在西華盛頓州奧林匹克的高山上爬一條似乎無止盡的陡峭，連續「之」字型山路，想回到我停放廂型車的登山口。我為了到一個高山湖泊去，走得太遠，現在必須爬許多英里的陡坡才能回得去。沒有食物和水，我的身體像是在這輩子裡最累的時候那樣，每走一步，都要花很大的力氣。在昏暗的月色裡，我祈求力氣與能量，讓我能繼續辛苦爬行，回到山脊上。正當我覺得體力幾乎用盡，考慮要在這個荒涼的陡坡上露宿時，突然感到身旁有東西靠近。在陰森森的光線下，我用盡全身力氣，拖著沉重的步伐前進向右看，我看見僅僅離我四、五公尺的地方，有一隻漂亮高大的駝鹿在旁邊慢慢行走。由於當時我已經過度疲倦，整個人的心理狀態幾乎在超現實的情況下，所以他的出現並沒有讓我太驚訝。我們一起走了幾分鐘，有這隻強壯的動物同走得如此靠近，給了我很大的鼓勵。當我們一起走時，我在內心一邊感謝他的關懷和幫助，一邊強烈感覺到彼此的親屬關係，這種親屬關係超越這個措詞本身的一般概念，我真正感覺到我們完全地互相關聯。有他在一旁，我覺得能量自然地增加，能夠走得比較快，比較有信心。不久，駝鹿加快了腳步，超越我走到前面去，消失在夜色中。接下來的十分鐘內，我也抵達了山脊的頂端，走進了停車場。

雖然我又渴又餓，小廂型車上也塞滿了食物和水，但還是我停了下來，靜靜感謝駝鹿和神祕仁慈的宇宙。我的內心對這個滿溢著愛和慈悲的存在充滿了感激，我感到慈悲與愛透過駝鹿照耀我。我知道我並不需要以文字或語言感謝我的駝鹿兄弟，因為他了解我們的關係。所有我對他的感謝，只能透過保護他和地球上的兄弟姊妹來表達。那晚，神聖無限的愛，透過駝鹿、星星、月亮、夜裡山中的空氣，向我微笑。

駝鹿教我每天花一點時間感謝，感受我與偉大的神祕之間的關聯，接觸喜悅與和平的溫泉。殘酷、虐待和冷漠最有效的解藥不是憤怒與哀傷，而是愛、喜悅，以及對這個珍貴的人生開朗創意的熱情。如同一行禪師充滿智慧地說過，沒有內在的和平，我們無法幫助和平運動，同樣地，沒有內在的自由，我們也無法幫助解放動物。解放動物是人類真正自由的重要前提。

與駝鹿的經驗，是我成為純素者以後所發現的許多祝福之一。純素主義令人強烈的感受到自然中的和平、親屬關係、夥伴關係，以及所有生命的和諧關係。它使我們感受內在的富有，這種富有與日俱增，使生命充滿了溫柔與意義。**成為純素者，與其說是一種智力的決定，不如說是內在成熟的自然結果。**雖然以思維能力去分析吃動物食品負面結果的廣大圖像對我們有些幫助，但事實上我們會發現，是我們的直覺催促著我們成為純素者。

在我們充滿統治及排他心態的文化裡，純素主義的實現需要靈性的突破。這種突破，別人強迫沒有用，但鼓勵一定有幫助。看窗簾後面存在於動物食品裡可怕的痛苦、問問題、思考靈性的教理、發展較高等的直覺認知能力、觀察其他純素者的榜樣，都有助於這個成熟的過程。一旦能夠清楚地了解構成純素主義基礎的宇宙的律法及原理，我們的靈性將會經歷轉變，獲得更大的自由與快樂。一旦能看見和了解，我們會變成沒有聲音者的聲音，變成在我們共同的意識中展現的治療與覺醒的美妙合聲音符。

## 從廢棄的排他思想到世界一家

我們繼承的飲食傳統，需要暴力及否認的心態支持，這樣的心態悄悄地散播到我們私人及公眾生活的每個角落，滲透我們的組織，產生危機、困境、不公和痛苦，我們很努力想了解和有效率地解決問題，卻徒勞無功。新的飲食方式將不再根據特權、商品化以及剝削，它不只可以實現，而且非常的重要，無法避免。它是我們天生的智慧所要求的飲食方式。

純素的國會議員丹尼斯・顧思寧（Dennis Kucinich）在二〇〇二年的演講中提到：

> 我看到許多人克服了難以置信的困難，當他們了解到他們參與的是一個「超越自己」的理想，感受到這個以融合為出發點的運動，是不可阻擋的。
>
> 暴力不是不可避免。戰爭不是不可避免。非暴力和和平才是不可避免。我們可以使這個世界變成和平的禮物，可以在我們的生活中確認宇宙意識的存在。我們把這個禮物送給未來，以便保護我們的孩子們，免於恐懼、傷害和毀滅。

坦開心胸，更深入了解，我們同情心的範圍將自然擴大，同時會開始容納更多「其他生命」——不只是我們的族群、宗派、國家或種族，而是所有人類；不只是人類，還有其他的哺乳類、禽類、魚類、森林和整個活潑、悸動的萬物所交織成的美麗錦繡大千世界。所有生命，四海一家。

我們被吸引，轉向植物性的飲食方式，對我們一點都不是限制，反而讓我們和諧地實現內在的認知。**一開始，我們會認為那是我們的選擇，但隨著時間，我們會了解，它其實是我們真理本質的自由表達。**它不是外在監督我們的道德標準，而是我們自己散發出的愛的自然表現，為我們自己，也為我們的世界。「關懷」出生在這個地球上，透過我們生活，變成我們，它不是任何人能據為己有，或引以為傲的東西。戒絕吃動物、拒絕利用動物，是因為我們的眼光，不再局限於自我利益狹窄堅硬的黑暗地牢。從外表來看，它似乎可以被稱為「純素主義」，但事實上，**純素主義不過是我們對於生命互相關聯的覺悟和表達，它自然地展現成包容和關懷，沒有什麼特別了不起，那只是我們本性的自然運作**，我們的本性注視地球上的鄰居時，永遠都把他們當成生命，而非物體。

我們必須對動物致上最高歉意。現在我們知道得更多，可以做得更好；做得更好，也就可以活得更好，給予動物、我們的小孩和我們自己，希望和慶祝的真正理由。

---

釋迦牟尼佛和畢達哥拉斯屬同一時代，佛陀應年輕個十幾歲。一東一西，這兩位都相信輪迴，相信「靈魂或許會遍歷世上所有的生命形式」。畢氏的觀點，強烈影響了柏拉圖的「觀念論」——肉眼所見的此世界，並非真實的世界。

〔後記1〕

# 威爾・塔托來之前和走之後

◎蘇小歡

威爾・塔托去年（二〇一三年）八月突問我們，年底他去澳洲之前順道來台一趟，「如何？」潎平台現任掌門人張祐銓先生，決定我們應盡力一試。

隨時間迫進，我們開始和友好團體聯繫。其中福智基金會先一口承諾在台北辦一場大型演講，隨後又提議台中加辦一場。

福智系統的導師日常老和尚自四、五歲起就吃素，並每天隨他的尊翁（父親）黎明即起，背頌經書，天生注定成為一代高僧並留下舍利子。常師父年輕時和我有過一面之緣，在雙方融洽共事期間，我真替他高興，教出這麼多謙遜、齊心、有效率的好弟子；他若尚在，一定滿意。

今年一月二十三日週四晚我們接機。週五中午，塔氏參加一場小型活動，再接受中央社專訪。四點半到佛光山台北（松山）道場進行座談並接受採訪，接待人致詞時說：「宗教團體推動素食，應同心協力，不分彼此。」塔氏現場做了鋼琴演奏，並於道場用晚餐。

週六下台中，參觀里仁門市再到台中教育大學活動中心演講。這場大會廳演說聽眾超過千人，會場旁又設立各式素食美食攤位，塔氏講完簽書，幾乎難以走動，回到台北已經很晚了。

隔天週日，是重頭戲。早上塔氏和另兩位素食者呂秀蓮女士和林鴻池立委做對談。這是唯一我們自己主辦的一場活動（城邦集團的原水出版社協辦），現場塔氏的談話，真誠、生動、流暢、感人，呂、林兩位發言也很精彩，現場笑聲中帶著對（動物）生命濃烈的慈悲情韻，記者們發問很熱烈，事後各報都出報導了，很成功。

▲▶塔托於台中教育大學的演講，聽眾逾千人，演說結束後全體起立鼓掌；塔托的鋼琴演奏更是讓眾人沉醉。

午後參訪福智總部，並接受媒體採訪。隨後移師台北北科大。北科大此場甫公佈，「網路報名」每天以一百多名左右的速度增加，福智追加租借旁邊廳館並設大銀幕轉播做應變。後來觀眾實到約為兩千人。這一場的口譯，亦準確無漏，而最特別吸引人的是鋼琴演出，威爾．塔托閉目彈琴，整個人彷如進入打坐狀態，和動物的天真、眾生的生命、宇宙的愛心磁場合為一體。琴聲結束，簽書也簽到很晚。塔氏總計講過數千場演講，但規模從未超過這一場。

週一早上到北投看綠建築、洗溫泉，午餐後再去關渡大愛電視台上殷正洋夫婦的「音樂有愛」。塔氏乃職業的鋼琴演奏家，大愛台見獵心喜，原要錄一集，現場改為兩集。當晚塔氏回到新店慈濟醫院演講，也是滿座，講完觀眾大排長龍等簽書，不忍離去。

週二大早，南下佛光山參訪，我已另外寫了一文做完整報告。

塔氏於美國時曾做過一件見義勇為的事，週二回北，相關人士為他舉辦一場私人餐會答謝。塔氏對台灣素食餐點，讚不絕口，直說驚艷，「蓮香齋」每道菜，

▲參訪佛光山，與宗主心保和尚相見歡。

▲台北北科大的演講活動約有兩千人到場參加，是塔托上千場演講中規模最大者。

他都想嚐。餐後原該曲終人散，但這次自動跳出來義助的年輕翻譯群猶然不捨，趕到飯店和塔氏擁抱話別。明天天涯猶能見，但其實，明天是不存在的，只有慈心永在。

週三凌晨送走塔氏，他將在澳洲、紐西蘭巡迴十八城，做二十二個演講，回到美國，已經是三月份了。

塔氏來訪，擁有十三萬村民的「素易網」也大力廣告，梅門的朋友也主動幫忙發佈信息，前主婦聯盟董事長，也是敝平台發起人之一的胡雅美女士收到信息，也立刻主動建請主婦聯盟對內發佈消息。

最意外的是，許多義工自動跳出來。特別是素昧平生的口譯王小姐（Ruby）和蔡先生，他們分別主動寫信到敝平台表明要當口譯義工。送別塔托前一晚，Ruby小姐還對我們說：「向一個從不認識的單位討工作，我從沒做過這樣的事。好像有點臉皮厚厚地。」Ruby這次出現，只有「天降神兵」可形容。她的台風，她的熟練，她的口譯生動富韻味，對整個活動，產生畫龍點睛的效果。我願對她說：「妳放棄了自己的尊嚴，心中無私，才是真正的大勇。」

▲此系列活動有非常多人主動跳出來擔任義工，其中口譯Ruby（圖右）就是一例，表現令眾人激賞。

Ruby男友余先生，也是意外。初見之後，我們發現他中英文俱佳，台風穩定度很高，臨時決定呂秀蓮女士等人的對談，由他任主持人，事後也證明他非常稱職。

我們和塔氏，既熟又陌生，初次見面，一切一如所料，惟最讓我印象深刻和意外的，是他二十二歲開始吃素，之後三十九年從不生病。在新店慈濟醫院演講，他上台第一句話：「這是三十九年來，我第一次上醫院！」全堂哄笑。他說，「醫院要賺我的錢，很難」。塔氏不但不生病、不上醫院，甚至從不打疫苗。

其實吃素還是會生病；只是讓你避免「不應該生的病生了，不應該死的時候死了」。

塔氏走了。台灣的推素運動，目前其實已到一個十字路口。過去諸山長老推素若算第一階段，目前許多團體從「環保」、「健康」角度切入，算是第二階段；第二階段已進入高原期，要進入第三階段才能再突破。第三階段須要「更街頭」、「更政治面」，風險也更高；我們期待另有能人出面來完成。

塔氏來訪，揪平台最大感想：「一切上天在做，人沒有做什麼」。

◀▲在慈濟醫院的演講盛況，會後的簽書會更是擠得現場水洩不通。

〔後記2〕

# 臺灣推動週一無肉日十年後之回顧及展望

◎臺灣週一無肉日聯絡平台總召　張祐銓

二〇〇九年初，我們收到一份網路來的美國文章，關於「減少吃肉的驚人效果」（The Breathtaking Effects of Cutting Back on Meat），提到只要每個美國人都吃素一天，美國將能節省下：

- 一千億加侖的水，足以供應新英格蘭居民近四個月的住戶用水
- 十五億磅飼料穀物，足以養活新墨西哥州民一年以上
- 七千萬加侖天然氣，提供加拿大和墨西哥所有汽車的燃料綽綽有餘
- 三百萬英畝的土地，相當於德拉瓦州面積的兩倍大小
- 三十三噸的抗生素。

如果每個美國人都只吃素一天，美國將遏止：

- 一百二十萬噸的二氧化碳當量溫室氣體排放，相當於整個法國的排放量
- 三百萬噸土壤流失所導致七千萬美元經濟損失

- 四百五十萬噸動物糞便
- 近七噸氨氮（主要空氣污染物之一）的排放量。

這樣的統計數據真令我們大開眼界，於是推動全民每週一素的想法因應而生。

除了中文的「週一」有「每星期一」「每週一次」的雙重意思外，在文化意義上，週一代表著「一週的起始日」，有學者統計Google中健康類關鍵字搜尋分析發現，多數人喜歡在週一時啟動新的生活方式，達到「新的開始」。因此，每週一是想要改變習慣，行動力最強的一天。「從週一開始無肉」也有著更深一層意義與希冀，耐人尋味。另一個重要原因則是，我們不創造自己的品牌，期待世界各地推動「無肉日」的組織有朝一日可以大會師，共同攜手合作，擴大全球影響力。

此運動二〇〇三年從美國開始，至二〇〇九年，世界上許多國家卻各自開始不約而同地迅速發展，目前已有超過四十個國家響應，以二十二種以上的語言來傳遞「每周一天無肉」的概念。

## 從教育現場紮根

臺灣自二〇〇九年底開始，在中央各部會與地方政府首長的支持下，鼓勵高、中、小學開始推行週一無肉日，此一政策實施迄今已有十多年的時間。為了解這項政策的實施效果，二〇二〇年由關懷生命協會針對全國國中、小學發出三千二百六十七份公文問卷，調查二〇一〇年與當（二〇二〇）年「無肉日」實施狀況。根據統計資料顯示，二〇二〇年全臺國中小仍有百分之五十六．三八的學校繼續一週至少一餐無肉。其中臺中市、臺南市、新竹市和宜蘭縣，超過九成校園至今都有落實一週一次無肉日，是實施成效最好的幾個城市，值得嘉許。

今（二〇二三）年初在拜會一位立法委員時，聽到其兩位年輕助理說起多年前他們在學校無肉日時的一些印象，對於他們在學生時代就有了蔬食減碳的環保概念感到欣慰。相信在這十年多的時間，保守估算全臺至少超過七百萬學生，透過該項政策，了解到「無肉飲食」與「減緩氣候變遷」概念的息息相關。這種**經由在教育現場的身體力行，確實開始轉變我們的下一代對永續飲食（sustainable diets）的環保認知，讓無肉飲食的推廣更為紮實。**

## 「純素一月」運動

不論是臺灣在教育現場的向下紮根，或是社會上各行各業越多在餐廳供食上做「一週無肉一天」推廣的具體行動，都可以看到降低對肉食的仰賴，以及增食蔬果的趨勢正在擴散中。而這股以植物性飲食為基底的永續飲食潮流，也正透過其他的社會運動積極串連，其中最著名的例子就是「純素一月」（veganary）的運動。

「純素一月」是由兩個英文字所組成，分別是取自「純素」（vegan）與「一月」（January）的後三個英文字所組成，該運動是由英國人葛羅爾（Mathew Glover）與妻子蘭德（Jane Land）發起，目的在鼓勵自願參加活動的人，能在整個一月期間持純素、不要使用動物性製品。二〇一四年成立以來，每年登記參與的人數不斷成長，依據其官方網站數據顯示，數年下來全球共計有二百八十萬人報名承諾吃純素。

二〇一四年初及二〇一六年底平台曾邀請《和平飲食》作者塔托博士來臺演講，經由慈濟、佛光山、福智等宗教界團體的協助舉辦了幾場大型講座，向台灣社會大眾傳達純素理念。很高興發現這幾年，臺灣的宗教團體對內對外推廣純素的活動變多了，而宗教素人士中，持全素或純素的數量，明顯有越來越多趨勢。

另一個有趣的現象是，平台於二〇一四年秋參加紐約氣候大遊行，與在二〇一五年冬參與巴黎氣候大會非政府組織場區的「少肉少熱」（Less Meat Less Heat）論壇時，與十幾個推動無肉日（蔬食日）的各地組織代表交流推行心得，發現來自於全球五大洲十三個國家的無肉日推動者竟有五成是純素者，令我著實驚喜。這股風潮與影響力，其彰顯之意義即在於：人們開始意識到餐桌上和平的重要價值，透過植物性飲食，讓身心健康無負擔外，更願意為地球的永續貢獻一己心力。

## 純素經濟前景看好

植物性飲食的人口急遽上升，可預見的是需求增加，市場也急速增大。純素經濟

（vegan economy）也被看好，全球純素食物市場在二〇二〇的規模達一百四十四・四億美元，到二〇二一年成長到一百五十七・七億美元，市場預估還會持續增長。從人口分佈數、市場、經濟等層面，皆能看到「純素飲食」正在改變我們所處的世界，更不用提為了鼓勵人們放下口裡那塊肉，科技業者紛紛投入開發植物肉，甚至是植物蛋，其中商機更是無限。

在臺灣，〈氣候變遷因應法〉已於今（二〇二三）年二月正式公布，雖然未能將「低碳蔬食」納入條文裡，不過在說明欄裡已將低碳飲食包含植物性，將其視為減少碳排的重要一環。我們極其樂見不論是國內，或是國外，大家開始從生活型態、市場供應、科技開發到政府政策，全方位動起來。

不僅環境與生態的保護有助於減緩氣候變遷，塔托博士透過本書，亦仔細地分析了食物的選擇對人類的意識、社會、文化、人際關係及身心靈所造成的各種深遠影響。**文明的進步，需要每個人的參與。和平飲食總結出，純素覺醒是讓我們一起破解人世間千百年來性別、種族、物種歧視三大魔咒的最關鍵力量。**

我們誠摯期盼，所有的努力能來得及讓我們的地球母親，免受更多的戕害，當暖化現象的影響能開始減緩，地球才有喘息和療癒的空間，進而恢復到她原來美麗的模樣。願到那時刻，萬物將和平共處，我們和後代子孫也得以蒙受地球最溫暖的恩澤。

〈附 錄〉

# 台灣週一無肉日聯絡平台簡介

## 為什麼要做？

聯合國在二〇一〇年六月五日世界環境日發表報告，目前全球的農業，特別是其中的「畜牧養殖」，用了地球百分之七十的水資源，百分之三十八的土地資源，釋放出百分之十九的溫室氣體——比所有的交通工具還多。

聯合國呼籲大家，改變飲食習慣，轉為朝向無肉無奶蛋的植物性飲食，否則無法因應二〇五〇年時達九十億人類人口的社會和生態的改變。

## 怎麼做？

本平台由生態環保先行者徐仁修、資深環保工作者胡雅美、作家蘇小歡，於二〇〇九

年九月二十一日舉行成立記者會，推動「每週一，餐桌無肉」的單一訴求，希望結合多元力量，建立低肉品消費的社會，推動類似「新時代（new age）」新生活新觀念的風潮，以完成愛護大地的情操。

我們首批列名的支持團，以文化界為主，名單如下（願意支持推動「少肉」觀念者，其經歷為歷任或現任）：

- 林懷民（雲門舞集創辦人）
- 倪炎元（《中國時報》總主筆）
- 林馨琴（《時報出版》總編輯）
- 馮賢賢（公共電視總經理）
- 周天瑞（《新新聞》雜誌董事長）
- 馮季眉（《國語日報》總編輯）
- 俞國基（《自由時報》副社長）
- 楊　澤（《中國時報》副總編）
- 徐立功（縱橫國際影視（股）公司董事長）
- 鄭同僚（公廣集團董事長）
- 馬　凱（《經濟日報》總主筆）
- 蔡岳勳（電影〈痞子英雄〉導演）

第二批的另四團——第2（醫）、3（演藝）、4（商）、5（政）團，尚在集結中，計約百人左右。

本平台婉謝外界一切捐款和政府補助，由一群義工自己出資出力。

## 做了什麼？

平台活動，第一年內獲得中外媒體四百篇以上之報導。華視新聞每逢週一，經常用跑馬提醒民眾「週一無肉」。二〇一〇年十一月臺灣教育部公告，全國共計有三千五百一十七所高中、國中小，響應無肉日運動者，已達百分之八十六，從每月一素到每週一素、二素、三素皆有，而實施強度在「每週擇一天無肉」者，已達兩千三百二十八所，計百分之六十七。另外，據民調公司波仕特民調，達百分之九十四人願為環保適量吃素，二〇一一年五月《天下雜誌》亦有如下字句：「而近年『週一無肉日』的推廣下，四八．六％的消費者願意響應一週一天吃素。」而根據國語日報二〇一二年一月八日引用教育部資料的報導，一〇〇學年度（二〇一一年），響應的學校，已從百分之八十六躍升到百分之九十三。

臺灣，甚至全球，早於敝平台，已存在著一群廣大的推動蔬食風氣的個人和團體，實質上本地蔬食風氣得以展開，全都是這些團體和個人承先啟後、一步一腳印佈下的功勞，敝平台並無寸功。

敝平台陸續又舉辦過各種活動，尤其是邀《和平飲食》一書原作者威爾．塔托來台，我們將部分照片分置於文末。

▲2009.9.21全球週一無肉日平台成立記者會。右起：新新聞周天瑞董事長、荒野保護協會徐仁修、縱橫影視徐立功董事長、普拉嘉國際意像蔡岳勳導演、知名演員陳意涵小姐。

▲右起：主婦聯盟基金會胡雅美董事長、中研院劉紹臣教授、前《經濟日報》總主筆馬凱。

▲2009.11.23週一無肉日化妝遊行及記者會。與會包括衛生署長、國健局副局長、健保局陳孝平副總經理、環保署邱文彥副署長、林鴻池立法委員、公視鄭同僚董事長、主婦聯盟胡雅美董事長、氣功大師李鳳山、衛生署楊志良署長、林德福立法委員等。

▲2009.11.23週一無肉日化妝遊行。

▲參加電視節目錄影，推廣素食理念。右起：週一無肉日平台發起人蘇小歡、名中醫師莊雅惠、中山醫學大學校長王進崑、主持人鄭凱云小姐。

◀林青穀醫師也是平台重要志工，台前台後，出力甚多。

◀教育部次長林聰明先生，和本平台素昧平生，但大力宣揚無肉。學校能有這麼好的成績，平台著力甚少，主要是林次長和各縣市長推動之功。

健康減碳 醫生家庭歡喜素求

周一無肉 台灣掀起跨領域風氣

▲《中國時報》全版報導週一無肉日推廣成效。

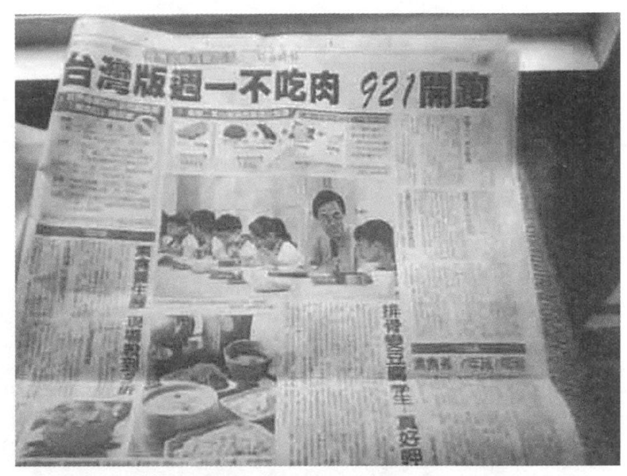

台灣版週一不吃肉 921開跑

▲《自由時報》2/3大版，報導週一無肉日推廣成效。

今天不吃肉

▲周一無肉日聯絡平台昨天發起「虎年餐桌新觀念：少肉運動」，在市長官邸藝文沙龍舉辦記者會，荒野保護協會創辦人徐仁修（左起）、人間福報總主筆柴松林、無肉餐烹飪總監翁茂安等人士一同呼籲民眾響應。祥興國際餐飲集團董事長黃獻祥宣布，自3月1日起，每周一在台北京滬餐廳推出200個10元無肉便當，以實際行動支持無肉日活動。（文：張穎芬 圖：王錦河）

▲2010·02·28週一無肉日平台舉辦「虎年餐桌新觀念：少肉運動」。左圖為《中國時報》剪報，左起：荒野保護協會創辦人徐仁修、人間福報總主筆柴松林、祥興國際餐飲行政總主廚翁茂安示範無肉餐。右圖為本平台自攝。

▲2010.10.11本平台到韓國釜山向聯合國氣候變遷小組（IPCC）主席帕丘里博士騎馬遊行致敬，當時這位提醒世人全球暖化的元凶是「人類行為」，而且支持少肉救地球的素食勇士，正面臨被撤換的危機。釜山的會議結果，撤換危機驚險地被解除。

"고기 안먹는 게 지구 쉬게하는 최선의 방법"

▲2010年釜山遊行，蘇小歡接受韓文媒體訪問。

▲帕卓里主席（左一）與歐盟議會副主席（右一）、披頭四保羅麥卡尼爵士（右二），在歐盟聽證會上共同呼籲減少肉品消費。

▲2010.10.01週一無肉日平台舉辦素食美學活動，左起：涂醒哲前立委、王金平院長、簡又新前部長、林德福立委，比賽煮素美食前，拔劍作勢，表示自己的菜一定做得最好吃。當天來賓，還有陳履安前院長、田秋堇立委、簡肇棟立委、陳雨鑫前副主委和數位上市公司的負責人。

▼◀ 2014年1月平台邀塔托來台，下圖為平台所主辦的其中一場活動，由塔托和另兩位素食者呂秀蓮女士和林鴻池立委進行精彩對談。

◀2014.09.21平台前往紐約與十三國週一無肉日組織大會師，並參加來自於世界各地各種環保倡議者40萬人的氣候大遊行，向即將舉辦的聯合國氣候高峰會喊話。

▲▶ 2015.12.10 來自於全球五大洲十三國週一無肉日組織大會師，於法國巴黎聯合國氣候變遷大會COP18期間舉辦「少肉少熱」論壇，平台總召張祐銓發表台灣700萬學生每週一天無肉的推行成效。

▲2016.11.28 邀請《和平飲食》作者塔托博士二次來臺，舉辦「純素覺醒 世代對話」講座，與臺灣少年、青少年、青年三世代對話。下圖為與少年組的對話及與三世代對話者的大合照。

▲2020.10.16由關懷生命協會主辦「校園週一無肉10年 近半校園未落實！」記者會，公布全國各縣市國中小無肉日實施狀況調查報告。左起為週一無肉日平台張祐銓總召、臺灣友善動物協會共同創辦人張家珮、關懷生命協會理事長張章得、佛光大學校長楊朝祥、劉建國立委、莊競程立委、陳椒華立委、世界愛犬聯盟臺灣總代表呂幼綸，及教育部、衛福部、環保署官員。

▲2022.11.26平台舉辦「蔬食友善候選人簽署承諾書」活動，對象為全臺各縣市長及議員候選人，圖為摘錄臺北市議員12位候選人的簽署回傳照片。

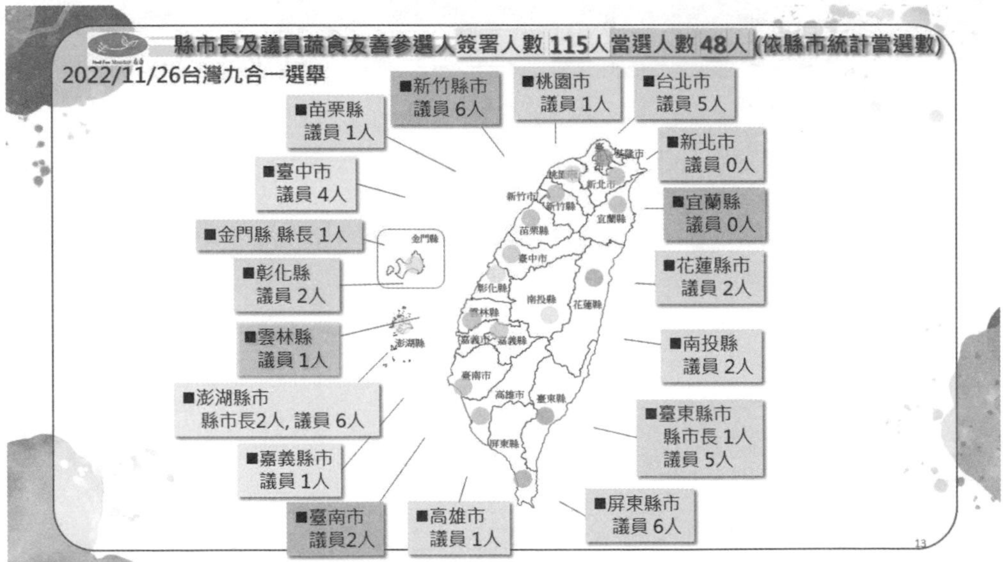


▲2022.11.26平台舉辦「蔬食友善候選人簽署承諾書」活動，全臺計有14位縣市長候選人及101位議員候選人，共115人簽署，其中有3位縣市長候選人及45位議員候選人當選，圖表為各縣市蔬食友善候選人當選分布。

## 最後的補充說明

美國農業署說：一英畝農地，只能生產七十五公斤的牛肉，同樣的面積卻可產生一萬公斤的馬鈴薯。

如果大家都能從自身做起，至少每週一天無肉，那麼就在舉箸之間，人人都可以幫助消弭糧食危機，拯救地球，身體又能更健康。

# 和平飲食（The World Peace Diet）〔暢銷修訂版〕

作　　者／威爾．塔托（Will Tuttle）
譯　　者／龍敏君、蘇小歡
主　　編／潘玉女
特約編輯／黃鈺雲

業務經理／羅越華
行銷經理／王維君
總 編 輯／林小鈴
發 行 人／何飛鵬
出　　版／原水文化
台北市民生東路二段141號8樓
電話：（02）2500-7008　傳真：（02）2502-7676
E-mail：H2O@cite.com.tw　FB粉絲團：搜尋「原水健康相談室」
發　　行／英屬蓋曼群島商家庭傳媒股份有限公司城邦分公司
台北市中山區民生東路二段141號11樓
書虫客服服務專線：02-25007718；25007719
24小時傳真專線：02-25001990；25001991
服務時間：週一至週五上午09:30～12:00；下午13:30～17:00
讀者服務信箱：service@readingclub.com.tw
劃撥帳號／19863813；戶名：書虫股份有限公司
香港發行／城邦（香港）出版集團有限公司
香港灣仔駱克道193號東超商業中心1樓
電話：(852)2508-6231　傳真：(852)2578-9337
電郵：hkcite@biznetvigator.com
馬新發行／城邦（馬新）出版集團
41, Jalan Radin Anum, Bandar Baru Sri Petaling,
57000 Kuala Lumpur, Malaysia.
電話：(603) 90563833　傳真：(603) 90576622
電郵：service@cite.my

城邦讀書花園
www.cite.com.tw

封面設計／許瑞玲
內頁排版／紫翎電腦排版工作室
製版印刷／卡樂彩色製版印刷有限公司
初　　刷／2012年3月27日
修訂一版／2016年1月10日
修訂二版／2023年3月23日
定　　價／450元

© Will Tuttle, 2005
published by Lantern Books, 128 Second Place, Garden Suite, Brooklyn, NY 11231-4102, USA

ISBN　978-626-7268-19-3(平裝)
有著作權・翻印必究（缺頁或破損請寄回更換）

國家圖書館出版品預行編目資料

和平飲食 / 威爾.塔托(Will Tuttle)著 ; 蘇小歡, 龍敏君譯. -- 修訂二版. -- 臺北市 : 原水文化出版 : 英屬蓋曼群島商家庭傳媒股份有限公司城邦分公司發行, 2023.03

面 ;　公分

譯自 : The world peace diet : eating for spiritual health and social harmony

ISBN 978-626-7268-19-3(平裝)

1.CST: 飲食風俗 2.CST: 全球倫理

538.7　　112002863

The World
Peace
Diet

The World Peace Diet